# 宋庆龄与
# 廖仲恺、何香凝一家

蔡瑞燕 刘斌 著

中国社会科学出版社

## 图书在版编目(CIP)数据

宋庆龄与廖仲恺、何香凝一家 / 蔡瑞燕, 刘斌著 . —北京：中国社会科学出版社, 2017.4（2017.11 重印）

ISBN 978-7-5203-0024-7

Ⅰ.①宋⋯ Ⅱ.①蔡⋯ ②刘⋯ Ⅲ.①宋庆龄（1893-1981）-人物研究②廖仲恺（1877-1925）-人物研究③何香凝（1878-1972）-人物研究 Ⅳ.①K827=7②K827=6

中国版本图书馆 CIP 数据核字（2017）第 057654 号

| | |
|---|---|
| 出 版 人 | 赵剑英 |
| 责任编辑 | 李庆红 |
| 责任校对 | 周晓东 |
| 责任印制 | 王 超 |
| 出 版 | 中国社会科学出版社 |
| 社 址 | 北京鼓楼西大街甲 158 号 |
| 邮 编 | 100720 |
| 网 址 | http：//www.csspw.cn |
| 发 行 部 | 010-84083685 |
| 门 市 部 | 010-84029450 |
| 经 销 | 新华书店及其他书店 |
| 印刷装订 | 北京君升印刷有限公司 |
| 版 次 | 2017 年 4 月第 1 版 |
| 印 次 | 2017 年 11 月第 2 次印刷 |
| 开 本 | 710×1000 1/16 |
| 印 张 | 16.75 |
| 插 页 | 2 |
| 字 数 | 258 千字 |
| 定 价 | 69.00 元 |

凡购买中国社会科学出版社图书，如有质量问题请与本社营销中心联系调换
电话：010-84083683
版权所有 侵权必究

谨以此书纪念廖仲恺先生诞辰一百四十周年

# 序言一

蔡瑞燕、刘斌同志的著作《宋庆龄与廖仲恺、何香凝一家》初稿，我认真审读了一遍，这是一部具有学术价值和现实意义的好书。

孙中山、廖仲恺都是伟大的爱国者，也是民主革命的先驱。廖仲恺与何香凝结婚，并在日本一同参加中国同盟会，追随孙中山进行反清革命和后来捍卫共和的"二次革命"和护国、护法运动。廖仲恺和何香凝都是孙中山的战友和亲密的同志，为孙中山晚年改组国民党，制定联俄、联共和扶助农工的三大政策，以及建立黄埔军校、创建国民革命军做出重要的贡献，成为国民党著名的左派领袖。

1915年孙中山与宋庆龄在日本结婚后，孙中山与宋庆龄，廖仲恺与何香凝这两对著名的革命伉俪，四人都有共同的救国救民，实现中国独立、民主和富强的共同理想，以及反帝反封建军阀，"联合世界上平等待我之民族，共同奋斗"，追赶时代潮流，完成祖国统一，实现"天下为公""世界大同"的共同信仰。正因为孙、廖两个家庭志同道合，交往密切，在革命和建设国家的伟大事业中，相互支持和合作，结下了你我不分的生命共同体，成为世人仰慕和学习的楷模。

1925年，孙中山、廖仲恺两位伟人，为了国家的统一和民族的团结，先后病逝和被敌人刺杀献出了宝贵的生命。壮志未酬身先死，这是他俩的遗憾，也激起了全国人民的爱国情怀，除了对这两位伟人的逝世表示深切的哀悼和缅怀外，并决定团结一致，为完成他俩的未竟事业继续英勇奋斗。

宋庆龄、何香凝这两位伟大的女性，以继承孙中山、廖仲恺的事业，弘扬他俩的精神，作为历史的使命，在长期的艰苦奋斗中，高举孙中山爱国革命的旗帜，同国民党右派，以及独裁专制统治者作了长期的艰苦斗争。在反抗日本侵略的八年抗战中，宋庆龄和何香凝都在积极地做贡献，在蒋介石掀起三年内战期间，宋庆龄、何香凝更是高举反对蒋介石、支持人民解放斗争的旗帜，为新中国的成立做出了巨大的贡献，赢得了人民的爱戴和敬佩。她俩真的无愧为国之瑰宝。

宋庆龄对廖仲恺、何香凝的女儿廖梦醒、儿子廖承志，及侄女婿邓文钊等，不仅关心他们的工作，也跟他们频繁交往，对他们的关爱、教育无微不至，对他们的成长影响巨大。

可是，过去我们对孙中山、宋庆龄与廖仲恺、何香凝两个特殊家庭的关系了解不多。蔡瑞燕、刘斌的这部《宋庆龄与廖仲恺、何香凝一家》著作，广泛地搜集材料，运用历史唯物主义的观点、实事求是的方法，就两个家族鲜为人知的事作了梳理，用通俗易懂的文字和严格的学术规范撰著成书，本书的出版对我们了解这两个特殊的家庭对国家的贡献很有帮助，对于当今青少年树立正确的价值观、人生观也有启迪。

蔡、刘都是研究廖仲恺、何香凝、廖承志、廖梦醒的学者、文物工作者，在工作极其繁忙的情况下完成这部新著，是对学术研究的一个贡献，除了表示我的敬意外，也期待他俩继续努力，不断有新作出版。

林家有

中山大学孙中山研究所原所长、教授、博士生导师

2016年4月8日

# 序言二

## 感受温暖亲情　领悟深远意义（代序）

尊敬的各位领导、女士们、先生们、朋友们：

仲恺农业工程学院是一所以农、工学科为优势，农、工、理、经、管、文、艺协调发展的多科性广东省属本科大学。它的前身是仲恺农工学校，是第一次国共合作时期，为纪念廖仲恺先生爱护农工的意愿，由近代著名的民主革命政治活动家何香凝先生等提议，并经国民党中央批准而创办的，学校于1927年招生，何香凝先生担任首任校长15年。值此纪念宋庆龄先生诞辰120周年活动之际，我代表仲恺农业工程学院，热烈欢迎各位前来参观由我校提供的《同志·朋友·亲人——宋庆龄与廖仲恺、何香凝一家的情谊》的文物图片展览。同时，非常荣幸能在上海宋庆龄故居纪念馆与廖家亲属、各位领导和专家见面。在此，我谨向亲临现场的各位领导、专家表示崇高的敬意！向为我们的展览提供大力支持和协助的上海市孙中山宋庆龄文物管理委员会、上海宋庆龄故居纪念馆表示衷心的感谢！

"同志·朋友·亲人——宋庆龄与廖仲恺、何香凝一家的情谊"展览分"童年初睹风姿美""唯菊与石，品质高洁""共同建设新中国""深情厚谊——不是亲人，胜似亲人"四个部分，以时间为主线，展出了宋庆龄与廖仲恺、何香凝一家各个历史时期的照片、信函及其他图片资料，系统梳理和全面展现了宋庆龄与廖仲恺、何香凝一家的交往历程。

众所周知，孙中山夫人宋庆龄与国民党元勋廖仲恺、何香凝夫妇交往多年、感情深厚。他们于1913年相识于日本东京，因志同道合而结下同志加朋友的深厚情谊。1925年孙中山、廖仲恺大志未伸而先后离世，宋庆龄和何香凝秉承遗志，相互扶持，共同为实现民族独立、政治民主和国家富强而不懈奋斗。宋庆龄与廖仲恺、何香凝的子女廖承志、廖梦醒以及何香凝的外侄女婿邓文钊、邓广殷父子等晚辈也建立了深厚感情，并与他们在工作上互相支持，生活上互相关心，不是亲人而胜似亲人。

  这次展览通过珍贵文物、来往信函及200多幅历史照片的展出，再现了宋庆龄和廖仲恺、何香凝一家延续了60多年的交往历程，用历史的记录真实地反映出他们之间同志、朋友、亲人的深厚情谊。

  衷心感谢各位与我们一道重温革命先辈的光辉历史，一同感受宋庆龄与廖仲恺、何香凝一家的温暖亲情，一起感悟革命先辈们不是亲人而胜似亲人所蕴含的深远的历史意义。诚挚欢迎各位莅临广州仲恺农业工程学院、廖仲恺何香凝纪念馆考察、参观并指导工作！

  祝各位来宾、朋友们身体健康，工作顺利！

  谢谢各位！

高志青

仲恺农业工程学院党委书记

2013年5月29日

（在上海宋庆龄故居纪念馆举行的"同志·朋友·亲人——宋庆龄与廖仲恺、何香凝一家的情谊"展览开幕式上的讲话）

# 前　言

## 长篇的连环图画，一幅一幅……

宋庆龄逝世后的第二天，廖承志以沉痛的心情写下《我的吊唁》，开头一段话这样写道：

一九八一年五月二十九日星稀月黑之夜，二十时十八分，一位伟大女性的心脏停止了跳动。半个多月来，我不断地守侍在她的病榻旁边，或徘徊在楼下的走廊里，心中默祷着使人心灵窒息的噩耗不要闯来。但是人的生命毕竟是有止境的。大限终于来了。我没有话可说。我咽下了凝聚在眼眶的泪水。六十五年来，我所认识的宋庆龄同志的战斗生涯，像长篇的连环图画，一幅一幅浮现在我的眼前。

是什么样的情感让廖承志写下了这样的一段话？追溯历史，廖承志的一生，从他的孩童时期开始直到生命的最后，几乎每个时期都同宋庆龄的名字联系在一起。他热爱、尊敬和无微不至地关心宋庆龄，亲热地称呼她为"Aunty"。1981年，宋庆龄病重的时候，廖承志是中央治疗小组负责人之一，他每天都到宋庆龄的病榻前，探询病情，研究治疗方案，发布病情公告，具体到输液点滴的快慢，都一一细致过问。宋庆龄逝世后，廖承志悲恸至极，含泪写下了《我的吊唁》，寄托绵绵不尽的思念。在宋庆龄忌辰一周年之际，他又发表《我的回忆》一文，缅怀宋庆龄光彩夺目的一生，字字句句，寄托着他无尽的崇敬和怀念之情。同时又为"国家名誉主席宋庆龄故居"的展览、宋庆龄基金会的成立、宋庆龄的研究等纪念宋庆龄的事业奔忙，直至自己生命的最后……

廖承志的姐姐廖梦醒也说："我和宋庆龄同志初次见面，是66年前的事。那是 1915 年，在日本，当时我 11 岁。她刚和孙中山先生结婚，父母亲带着我和弟弟承志到中山先生家贺喜。她和中山先生结婚，是日本律师和田瑞先生作证的，结婚证书现在还保存在我国历史博物馆。自那时起，她待我和承志一直亲如子侄，我们叫她姑姑。"廖梦醒成为宋庆龄一生的挚友。

其实，从 1903 年，廖仲恺、何香凝夫妇结识孙中山，追随孙中山走上民主革命道路。1913 年夏天宋庆龄来到日本东京，不久即担任孙中山的英文秘书，与孙中山一起流亡日本的廖仲恺、何香凝夫妇在此时先后结识了宋庆龄。在孙中山这段革命的低潮时期，宋庆龄的出现，以及坚定地支持孙中山的廖仲恺、何香凝夫妇，都成为孙中山继续革命的重要后盾。他们一起协助孙中山开展工作。1916 年 4 月 27 日，宋庆龄与孙中山一起化装后秘密回国，住在上海环龙路 63 号（今南昌路 59 号），一家法文报馆的楼上，廖仲恺、何香凝与朱执信等一起住在那里。对门是他们的事务所办公室。北京政府撕毁《临时约法》后，孙中山领导护法运动，宋庆龄多次陪同孙中山与在上海的海军总长程璧光磋商，动员海军参加护法运动。廖仲恺协助动员北洋海军军官彭春源南下护法。何香凝则协助做海军妇女家属的工作。他们的工作取得了成效，1917 年 7 月 6 日，孙中山率领起义的"海琛"号军舰离沪赴粤，发起了护法运动。在孙中山晚年的思想变法，酝酿国共合作的时候，国民党右派都反对与共产党合作的时候，宋庆龄和廖仲恺、何香凝夫妇，是极少数完全理解孙中山改组国民党深意的坚决支持者，最终促成在中国国民党第一次全国代表大会上通过的宣言，重新解释三民主义，确立了联俄、联共、扶助农工的新政策，这标志着国共合作正式形成。统一战线的形成推动了国内革命战争的高涨，也体现出了在孙中山的领导和亲自指导下，宋庆龄和廖仲恺、何香凝革命思想的进步与升华。

1925 年，两位伟人孙中山、廖仲恺相隔不到半年先后辞世，历史把继续高举孙中山新三民主义旗帜的任务，落到了孙夫人宋庆龄、廖夫人何香凝和她们的战友身上。宋庆龄、何香凝同病相怜、志趣相投、相互扶持，坚定地为继承和捍卫孙中山三大政策而不断奔走呼号，或并肩战斗，或遥相呼应，始终与中国人民站在一起。她们的名字"皎然如寒夜双星"，在那段中华民族苦难深重的岁月，常常被景仰地一并提起！

在父母和孙中山、宋庆龄等前辈的教育下，廖承志、廖梦醒成长起来，先后加入中国共产党，成为共产主义战士。1938年起直接协助宋庆龄开展保卫中国同盟的各项工作，他们都是"保盟"的中央委员，廖承志兼任秘书长，廖梦醒担任宋庆龄的秘书，一直在她身边协助开展各项工作。廖承志还动员表妹夫即何香凝的侄女婿、华比银行副经理邓文钊和他的哥哥邓文田，参加宋庆龄领导的"保盟"工作，宋廖两家是"保盟"国内的主要成员，在宣传中国人民抗日主张、争取国际社会的支持、医疗设备药品等援助，做海外统一战线工作等方面，通力合作。

抗日战争胜利后，她们一起为了反对独裁、专制，推动民主、和平、团结，建立新中国而奋斗。新中国成立，他们一起为人民的胜利欢呼，并在社会主义革命和建设的不同岗位上担负不同的任务，迅速投入了新的工作，做出了新的重要贡献。

在长达60多年的岁月里，历史虽然发生了巨大的变化，但宋庆龄与廖仲恺、何香凝一家所结下的真诚友谊不变，并且越来越深厚，延续到第二、第三、第四代，一直保持着密切的联系和交往。

写作《宋庆龄与廖仲恺、何香凝一家》一书时，我们用文字和历史影像记录曾经的存在，给读者以客观真切、形象直观的信息，力图像"长篇的连环图画"一样，一幅一幅地呈现出宋庆龄与廖仲恺、何香凝夫妇及其子女廖承志、廖梦醒等后代之间的交往故事及其背后的历史事件，反映出20世纪的跌宕风云，也看出他们之间互动的细节及其丰富的内涵。我们用感悟表达不存在之后的存在，坚信他们的家国情怀和精神品质具有打动人心的永恒魅力。

在写作过程中，我们力图通过三条线索立体地呈现出宋庆龄与廖仲恺、何香凝一家的共同理想和交往故事：

一是以宋庆龄和廖仲恺、何香凝一家，为了实现中华民族复兴的共同目标而不断奋斗的过程为主线，一幅一幅，随着历史的进程跌宕起伏，而他们始终坚守着历史的走向、推动着历史前进……可以看出，在自近代以来为中华民族伟大复兴梦想奋斗的一代一代志士仁人的群像中，孙中山、宋庆龄和廖仲恺、何香凝、廖承志、廖梦醒等人清晰的身影。

二是以她们在追求共同目标的过程中,始终立场一致,相互扶持,共同策进为副线。她们或并肩战斗,或遥相呼应,或同声同气,或异口同声,或相约商讨,或心有灵犀,形成合力,去斗争、去奋进。因为他们最初都是从爱国出发,他们所走过的道路昭示我们:一个真正的革命者,一个共产主义者,必然是一个彻底的爱国主义者,他们无愧为爱国者的楷模,对祖国的挚爱和对人民的义务感使他们永不停止前进的步伐。"爱国"不仅是一种情感,而且是一种坚定的意志力和不断奉献牺牲的具体行动。

三是以宋庆龄与廖仲恺、何香凝及其子女廖承志、廖梦醒和邓文钊等亲属、后人之间所结下的深厚情谊为辅线。读者们在相隔几十年甚至上百年后的今天,再去回望那些尘封的历史场景,满眼的风云变幻,画面也许蒙上了岁月的烟尘,但却阻隔不了思绪,可以从中看到他们曾经艰难困苦而能甘苦与共,曾经奔波、物质贫乏而能精神饱满,在为革命、建设事业共同奔走、奋斗的过程中,心怀共同的家国情怀,收获了彼此间非同寻常的亦同志、亦朋友、亦亲人的深情厚谊。

# 目　录

第一章　革命同志 …………………………………………………… (1)
　第一节　东京初识 ………………………………………………… (1)
　第二节　孙中山、宋庆龄婚姻的支持者 ………………………… (5)
　第三节　合作领导妇女运动的开端 ……………………………… (12)
　第四节　困厄见真情 ……………………………………………… (18)

第二章　左派战友 …………………………………………………… (27)
　第一节　妇女运动的共同领袖 …………………………………… (27)
　第二节　逆境相扶 ………………………………………………… (36)
　第三节　坚持信仰　坚守立场 …………………………………… (45)
　第四节　辞职去国　聚首欧陆 …………………………………… (57)

第三章　携手反对独裁　投身抗日 ………………………………… (65)
　第一节　组织战地救护 …………………………………………… (65)
　第二节　合力营救廖承志、陈赓等被捕中共党员 ……………… (75)
　第三节　力促国民党联共抗日 …………………………………… (85)
　第四节　领导抗日救亡运动 ……………………………………… (93)

第四章　齐聚香港　创办"保卫中国同盟" ……………………… (104)
　第一节　齐聚香港 ………………………………………………… (104)
　第二节　创办"保卫中国同盟" ………………………………… (108)
　第三节　合力创办《华商报》 …………………………………… (120)
　第四节　支持中国工业合作运动 ………………………………… (124)

第五章　反对分裂投降　继续抗战救亡 …………………………（131）
　第一节　廖梦醒到重庆继续帮助宋庆龄做"保盟"工作 ……（131）
　第二节　何香凝流亡广西 ……………………………………（141）
　第三节　坚持团结抗战　反对分裂 …………………………（147）
　第四节　坚持正义必胜　反对投降 …………………………（155）

第六章　为新中国成立而奋斗 …………………………………（161）
　第一节　争取和平民主建国 …………………………………（161）
　第二节　领导中国福利基金会 ………………………………（167）
　第三节　创立"民革" …………………………………………（177）
　第四节　廖梦醒陪邓颖超赴沪迎接宋庆龄北上 ……………（186）

第七章　为建设新中国而奋斗 …………………………………（194）
　第一节　一起为新中国欢呼 …………………………………（194）
　第二节　何香凝：宋庆龄的亲密战友 ………………………（199）
　第三节　廖承志：宋庆龄最信任的人 ………………………（215）
　第四节　廖梦醒：宋庆龄的真挚朋友 ………………………（227）

余论：她们的爱情和她们的信仰 ………………………………（237）

参考文献 …………………………………………………………（245）

后　记 ……………………………………………………………（250）

# 第一章

# 革命同志

## 第一节 东京初识

宋庆龄与廖仲恺、何香凝一家最初相识于东京。1913年3月20日，国民党代理事长宋教仁在上海火车站准备乘车赴北京，廖仲恺与黄兴等人为他送行，行至检票处时，宋被预先埋伏的枪手击中，两日后辞世。经追查，国民党认定幕后真凶是袁世凯亲信、国务总理赵秉钧。① 袁世凯追求专制独裁的面目暴露无遗，孙中山因此决心发动"二次革命"，推翻北洋政府。7月，孙中山命令江西都督李烈钧在江西湖口率先打响反对袁世凯政府的第一枪，随后广东、福建、湖南等南方多省陆续举起反袁大旗，但不久都战败，"二次革命"失败。8月，在广东都督府主管财政的廖仲恺追随孙中山，与妻子何香凝带着儿女廖梦醒、廖承志流亡日本。

廖仲恺抵达日本后不久，孙中山的密友和革命事业的支持者——宋庆龄的父亲宋耀如携长女宋霭龄也来到东京，协助孙中山工作。宋耀如主要帮助孙中山筹集革命经费，宋霭龄则担任孙中山的英文秘书。② 此前，宋庆龄刚从美国威斯里安女子学院毕业，原本她还筹划在美国再学习一两年，但宋耀如打去急电让她去日本。因为宋霭龄将回国与孔祥熙结婚，不能再担任孙中山的英文秘书，宋耀如自己则有肾病，不能长时

---

① 传统认为"宋案"的幕后主谋是赵秉钧，但有研究指出"宋案"中赵秉钧的形象是由袁世凯、国民党、当时的舆论、后来的研究者多方扭曲、误解而成的（参见尚小明《疑心生暗鬼——赵秉钧如何被"误"为宋案主谋》，《近代史研究》2016年第2期）。

② 上海市孙中山宋庆龄文物管理委员会、上海市宋庆龄研究会编：《宋耀如生平档案文献汇编》，东方出版中心2013年版，第130页。

间坐在日本矮桌边从事写作,急需宋庆龄前往接替。① 因此,宋庆龄还没来得及参加学位授予仪式,便匆匆启程赶往日本,于 8 月 29 日抵达日本横滨。此后,除 1914 年年初和 1915 年 6 月至 10 月短暂离开日本外,宋庆龄一直担任着孙中山的秘书,负责所有密电码和外文信件的复信工作。②

宋庆龄(左)、宋霭龄(中)、宋美龄(右)三姐妹合影

鲜为人知的是,1914 年 5 月 2 日廖仲恺加入中华革命党后,他的第一个党内职务也是总理秘书。③ 只不过"总理秘书"是见诸党内规章的

---

① 宋庆龄:《我家和孙中山先生的关系》,《党的文献》1994 年第 5 期;张珏:《宋庆龄生前谈孙中山》,《党的文献》1994 年第 5 期。
② 上海市孙中山宋庆龄文物管理委员会、上海市宋庆龄研究会编:《宋耀如生平档案文献汇编》,第 130 页。
③ 刘斌在《中华革命党时期廖仲恺在日活动的若干史实考辨》一文中,经过考辨认为:1914 年 5 月 2 日入党后至 1915 年 2 月 12 日担任财政部副部长前,廖仲恺的党内身份是总理秘书。主要理由是:《中华革命党本部会议规则》规定"本部会议,以总理、各部部长,暨总理秘书组织之",定期举行的中华革命党方略讨论会和后来的讨论革命成功后应行之法律的会议的性质就是本部会议,廖仲恺此时不是党内各部部长或副部长,但基本上每次会议都出席,并被孙中山指派草拟或审议革命党章程,因此其身份应该是"总理秘书"。该文收入仲恺农业工程学院、中山市社会科学界联合会、惠州市社会科学界联合会编:《孙中山、廖仲恺与近代中国》,香港出版社 2015 年版。

高级党职，宋庆龄担任的英文秘书则更多的是私人秘书身份。由于党内高层中能够流利使用英文的人并不多，廖仲恺也常常协助孙中山处理英文文稿、函电，或陪同他与欧美人士会谈，与宋庆龄的工作有重叠、补益之处。日本外务省档案中记载了廖仲恺与宋耀如、宋庆龄的一次合作。1914年9月，由于中华革命党人在美属菲律宾发行的报刊刊载了袁世凯迫害国民党的种种罪行，美国政府应袁世凯政府要求，禁止了这些报刊在美国的发行，并拘禁了记者。该案的辩护律师要求美国驻日大使馆向在东京的中华革命党首领们调查报刊刊登的言论是否属实。为回答美国大使馆的讯问，孙中山、廖仲恺与宋耀如、宋庆龄共同执笔完成了应讯文稿，列举袁世凯的罪状及其迫害国民党的毒辣手段，打印成书面材料。① 即使在廖仲恺担任中华革命党财政部副部长后，② 遇到需要与西方国家使馆联系或对外收发英文函电时，孙中山仍不时吩咐廖仲恺去办理。

**孙中山、廖仲恺（前排右二）等中华革命党党员在东京的合影**

宋庆龄与廖夫人何香凝结识的时间就更晚了。孙中山的寓所同时也是中华革命党高层讨论党务的办公地点。何香凝虽然是中国同盟会最早

---

① 陈锡祺主编：《孙中山年谱长编》（上卷），中华书局1991年版，第906—907页。
② 实际上履行的是部长职务，由富商张静江挂名部长，但未到任。

的女会员之一，但在中华革命党时期，她并未担任党职，没有参与党务工作。从东京警视厅的监视档案来看，在孙中山、宋庆龄结婚前，何香凝并未赴孙中山寓所拜会孙中山，甚至在1915年1月2日廖仲恺赴孙中山寓所恭贺新春时，何香凝也没有随行。所以，何香凝与1913年就已在孙中山寓所工作过的宋庆龄迟迟没有相识。结婚后，孙中山开始偕宋庆龄到访一些友人的家中，党内高层的眷属也开始不时赴孙中山寓所拜访。在高层眷属中，何香凝是与宋庆龄来往最密切的人之一。

据现存的东京警视厅对孙中山行踪的监视记录记载，1916年1月1日至4月底回国前，她们在不同场合共会面6次。分别是：

1月1日上午，廖仲恺、何香凝夫妇赴孙中山寓所恭贺新春。

1月15日晚，廖仲恺夫妇与戴季陶夫妇、居正夫妇、王统一夫妇、张继夫妇一同在孙中山寓所聚会。

2月3日晚，孙中山偕宋庆龄和王统一夫人乘人力车至下涩谷三一五号廖仲恺、何香凝住所，与萱野长知、王统一、林赓等聚会。

2月12日，何香凝与其他三位中国妇女到访孙中山寓所，与宋庆龄交谈。

2月19日晚，廖仲恺夫妇与邓铿等在孙中山寓所聚会，至深夜十一时才离开。

4月9日下午，廖仲恺夫妇携廖梦醒、廖承志赴日本友人田中昂家中，与孙中山夫妇、戴季陶、胡汉民、萱野长知夫人等人聚会并合影，庆祝袁世凯取消帝制，将聚会取名"帝政取消一笑会"。①

东京警视厅的监视记录未必完整，错漏之处并不少见。从宋庆龄、何香凝和其他人的回忆或者她们的书信中，能够发现一些监视记录没有记录的活动和信息。但总的来说，监视记录大体上能反映何香凝与宋庆龄在流亡日本时期的交往频率。单纯从数字上看，1.5次/月的频率算

---

① 俞辛焞、王振锁等译校：《孙中山在日活动密录（1913.8—1916.4）：日本外务省档案》，南开大学出版社1990年版，第503—584页。

不上频繁，但也不能简单根据见面频次来评价她们的关系。作为孙中山的秘书，宋庆龄承担的工作任务并不轻松，她的生活围绕着孙中山的革命事业展开，因此不能以平常人交往的标准去衡量她与何香凝之间的交往。

实际上，妨碍二人深入交流的因素也不少，首先就是语言障碍。何香凝只能说粤语、日语，宋庆龄当时则只能说英语、上海话，与当时全中国大多数人一样，二人均不擅长讲官话（普通话），要深入交流，语言恐怕就是一只拦路虎。此外，两人年龄存在差异，成长的文化背景也不尽相同。何香凝较宋庆龄年长15岁，青少年时代生活在传统文化氛围浓郁的香港，婚后随廖仲恺留学日本接受高等教育，但日本文化也属于东方文化的范畴，与中国传统文化相似处多，而与西方文化相似处少。宋庆龄则生长于基督教传教士家庭，青少年时期在美国接受西式教育，西方文化的影响即便不是根深蒂固，恐怕也不容小视。

由衣着打扮就能看出年龄、文化、生活条件等差异造成的生活态度的差别。宋庆龄习惯打扮得漂漂亮亮，而何香凝则衣着穿戴非常朴素，两人在一起反差很大。据说，有一次孙中山指着何香凝对宋庆龄说："你看'巴桑'多么朴素，你应该以她为榜样。"[①] 宋庆龄与何香凝的差异不可谓不大，不难想象，二人最初的交往不是单纯的私人友情，最重要的感情基础建立在对孙中山革命事业的信仰和支持上，属于革命友情。

## 第二节　孙中山、宋庆龄婚姻的支持者

以后人的眼光来看，孙中山与宋庆龄的结合，对他们个人乃至中国近现代史都有重要影响。有学者评价说："宋庆龄与孙中山的结合，最初似乎只是建立起一个新的家庭，只是一件私事；而从后来的历史发展看，这个家庭，对宋、孙二人的革命生涯都产生了极其深远的影响。所以，应该说它不仅是他们俩人的，也是中国近代革命史上的一桩重要事

---

① 李湄：《梦醒——回忆我的母亲廖梦醒》，中国工人出版社2006年再版，第33页。

件。"① 宋庆龄因与孙中山结合而进入到近代中国革命的核心圈,并在孙中山逝世后成为守护、捍卫和继承孙中山革命思想和革命事业的最重要人物之一。从某种意义上来说,宋庆龄是孙中山政治生命的延续和发展。当然,这些结论只有后人才能以后见之明得出,绝非历史进程的参与者自身或同时代的人所能预知。

孙中山、宋庆龄在长期的工作中擦出了爱情的火花。盛永华将孙、宋的结合精辟地概括为:"中国革命的奇妙的产物。"② 宋庆龄是位具有强烈家国情怀的奇女子,有一般女性所不具备的对政治的兴趣和改造国家的理想。孙中山是中国当时最负盛名的伟人,对于年轻的宋庆龄的政治成长关怀备至,这也让他平添了不少魅力。1917 年,宋庆龄在给友人阿莉的信中自豪地说:"你知道我丈夫一直是中国政治改革家,也是我们民国的创始人","他比我年长很多,知道如何使我成为一个英雄崇拜者"。③ 1921 年,宋庆龄应《字林西报》费金小姐(Miss Fitkin)之请,撰写了一篇本人的生平简史发给外国友人白赛脱,提及了她与孙中山结婚的心路历程。她说:"仅仅为了满足一个自欺之人的虚荣心,而把我们的民国倒退到君主国的想法,对我来说是绝对不能容忍的。我想起国势岌岌可危,非常痛切,决心为我们的事业而工作。"宋庆龄为此决定再度去美国攻读新闻学,"以便使自己了解中国的真正事实和形势",并为此与家人一起回上海作了一次游历。宋庆龄回上海期间,孙中山得知她正在学习中文,就多次派人赠送中国文学方面的书籍和有关当代政治方面的英文书给她。宋庆龄在信中说:"他非常关心我的学习和活动,对我的工作鼓励甚多,使我不知不觉渐渐地被他所吸引,所以当他要求和我结婚时,我就同意了。"④

孙中山因为从事革命活动而在外漂泊,长期过着单身生活,对于接受过高等教育的宋庆龄也产生了深深的爱慕之情。1918 年 10 月 17 日,孙中山在写给他的老师康德黎的夫人信中坦言:"我的前妻不喜欢外出,

---

① 尚明轩主编:《宋庆龄年谱长编》,社会科学文献出版社 2009 年版,第 85 页。
② 盛永华:《宋庆龄对孙中山的理解与影响》,载氏著《宋庆龄论》,广东人民出版社 1993 年版,第 29 页。
③ 《致阿莉》,《宋庆龄书信集》(上卷),人民出版社 1999 年版,第 19—20 页。
④ 上海市孙中山宋庆龄文物管理委员会、上海市宋庆龄研究会编:《宋耀如生平档案文献汇编》,第 134—137 页。

因而在我流亡的日子里,她从未有在国外陪伴过我。她需要和她的老母亲定居在一起,并老是劝说我按照旧风俗再娶一个妻子。但我爱的女子是一位现代的女性,她不能容忍这样的地位,而我自己又离不开她。这样一来,除了同我的前妻协议离婚之外,再没有别的办法了。"他还自豪地说:"我现在过着一种前所未有的新的生活:一种真正的家庭生活,一位伴侣兼助手。"①

**1915 年 10 月 25 日,孙中山、宋庆龄在东京结婚,这是婚后留影**

宋庆龄返回上海的时间是 1915 年 6 月中旬,行前她已经有了与孙中山结婚的意愿,回国的一个重要目的就是征求家人的同意。在日本时,孙中山正式向宋庆龄提出了结婚请求,廖仲恺还为孙中山求婚做出了小小的贡献。廖仲恺的外孙女李湄在《梦醒——回忆我的母亲廖梦

---

① 尚明轩主编:《孙中山全集》第 5 卷,人民出版社 2015 年版,第 44 页。

醒》一书中写道：①

> 关于他们的恋爱，外公告诉过我妈妈一件有趣的事。在日本的时候，一次，孙中山、宋庆龄和我外公，还有胡汉民、戴季陶、张静江②等人到某风景区去玩，一行人爬上一个小山坡。宋庆龄年轻走得快先到达山顶，孙中山紧跟在后，接着是我外公。外公平时就动作迅速，走路很快，因此把胡汉民等人远远抛在后面。张静江是坐轿子上山的，更落在后面。快到山顶时，孙中山回转身向我外公摇摇手，示意不要跟上去。外公会意，就让大家停在半山坳休息。过了一会儿，两人满面春风的样子下山。据说，那天孙中山正式向宋庆龄求婚。由于年龄差距，宋庆龄怕父母不同意，没有马上决定，但答应考虑。

从上述引文来看，廖仲恺对孙中山与宋庆龄的婚事是乐见其成的，但当时大部分知情者却持相反的态度。年龄差距是孙中山、宋庆龄结合面临的第一个难题。孙中山较宋庆龄年长 27 岁，比宋庆龄的父亲宋耀如也仅仅只小了 5 岁。更何况，孙中山的原配卢慕贞尚健在，按照中国传统观念，休妻再娶，难免遭受物议；以纳妾方式迎娶，则违背革命党人的道德观念。因此，孙中山、宋庆龄的结合几乎遭到了孙中山身边的革命同志的全面反对。据说，朱执信、胡汉民曾当面向孙中山"诤谏"，坚持要他放弃同宋庆龄结婚。但孙中山毫不客气地说："展堂、执信！我是同你们商量国家大事的，不是请你们来商量我家庭的私事。"③

宋家则更是个虔诚的基督徒家庭，宋耀如夫妻不可能让女儿给人做妾，甚至不愿意女儿嫁给任何有过婚史的男性。孙中山曾试探过宋耀如对宋庆龄婚姻的态度，宋耀如彼时虽还不知道孙中山与宋庆龄之间有结

---

① 李湄：《梦醒——回忆我的母亲廖梦醒》，第 32 页。
② 查阅杨恺龄撰编《民国张静江先生人杰年谱》，在中华革命党时代，张静江并未去过日本。
③ B. 马丁（Martin）：《孙逸仙传记》，转引自尚明轩主编《宋庆龄年谱长编》（上卷），第 86 页。

合的意向，但明确地表达了他作为基督徒对女儿婚姻的态度。1915年8月3日，宋耀如在复孙中山函中表示："我们是一个基督教家庭，我们的女儿不会给任何人作妾，无论他是这世上最伟大的国王、君主抑或总统。"① 后来，当宋庆龄征求宋耀如夫妻的意见时，他们一致表示反对。宋庆龄回忆说，当她向父母亲提出要跟孙中山结婚的请求时，"父亲面露不悦之色，母亲流了眼泪"。② 宋耀如夫妇为此禁止宋庆龄再赴日本。宋庆龄在给妹妹宋美龄的信中说："母亲所以不许我去，是因为反对孙先生。而父亲所以不许我去，是因为他要我详细的考虑，而要我得到相当的把握。"③ 他们结婚的打算，无论从伦理上还是心理上，对宋耀如夫妇都是打击。

宋庆龄待在上海家中期间，一方面希望改变父母的态度，另一方面也在等待孙中山与卢慕贞离婚的消息。1915年10月下旬，孙中山离婚的消息带到上海后，宋庆龄认定父母的态度不会改变，于是在孙中山使者朱卓文及其女儿的陪伴下前往东京。10月25日，在抵达东京第二天后，宋庆龄与孙中山在日本律师和田瑞的主持下办理了结婚手续。

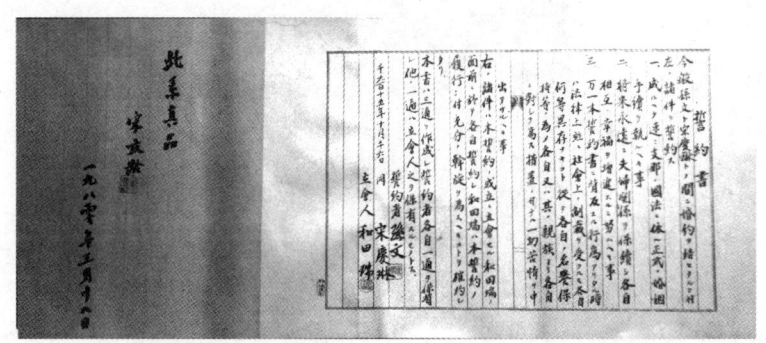

**孙中山、宋庆龄的结婚誓约书（孙中山故居纪念馆藏照）**

不知是否出于孙中山的个人意愿，中华革命党高层中只有少数几个

---

① 上海市孙中山宋庆龄文物管理委员会、上海市宋庆龄研究会编：《宋耀如生平档案文献汇编》，第55页。

② 陈漱渝：《终生不渝的情爱——宋庆龄晚年对孙中山的深情》，《团结报》1986年5月24日。

③ 上海市孙中山宋庆龄文物管理委员会、上海市宋庆龄研究会编：《宋耀如生平档案文献汇编》，第98页。

人见证了他的婚礼。廖仲恺携儿女出席了婚礼,并极有可能为筹备婚礼而奔走。尚明轩著《孙中山传》二稿提到:孙中山"在知友廖仲恺和山田纯三郎等数人前举行结婚仪式"。该书曾经宋庆龄审阅。① 在《何香凝传》中,尚明轩先生写道:"1915年10月,当孙中山同宋庆龄由于各方面(亲戚、朋友、革命党人等)的反对、阻挠,在极端孤立的情况下举行婚礼时,参加者寥寥无几。而何香凝夫妇则热诚地支持和衷心祝福孙、宋的结合,并带着儿女全家一起登门祝贺,高高兴兴地参加了婚礼。"② 廖梦醒在《我认识的宋庆龄同志》一文中,也曾回忆说父母亲带着她和弟弟廖承志"到中山先生家贺喜"。③ 李湄在《梦醒——回忆我的母亲廖梦醒》书中记录了关于廖仲恺全家参加婚礼的更多细节。

**1909年,廖仲恺、何香凝与廖承志、廖梦醒在东京合影**

上述回忆或研究认为廖仲恺全家均出席了孙中山、宋庆龄的婚礼,但事实上,何香凝极有可能没有参加。1947年,何香凝为驳斥外籍记者对孙宋婚姻的污蔑,特地在香港接受记者采访,回忆了孙中山与宋庆龄的婚礼。她说:"本人虽此时已离日返粤,探祖母病,但廖先生曾在

---

① 尚明轩主编:《宋庆龄年谱长编》(上卷),第77—78页。
② 尚明轩:《何香凝传》,人民文学出版社2012年版,第68页。
③ 廖梦醒:《我认识的宋庆龄同志》,《人民日报》1981年6月3—4日。

日参加婚礼。"① 毫无疑问，廖仲恺携儿女出席了婚礼，但奇怪的是，在东京警视厅的监视记录中，并未有廖仲恺参加婚礼的记载。25 日，廖仲恺（化名金佐治）两度到访孙中山寓所，分别是：下午二时五分至，二时四十五分离开；三时二十五分至，三时五十分离开。廖仲恺离开后，四时三十分，孙中山偕宋庆龄乘车去牛道区袋町五号访和田瑞，办理结婚手续，晚餐后于七时离开。26 日，廖仲恺上午十二时五十四分到访孙中山寓所，下午一时五十分离去。② 这两日记载中，未明确记录廖仲恺夫妇出席婚礼或于婚礼后登门道贺的记载。但这并不意味着上述记录的说法不可信，这些说法或经当事人审查，或来源于亲历者，应该是可信的。基于这一判断，笔者认为将上述资料结合起来分析，或许能从日本警方的监视记录中获取更多的信息。廖仲恺在 25 日下午二时至四时的短短两个小时内两度到访孙中山寓所，说明他正在办理一件要紧的事情，需要频繁地跟孙中山沟通。当天对孙中山而言最重要的事情莫过于与宋庆龄办理结婚手续。廖仲恺携儿女出席了孙中山婚礼，但是日本警方在监视孙中山行踪时对此未有记载，合理的解释是廖仲恺在离开孙中山寓所后，即携家人在孙中山之前到达和田瑞处，故跟踪孙中山者并未关注到先前抵达的廖仲恺等人。

婚礼当天，廖仲恺、何香凝的女儿廖梦醒、儿子廖承志第一次见到了宋庆龄。李湄在书中讲述了一个小插曲：

> 妈妈（按，指廖梦醒）虽然是个小孩，但日语已经讲得不错，那天就充当小翻译。……我妈妈那时 11 岁，正是爱美的年龄。她看见新娘子佩戴着一条漂亮的项链，十分羡慕，便问道："Aunty（即姑姑），将来我结婚，你能让我也戴一戴这条项链吗？"宋庆龄笑了。这个美丽端庄的新娘子让我妈妈着迷。③

1981 年，宋庆龄在北京病逝，廖承志作诗悼念，开头就回忆了 65

---

① 《从孙夫人到天下事，何香凝一席话》，《国际新闻画报》1947 年第 83 期。
② 俞辛焞、王振锁编译：《孙中山在日活动密录（1913.8—1916.4）——日本外务省档案》，第 466—467 页。
③ 李湄：《梦醒——回忆我的母亲廖梦醒》，第 32—33 页。

1916年4月9日,孙中山、宋庆龄、廖仲恺(后排左二)、何香凝(前排右三)等在日人田中昂家中集会,庆祝袁世凯迫于民意取消帝制。前排左二为廖梦醒,孙中山怀中的男孩是廖承志

年前在东京首次见到宋庆龄的场景。诗歌全文如下:

### 怀念孙夫人

童年初睹丰姿美,
六十五年事尚新。
痛惜伟人今谢去,
深宵泪湿满衣襟。①

## 第三节 合作领导妇女运动的开端

何香凝、宋庆龄都属于近代中国女性中女权意识崛起最早的女性知识分子群体,并且对中国妇女解放的认识出奇的一致,都认为妇女解放

---

① 《廖承志文集》(下卷),人民出版社1990年版,第832页。

必须与政治革命、民族革命结合在一起。1903年6月25日，在抵达日本后不久，何香凝就在《江苏》杂志发表《敬告我同胞姐妹》一文，阐发其对妇女解放思想的认识，呼吁女同胞打破封建社会和传统文化给女性设定的社会角色，"切勿仍以玩物自待，急宜破女子数千年之黑暗地狱，共谋社会之幸福，以光复我古国声名"。① 比同时代绝大多数留日女学生更难能可贵的是，何香凝还积极参与孙中山领导的革命活动，成为同盟会最早的女会员之一，将女权思想付诸实际行动。

廖仲恺、何香凝遵照孙中山的嘱咐，在留学生中发展革命力量。
这是廖仲恺（坐地者）、何香凝（右四）与留学生合影

比何香凝稍晚几年，在美国留学期间，宋庆龄的妇女解放思想也开始崭露头角。辛亥革命前，宋庆龄撰写了《现代中国妇女》一文，于1913年发表在《威斯里安女子学院院刊》。该文对中国妇女的状况进行分析，并预言："用不着一个世纪的时间，中国就会成为世界上教育程度最高的国家之一；中国妇女也将成为同男人们地位平等、平起平坐的伙伴。"② 盛永华认为该文表达了宋庆龄的妇女价值观和男女平等观，"也表达了她对妇女取得解放的途径的理解——通过工作与斗争求得解放，不能等待施予"，"表现了比同代人更为超前的认识"。③ 爱泼斯坦是宋庆龄亲自指定的传记撰写人，他在《宋庆龄——二十世纪的伟大女性》一书中分析说：那时，"在宋庆龄思想中，有一种看法是已经明确

---

① 何香凝：《敬告我同胞姐妹》，《江苏》1903年第4期。
② 原文载《威斯里安女子学院院刊》1913年4月号，译文见宋庆龄基金会编《宋庆龄选集》（上卷），人民出版社1992年版，第5—7页。
③ 盛永华：《宋庆龄与中国妇女解放运动》，载氏著《宋庆龄论》，第246页。

的，那就是：中国妇女的解放是整个民族解放的不可分离的、不可或缺的一部分。反过来，中国的民族解放也离不开妇女的解放。后来，她不再期望在老的政府形态下妇女或整个国家会获得有效的进步，转而支持争取妇女权利的斗争并把它作为革命斗争的一部分，这一革命斗争是她的被欺凌的祖国和人民中占大多数的被压迫被剥削的劳苦大众——不分男女——所进行的"。① 爱泼斯坦恐怕不是那么清楚20世纪前期中国社会思潮变迁的历程，事实上，上述评论用来归纳国民党改组前后宋庆龄的妇女解放思想更切合实际。

辛亥革命是政治革命，也是思想解放的革命，革命后女权思想蓬勃兴起。有一些女界团体或个人还向临时大总统孙中山和国民党请愿，要求获得国会议员选举权。即便孙中山和其他一些民初革命党领袖对此表示同情，由于当时社会风气整体仍旧非常保守，支持女性参与政治事务和公共事务的力量仍然非常微弱。孙中山、廖仲恺和其他一些革命党领导受西方近代女权思想的影响，对吸收女性参与革命持开放的态度，逐步创造空间吸收女性同志从事革命活动。

女同志在革命党内部最初从事的活动主要局限于发动社会募捐支持革命。在第一次护法运动时期，廖仲恺在上海奉孙中山之命办理海军舰队南下广东的相关事宜，何香凝就曾协助他做海军家属的动员和安置工作，宋庆龄也发起过小规模的募捐活动。但总的来说，这一时期她们所从事的活动社会影响有限。1920年年底，驻闽粤军回师广东，驱逐盘踞广东的桂系军阀，孙中山回到广州重建政权。当时，正值五四运动后新思想盛行的时期，社会舆论和执掌广东政权的军政力量对女性参与政治活动和社会活动给予了前所未有的支持，妇女解放迎来了自辛亥革命以来的又一次高潮。1921年举行的广州市参事会参事选举中，就出现了女同胞当选的案例。相对宽松的社会氛围，为宋庆龄、何香凝从事公共活动打开了更为广阔的空间，组织出征军人慰劳会就是二人合作领导妇女运动的开端。

粤军收复广东后，孙中山敦促国会迅速成立正式政府，代表中国与

---

① 伊斯雷尔·爱泼斯坦：《宋庆龄——二十世纪的伟大女性》，沈苏儒译，人民出版社1992年版，第6页。

1917年6月，宋庆龄（左四）与何香凝（左三）、廖承志（左一）、
廖梦醒（左二）等在上海环龙路孙中山住宅前合影。照片题字为宋庆龄题写

外国交涉，从而有助于反对北洋政府的斗争。1921年4月7日，国会非常会议选举孙中山为非常大总统。5月5日，孙中山在广州宣誓就任，将中华民国军政府改组为正式政府。廖仲恺被任命为财政部次长，由于财政部部长唐绍仪从未到任，廖仲恺实际主持财政部工作。5月28日，孙中山发起西征广西的战争，以打垮桂系，在两广建立统一的革命政权，进而为统一全国的北伐战争做准备。孙夫人宋庆龄和廖夫人何香凝积极投身慰劳军队的工作。6月25日，西征军攻下广西重镇梧州。7月初，宋庆龄、何香凝在广州发动妇女组织"出征军人慰劳会"，动员社会力量筹款筹物，用以慰问军队。会址设于总统府，宋庆龄亲自担任会长，何香凝担任总干事，成员除广东军政要员的女眷外，还有许剑魂、伍智梅、黄蕙贞等多位广州妇女领袖。当时年仅十余岁的廖梦醒也暂停学业，担任慰劳会会计，"每天跑银行，管理各方的捐款"，等到捐款全部被带去慰劳军队，才返回学校继续上学。①

慰劳会采用劝捐、演剧、义卖等多种方式筹集款物。何香凝组织书画展览会，将自己的画作义卖，并动员其他广东书画名家参展。何香凝还邀请粤剧名演员马师曾在广州南关戏院演出，进行筹款。② 7月19日，廖仲恺代表孙中山前赴梧州慰问入桂作战的军队。③ 20日，何香凝

---

① 廖梦醒：《我认识的宋庆龄同志》，《人民日报》1981年6月3、4日。
② 廖梦醒编：《何香凝大事纪年》（未刊稿），转引自尚明轩《何香凝传》，第76页。
③ 陈福霖、余炎光编：《廖仲恺年谱》，湖南出版社1991年版，第151页。

1921年6月,宋庆龄(右边左三)率
"出征军人慰劳会"工作人员赴梧州劳军

率魏邦平夫人、莫纪彭夫人、汪精卫夫人等妇女代表紧随其后,赶赴梧州、浔州(桂平),携带蚊帐、衣物、药材、水果等慰问品,到各医院慰问伤兵,并到各军营和舰队一一慰问。"慰劳会代表所到之处,士气倍增。"① 7月24日,出征军人慰劳会在广州东园新世界举行了一场声势浩大的卖物场开幕礼,宋庆龄、何香凝等妇女界代表出席,孙中山特地于开幕前前往祝贺,胡汉民、马君武等政界要人也到会祝贺。卖物场设美术、文具、食物、绣织、儿童玩具、鲜花、化妆、药材、音乐、演剧、游艺、技击、音乐、焰火等分部。"各部中以美术部各种书画为最美观,所陈列书画皆由各书画家所捐","有孙大总统书扇及胡汉民、汪精卫、陈协之、高剑父、何香凝、邹海滨、徐桂农、高奇峰诸人书画"。② 宋庆龄还与何香凝等携带慰问品,到广州各医院慰问伤兵,鼓舞士气。西征与北伐时期,何香凝和宋庆龄领导的类似筹募慰问活动一直持续开展,直至次年6月陈炯明叛乱前夕。

出征军人慰劳会在近代中国妇女运动史上留下了浓墨重彩的一笔。上海《民国日报》评论说:"广州出征军人慰劳会,为孙大总统夫人发

---

① 《羊城新报》1921年7月28日,转引自尚明轩主编《宋庆龄年谱长编》,第117页。
② 《粤慰劳会布置齐备》,上海《民国日报》1921年7月31日;《慰劳会卖物场开幕》,上海《民国日报》1921年8月1日。

**何香凝题赠给宋庆龄的个人照。1923 年拍摄于广州（上海宋庆龄故居纪念馆藏）**

起组织，实为我国创举。"① 诚如斯言！传统文化将女性禁锢在家庭之中，晚清以后，随着新式教育的普及、社会风气的开化和职业的分化，女性开始出现在社会公共生活中，但此前女性群体仍然是边缘群体，在舆论界的声音非常微弱。在同时代的西方世界，军政首领的夫人从事慈善或者其他类型的公益事业属于普遍现象，但在中国却并不常见。宋庆龄、何香凝等借由组织出征军人慰劳会引起了强烈的舆论反响，为中国女性参与社会公共生活开辟了一条重要路径。在后来的国民革命时期甚至是抗日战争时期，女性参与革命或其他社会活动的主要方式就是从事战场救护和为军队募捐。出征军人慰劳会的活动就是国民党"一大"后国民党妇女部领导妇女运动的预演，国民党改组后组织的中央妇女部、广东省妇女部、广州市妇女部的领导者，不少人曾参加广东出征军

---

① 《粤女界慰问伤兵之恳切》，上海《民国日报》1921 年 8 月 5 日。

人慰劳会。① 组织筹募慰问军队的活动也给宋庆龄、何香凝带来了很高的社会知名度，孙夫人、廖夫人的名字频登报端，闻名遐迩。

## 第四节　困厄见真情

1922年6月16日，驻扎在广州市区的粤军叶举、熊略等部军队发动兵变，叛军围攻并炮击位于观音山（越秀山）下的总统府，拥戴身在惠州的原粤军总司令陈炯明执掌广东政权，企图破坏北伐，逼迫孙中山下野，推翻南方政权，是为陈炯明叛乱。陈炯明叛乱使得廖仲恺身陷囹圄达二月余之久，孙中山也险些为叛军所掳。陈炯明所部粤军是以孙中山在第一次护法时期向原广东省长朱庆澜争取的省长警卫军为基础发展而来的，孙中山、廖仲恺等国民党领导层倾尽全力帮助粤军发展，粤军从军官到士兵全体加入国民党。因此，陈炯明叛乱给孙中山造成了格外沉重的打击，促使他加快学习苏联革命模式的步伐，对后来的国民党改组和第一次国共合作的形成有重要影响。宋庆龄、何香凝也因陈炯明叛乱遭受人生中的重大困厄，宋庆龄奔波逃亡并因此流产，何香凝则以一介女士之身，在竭力营救廖仲恺的同时，还想方设法地寻找宋庆龄、孙中山，承受精神与身体的巨大压力，体现出了对革命事业的极大热忱和对孙中山、宋庆龄的诚挚感情。

6月14日，在叛军围攻总统府前两天，陈炯明在东莞石龙召集所部诸将会议，部署叛乱。② 同日，陈炯明电邀廖仲恺前往惠州，但在中途却将廖仲恺扣押在石龙，实施叛乱后将其转移到广州石井兵工厂囚禁。兵变前，孙中山、廖仲恺等人认为驻扎广州的粤军虽然对陈炯明被免去粤军总司令一职不满，但还不至于发动叛乱。因此，虽然广州社会已经风声鹤唳，甚至"各大街小巷都有三五成群的市民在交头接耳谈论时局问题，好像有什么祸害就要临头，表现出不安的样子"，但是孙中山仍

---

① 宋庆龄：《在广州女校女团体欢迎会上的演说》，《宋庆龄选集》（上卷），人民出版社1992年版，第34页。
② 陈锡祺主编：《孙中山年谱长编》（下卷），第1461—1462页。

然从韶关大本营返回广州坐镇。①廖仲恺与陈炯明私交不浅,民初陈炯明担任广东都督时,廖仲恺就主管财政工作;1920年前后粤军援闽时期,他代表孙中山多次前往漳州联络,并给予财政援助,甚至将孙中山在上海的住宅抵押为其筹款;1922年北伐军转道韶关北伐时,胡汉民、蒋介石等人提议将陈炯明撤职,廖仲恺则从大局出发,在孙中山和陈炯明之间不断疏通,扮演调解人的角色。在孙、陈关系紧张之时,何香凝还预备与邓铿夫人一起去石龙,劝陈炯明回心转意,只是由于兵变突发而未及成行。可见,在广东军政高层中,廖仲恺与陈炯明的私人关系还算密切。因此,当陈炯明打电报给廖仲恺,"假意说请仲恺去惠州领款,并说'有事相商'"时,廖仲恺根本没有意识到这会是陈炯明布下的圈套。②但私人感情代替不了政治利害,由于政治立场存在严重分歧,陈炯明对廖仲恺的防范由来已久。在陈炯明看来,廖仲恺无疑是孙中山的坚定支持者,因此他在广东省政府的人事安排上,原本想让廖仲恺担任相对不那么关键的政务厅长,由于孙中山的坚持才不得已让廖仲恺担任财政厅长,但几个月后就换上了自己的亲信。北伐时期,廖仲恺以财政部次长的身份主管财政部工作,尤其是在陈炯明被撤职后,他与继任省长伍廷芳联手,从省库中划出大笔经费用于支持北伐,保障了北伐军的军需供应。因此,驻扎在广州的陈炯明部粤军不论是从所部私利出发,还是从破坏北伐的政治目的出发,都想控制廖仲恺。

　　陈炯明诱捕廖仲恺的时间和地点显然是经过周密考虑的。诱捕廖仲恺的时间与陈炯明召集将领部署叛乱的时间为同一天,陈炯明为何迫不及待地在兵变前对廖仲恺下手,而不是在围攻总统府的同时或者其后囚禁廖仲恺?毕竟廖仲恺是革命政府的核心人物,与孙中山及各方的联系密切,事前囚禁要冒泄露兵变消息的风险。因为囚禁廖仲恺的消息万一泄露,一定会引起孙中山的警觉,直接影响到兵变计划的实施。何香凝在《我的回忆》中曾说:"孙先生北伐的时候,参谋长邓仲元留守后方,仲恺管财政,筹措军饷,不遗余力。陈炯明的人先下手为强,使人在广九车站暗杀了邓仲元","(陈炯明扣留廖仲恺后)还说:'这一次

---

① 李洁之:《陈炯明叛变炮击总统府的经过》,载全国政协文史和学习委员会编《回忆孙中山三次在广东建立政权》,中国文史出版社2015年版,第180—188页。

② 何香凝:《我的回忆》,《人民日报》1961年10月7日。

1922年5月,孙中山亲赴韶关督师,宋庆龄率红十字会员多人随行。这是孙中山、宋庆龄在韶关时留影

就把'孙大炮'的荷包给锁住了'","陈炯明自以为这样就可以将邓仲元、廖仲恺两根'眼中钉'拔去,于是在两天之后(6月16日)炮轰观音山总统府,公然背叛孙先生"。① 由上述论述可以看出,按照何香凝的理解,叛军囚禁廖仲恺是为了断绝北伐军的后方军需补给。何香凝所言切合事实本相。陈炯明叛乱的目的是捣毁南方政府,邓铿遇害后,控制廖仲恺就相当于在很大程度上断绝了北伐军的军需来源。但是,一旦廖仲恺察觉到叛乱行将发生,则可能采取非常手段,将他所掌握的财政资金和物资全部划拨给北伐军。陈炯明不惜冒着泄露消息的风险事先扣留廖仲恺,或许就是出于这个考虑。这也能解释为何要将廖仲恺诱往石龙关押,因为石龙完全处于陈炯明军队的严密掌控之下,可以防止机

---

① 何香凝:《我的回忆》,《人民日报》1961年10月7日。

密外泄。

就在何香凝等待廖仲恺消息的时候,一个更大的阴谋开始施行了。15日,叶举等发出通电,要求孙中山与北洋总统徐世昌同时下野,杨坤如部还抢占石井广东兵工厂,几乎公开亮明了驱逐孙中山的旗帜。不少人劝孙中山离开总统府,避其锋芒,但孙中山不为所动。据孙中山的随从区搴常回忆说:

> 1922年6月15日下午,陈少白先生亲到越秀楼(笔者按:为孙中山、宋庆龄起居处)告急,力劝中山先生暂时离开总统府,以避其锋,同时,来电话及亲到劝驾的还有很多人。中山先生均答以"这是外间谣言,不可轻信"等语。至深夜11时,陈策、魏邦平等连续以电话向他报告陈炯明谋反的消息,并说明情况十分危急,劝中山先生出府暂避。中山先生表示无论如何绝不离开总统府,他说:"我只知为国家为民族,从不为个人谋利禄,这是人所共知的。陈炯明必不肯谋杀我!"①

熊略部一名为赖达的连长在出发攻打总统府前借故离队,辗转找到总统府参军林树巍、机要秘书林直勉,被带至总统府报告叛乱消息,孙中山仍不为所动。凌晨1时,叛军即将逼近之时,在劝说无果的情况下,林直勉等人不待孙中山同意,用力挽着孙中山跑出越秀楼,化装趁乱逃出包围圈,抵达海军司令部所在地海珠岛,前往白鹅潭登上"楚豫舰",后在永丰舰指挥平叛斗争。孙中山突围时,要宋庆龄随他一同撤离,但宋庆龄此时已经身怀六甲,行动不便,更担心同行目标太大,反而影响突围。因此,"她不顾孙中山的多次劝说,坚持留下来吸引敌人的火力和注意,让孙中山安全撤离,表现出对孙中山革命事业的无限坚贞的勇于自我牺牲的高贵品质"。② 宋庆龄与卫队坚守总统府,直至几乎弹尽,才戴着草帽,穿上孙中山的雨衣,在两名卫兵和总统府副官长姚观顺的陪同下突围。由上午八点开始,藏在混乱的人群中不停地转

---

① 区搴常:《关于陈炯明叛变进攻总统府的一点补充资料》,《广东文史资料存稿选编》第2卷,第353—354页。

② 李洁之:《宋庆龄同志在广州的日子里》,《广州日报》1981年6月4日。

移,一直到下午四点才脱险。17 日,宋庆龄获悉孙中山在黄埔的军舰上,但是她无法突破封锁与孙中山会合,所以只能冒险住在沙面租界的自来水厂内。次日,又在岭南大学校长钟荣光的帮助下,乘电船来到岭南大学,在外交部次长伍朝枢和顾问那文的护送下前往黄埔长洲要塞司令部总统行辕与孙中山见面,然后乘船返回岭南大学,住在黑石屋钟荣光家。"由于紧张和劳累,到达岭南大学钟荣光家她就流产了。这是她一生中惟一的一次妊娠。"①

**1923 年 8 月 14 日,孙中山偕宋庆龄登永丰舰(后改名"中山舰")**

叛乱发生后,何香凝牵挂廖仲恺,也担心孙中山、宋庆龄的安全。她托人把廖梦醒、廖承志送去香港安置后,便孤身踏上了寻找孙中山、宋庆龄和营救廖仲恺的征途。廖仲恺被囚禁期间,写了《留诀内子》和《诀醒女、承儿》两首诀别诗,其中有"莫教辜负女中豪"一句,

---

① 廖梦醒:《我认识的宋庆龄同志》,载《宋庆龄纪念集》,人民出版社 1982 年版,第 136 页。

盛赞何香凝为女中豪杰。① 在寻找孙中山、宋庆龄、廖仲恺的过程中，何香凝坚毅果敢，百折不挠，"女中豪"的气质表现得淋漓尽致。寻找的旅途惊险异常，当时孙中山与陈炯明正剑拔弩张，孙中山在珠江航道的军舰上指挥平叛，广州城内的枪炮声此起彼伏。何香凝没有畏惧枪炮，更不畏惧叛军，径直找到叛军指挥部，直言要去找孙先生、孙夫人，催促叛军给予通行证。面对叛军的推搪威吓，何香凝毫不理会，晓之以理，动之以情。在《我的回忆》一文中，何香凝这样回忆了当时的场景：

> 我终于在陈炯明开会的地方找到陈炯明的部下，要他们让我去找孙先生孙夫人，推三阻四。我起先向他们取通行证，他们不答应。我就向他们说："孙先生就任大总统职的时候，你们不都是去庆贺过的吗？为什么现在又来反对他呢？"
>
> 他们还是不答应，我接着又说："你们应该追念孙先生是推翻清朝、手创中华民国的人。你们不都是由于孙先生倡导革命，以及黄花岗等各次战役烈士们流血牺牲，激发起全国同胞共同奋斗，推倒清朝，成立了中华民国，才有中华民国的官做的吗？你们今天饮水思源，不应该这样对待孙先生。"
>
> 他们仍然不答应。我看提起孙先生说不动他们，便又换了一种理由和他们说："你们纵不让我去找孙先生，也必须让我去找孙夫人才行。你们应该还记得，孙夫人是我们慰劳会的会长，当去年你们讨伐莫荣新、沈鸿英等的时候，她不是和我们发起出征军人慰劳会，募了十几万款慰劳你们吗？你们总该容我去找她呀！"
>
> 他们还不答应，并以危险来吓我。我说我不怕。后来，洪兆麟

---

① 《留诀内子》第一首诗为：后事凭君独任劳，莫教辜负女中豪；我身虽去灵明在，胜似屠门握杀刀。第二首为：生无足羡死奚悲，宇宙循环活杀机；四十五年尘劫苦，好从解脱悟前非。《诀醒女、承儿》为：女勿悲，儿勿啼，阿爹去矣不言归。欲要阿爹喜，阿女阿儿惜身体。欲要阿爹乐，阿女阿儿勤苦学。阿爹苦乐与前同，只欠从前一躯壳。躯壳本是臭皮囊，百岁令当委沟壑。人生最重是精神，精神日新德日新。尚有一言须记取，留汝哀思事母亲。据廖仲恺何香凝纪念馆藏复印件照片，亦可见尚明轩、余炎光编《双清文集》（上卷），第398—399页。

来说:"你这样忠心",就派给我两个卫兵(其实是监视我),叶举①又给我车子,另一个军官杨某又派一个副官带口令跟我一起去,这样我们才出来。这些人,我都慰劳过他们的,他们对我尚有好感。

……

这天找不到,要第二天再找,我临回家前,告诉那个副官,请他给我口令,我好带了口令第二天再找。最后才打听到孙夫人在她同学的家里暂住,我在岭南大学一所小房子里找到她,孙夫人在途中小产了。我们谈起陈炯明这次叛变,都很伤心。②

找到宋庆龄后,何香凝继续寻找孙中山,获悉孙中山在永丰舰的消息后,她立即赶去探视。她回忆说:

孙先生在船上住了这几天,也很辛苦。孙先生问起外边情形怎么样?我说:"我已找到孙夫人。仲恺则被陈炯明扣留,生死不明,现在人人都跑了,只剩下我一个了。"孙先生也很痛心。我见孙先生的衣服被汗污了,也没有替换的。回来之后,想到古勷勤身材与孙先生相同,就去古家找古太太(古本人亦已离开),借一件古勷勤的衣服,送去与孙先生。我这样先后来往送信息送衣服与孙先生,共去永丰舰三次,每次都是以大义责骂守卫的士兵,他们才让我通过的。士兵们对我也是很好的。③

在廖仲恺被囚禁后的第十天,何香凝才在陈炯明部将熊略的允许下,见到了关押在石井兵工厂的廖仲恺,但被禁止交谈。廖仲恺身上"被三道铁链锁起来,——手上一道,腰间一道,脚上一道,都系着很长的铁链子,锁在一张铁床上"。何香凝跟陈炯明部将熊略、钟寿南交涉,几天后,才给廖仲恺开了锁。④

---

① 按:洪兆麟、叶举为陈炯明部主要将领。
② 何香凝:《我的回忆》,《人民日报》1961年10月7日。
③ 同上。
④ 同上。

**廖仲恺被囚禁时在狱中写给夫人和儿女的诀别诗**

营救廖仲恺的过程一波三折，其间甚至一度传出陈炯明要杀害廖仲恺的消息。陈璧君、伍朝枢、古应芬、朱执信夫人等曾在香港策划收买绿林好汉劫狱，救出廖仲恺的方案，被何香凝阻止。在广东大学任教的陈公博也曾请求陈炯明的亲信帮忙说情，营救廖仲恺，但也无果。何香凝以一己之力与陈炯明部属苦苦周旋，心力交瘁，也无法救出廖仲恺。8月9日，北伐军回师广东失利，平叛无望，孙中山离开广州前往上海。17日，何香凝从留日同学龙荣轩处得知陈炯明次日将在白云山召开军事会议，便决定前去找陈炯明当面理论。次日，何香凝冒雨赶到白云山陈炯明司令部，厉声指斥，据理力争，要求释放廖仲恺。陈炯明碍于情面，将囚禁廖仲恺的责任推诿给部下，假意答应将廖仲恺押解到白云山。何香凝不允，坚持要求立即释放廖仲恺。"陈炯明也自知理屈，而且他觉得那时孙中山先生已离开广东，原在韶关的北伐军亦已离开粤北，革命势力对他的威胁已经暂时解除；而且，他又觉得以前留驻漳州的那批粤军干部对仲恺还有好感，也不敢遽尔杀害仲恺。"① 踌躇再三

---

① 何香凝：《我的回忆》，《人民日报》1961年10月7日。

之后，陈炯明下令释放了廖仲恺。次日凌晨三点，廖仲恺、何香凝连夜乘船赶往香港转赴上海，追随孙中山继续革命。

20世纪20年代初，廖承志、廖梦醒与宋氏家族合影。
后排左起：孙中山（左一）、宋庆龄（左二）、倪珪贞（左三）、
宋美龄（左五）、宋霭龄（左六）、孔祥熙（左七），
前坐地者左起：廖承志、宋子文；第三排中为廖梦醒
（上海宋庆龄故居纪念馆藏）

何香凝、宋庆龄两位杰出女性处变不惊，突如其来的灾难没有摧毁她们的意志，反而让她们更加坚定了自己的信仰。经此一劫，孙中山、宋庆龄与廖仲恺、何香凝之间的革命友情也愈加坚固。宋庆龄在大难面前勇于担当、敢于牺牲，让何香凝对外表柔弱、年轻的她有了更深刻的认识。1941年6月16日，何香凝在香港《华商报》发表《忆孙中山广州蒙难》一文，称赞宋庆龄说：她不顾自身安危，"处处为孙先生着想——也可以说是为中国革命的前途着想，临难应变，这么大义凛然，真令人感动！"何香凝表示："自从这件事之后，我对于（孙）夫人就格外地尊敬爱护了。"①

---

① 何香凝：《忆孙中山广州蒙难》，尚明轩、余炎光编：《双清文集》（下卷），第358页。

# 第二章

# 左派战友

## 第一节 妇女运动的共同领袖

何香凝和宋庆龄是国民革命失败以前中国妇女运动的领袖,在国民党妇女运动史上具有标杆地位。何香凝领导国民党中央妇女部和广东省党部妇女部的工作,但是她长期担任的职务是中央妇女部代理部长,务实而不居名,亲自请辞中央妇女部部长职,虚位以待宋庆龄,认为宋庆龄是部长更合适的人选,直至1927年3月11日才被正式选举为中央妇女部部长。宋庆龄在被国民党中央任命为中央妇女部部长后则坚辞不就,实际上却是一直从事培训妇女运动干部、宣传妇女运动理论等工作,并利用其个人知名度和影响力发展妇女运动。宋庆龄和何香凝,两人惺惺相惜,相互礼让,互帮互助,共同领导了1924年至1927年的妇女运动。

何香凝从事革命活动的历史非常悠久。1903年,抵达日本东京不久,在一次留学生集会上,廖仲恺、何香凝聆听了孙中山慷慨激昂的演讲,从此立下了追随孙中山从事民主革命的志向。在日本期间,何香凝与廖仲恺共同完成了孙中山交代的任务,在留日学生中发展革命力量,组织留日学生学习手枪、步枪射击等初步的军事技能,以及其他的一些工作。为防止日本警察利用女仆刺探时常在自己家中举行的革命者集会的消息,出身于香港富商家庭的何香凝从头开始学习煮饭担水等家务活。甚至连进入东京女子美术专科学校改学绘画,也是为了满足革命工作的需要。她因此也在同盟会正式成立前,于1905年8月7日由孙中山、黎仲实介绍,在孙中山的亲自主持下加入同盟会,成为最早的女会员之一。

宋庆龄从1913年开始，一直协助孙中山处理文书及机要工作，也是资深的女性革命者。但是，1924年国民党"一大"以前，国民党是一个以政治斗争、军事斗争为主要任务的革命党，女性同志在国民党中发挥作用的空间非常有限，女性国民党党员的数量极少，在国民党中央党务领导机构中更无一人。何香凝、宋庆龄虽然一直在协助孙中山、廖仲恺从事革命活动，宋庆龄还经常接触国民党的核心机密，但是她们并没有担任任何党职或者公职。她们从事的诸如组织军人慰劳会等活动，与其说是党务活动，毋宁说更像是社团活动。宋庆龄、何香凝不是以党员身份去领导这些活动，而是以孙夫人、廖夫人的身份作号召。

国民革命运动的酝酿、开展，为何香凝、宋庆龄等女党员从事革命活动开辟了康庄大道。陈炯明的叛变促使孙中山重新反思中国革命的道路，痛定思痛之后，孙中山下定决心效仿苏俄革命的模式，走上国民革命即民族民主革命的道路。国民革命一词最早由孙中山等人在同盟会时代提出，意思是国家是全体民众的国家，国民是国家的主人，革命不再是传统的英雄的革命，国民全体均负有参加革命，建设民主国家的使命。但在国民党"一大"前后，孙中山重新打出"国民革命"的旗帜时，已经给它赋予了崭新的内容，"国民革命"的内在实质已经被明确界定为列宁的民族革命理论。据此，"国民"不再是无属性的泛称，而是依据阶级属性或团体属性划分的工人、农民、商民、青年、妇女等，属于被定义为被压迫对象的民众。① 女性占中国人口的半数，以往的政治革命将女性几乎排斥在外，但在国民革命的语境中，女性国民是革命的重要力量，发展妇女运动是国民革命的重要内容。由此，女性革命者不再是可有可无的配角，而应当成为国民革命运动的重要组织者。

1924年1月，国民党第一次全国代表大会在广州召开。大会代表分两部分，一部分由各省国民党支部选出，一部分由孙中山指派。在一百九十七名代表中，孙中山亲自指派了何香凝、陈璧君、唐允恭三名女性代表。也许是为了避嫌，宋庆龄虽然比陈璧君、唐允恭等人更早从事革命工作，但并没有被指派为代表。在国民党"一大"上，作为妇女

---

① 刘斌：《北伐前广东农民运动中国民党的身份冲突与调谐》，《贵州文史丛刊》2014年第1期。

**1926 年 9 月，何香凝创办了国民党妇女运动讲习所。**
**这是 1927 年 3 月该所首届学员毕业摄影**

代表，何香凝为提高妇女地位、争取男女平等做了不少努力。她在会上提出"妇女在法律上、经济上、教育上一律平等"的议案和"在党中央组织妇女部案"，前者获原案通过，后者被决议交付国民党中央执行委员会酌办。1 月 31 日，国民党中央执行委员会根据何香凝的提案决定设立中央妇女部。

何香凝、宋庆龄是国民党内从事妇女运动的先驱，但起初两人并未在改组后设置的国民党中央妇女部任职。虽然如此，她们仍然积极参与发起和组织妇女活动，尽心竭力地为提高妇女地位、改善妇女生活条件而奔波，并取得了不俗的成绩。1924 年 3 月 8 日，广州举行了中国历史上第一次庆祝"三八国际妇女节"的活动，何香凝就是这次活动的重要发起者和组织者。何香凝后来回忆庆祝活动的缘起时说：

> 有一次，苏联顾问鲍罗庭夫人和我谈起了妇女运动老前辈蔡特金和"三八"妇女节的事，我们为了配合进一步开展妇女群众运动，就打算在广州举行一次"三八"妇女节庆祝大会。我把这件事

提到国民党第一次全国代表大会来讨论，还提出纪念"三八"节的几个口号："男女平等""各机关开放容纳妇女""婚姻自由，不得歧视再婚妇女"。当时，有一些顽固分子，一听到这些话就起来反对，说什么"妇女不能再婚，再婚就是不贞"。我马上反驳他们："什么贞不贞？贞应该是男女双方的事。"……绝大多数人都支持了我们妇女的严正要求，那些顽固分子方才哑口无言。①

1924年2月下旬，国民党中央妇女部召开干部会议时，何香凝提出了组织广大劳动妇女纪念"三八"国际妇女节，借以宣传妇女解放的建议，获得与会者的一致赞同。会议决定：由妇女部出面发起集会和举行游行示威活动，"以警醒妇女群众，使同趋于联合奋斗之一途"。②何香凝承担了纪念活动的筹备事宜。为了使妇女界增强对"三八"节来历和意义的了解，激发女同胞参加庆祝活动的积极性，何香凝还在执信学校组织了一次演讲，动员廖仲恺作了题为《国际妇女节之性质》的演讲。经过何香凝等人的精心筹备，3月8日上午，广州各妇女团体代表和20余所大、中学校的女生2000余人齐聚广州市第一公园，隆重召开了庆祝活动，并于会后举行了大游行，何香凝出席并主持了纪念大会。③ 庆祝活动的举行有力地冲击了封建旧思想，宣传了男女平等的思想，对妇女解放运动的发展起到了重要的促进作用。

此外，何香凝还通过开设贫民生产医院、开办妇女劳动学校等方式，来解决劳动妇女的切身困难。1924年3月21日，何香凝在国民党中央妇女部党员大会上提议设立"贫妇生产保护医院"，以救济贫苦产妇。④ 获得通过后，何香凝主动承担起筹备医院的任务。除了向各党政机关及海外华侨募捐外，何香凝还联合广州一些戏班、剧社发起义演募捐活动，筹募款项。6月18日，医院成立，定名"中国国民党党立贫民生产医院"，何香凝不辞辛劳，一度亲自操持院务。医院对贫民免收医药费，为贫苦群众带来了实实在在的优惠。为提高女子文化水平，

---

① 何香凝：《回忆中国第一个"三八"节》，《中国青年报》1961年3月5日。
② 《广州妇女团之活动》，《广州民国日报》1924年3月5日。
③ 尚明轩：《何香凝传》，第127页。
④ 《国民党广州党务消息》，上海《民国日报》1924年3月29日。

1924年3月何香凝向中央妇女部提议设立妇女劳工学校。经过筹备，在广州设立了三所学校，吸收了近500名女工入学。①

1924年8月，曾醒辞去国民党中央妇女部部长一职，7日经国民党中央执委会会议确定由廖冰筠补任。但廖冰筠随后也提出辞职，14日国民党中央又决议"推何香凝同志代理"。无论是从能力、声望还是工作成绩来看，何香凝担任中央妇女部部长都当之无愧，但国民党中央执委会并未直接任命当时没有任何党职的何香凝为部长，而加以"代理"二字，肯定是有所考虑的。是由于廖仲恺身为中央执行委员兼工人部长，何香凝因此要避嫌呢？或者是存在其他考量？答案有赖于更深入的研究来揭示。但事实是，从此以后，何香凝成为实至名归的国民党妇女运动领袖。

何香凝担任妇女部长，标志着国民党中央妇女部工作重心的转变。中央妇女部成立之初，部长由广东执信学校校长曾醒担任，秘书为广州女子师范学校校长廖冰筠，助理是广东妇女织袜工会会长唐允恭。从国民党中央对中央妇女部的领导任命来看，此时预想的妇女运动主力是知识女性，尤其是女学生。曾醒、廖冰筠都是当时广东女界的精英，是知识女性的代表，也都是知名女校的校长，与被运动的对象——青年女生接近，因而担任妇女部主要领导。妇女部领导中来自工人阶层者仅有一人，即妇女部助理唐允恭，为广东妇女织袜工会会长。妇女部领导层的构成意味着工作重点难免偏向知识女性，对劳动妇女则相对忽视。知识女性是女界的佼佼者和先知先觉者，西方女权运动的发展乃至晚清民初中国妇女的觉醒，知识女性都是发起者和主要参与者。国民党发起的妇女运动，属于国民革命的妇女运动，其基本的理论预设是：妇女遭受帝国主义和封建主义的双重压迫，妇女运动不是单纯的女性对男性的斗争，妇女必须参加国民革命，待革命成功后才能实现女性的完全解放。因此，妇女运动的目的与一般意义上的女权运动有重大差别，其虽也含有实现男女平等、改善女性生存生活条件等一般女权运动的目标，但是它最首要的目标是唤醒女性参加国民革命，为实现民族独立和政治民主

---

① 尚明轩：《何香凝传》，第131—132页。

而斗争。① 与国民革命的理论一样，国民革命的妇女运动的理念更多地受到苏联模式的影响，苏联妇女运动是无产阶级妇女运动，劳动妇女是其主力。在近代中国，知识女性的数量很少，她们有可能担当国民革命的妇女运动的发起者，但绝不应成为主力，运动的主要参加者应当是劳动妇女。

曾醒、廖冰筠等女性知识精英的长处与国民革命的妇女运动的需求未必契合，这或许是两人相继辞职的原因。相反，何香凝一开始就把握住了国民革命的妇女运动的特质。她对妇女运动的认识受苏联因素的影响很大，所从事的诸如创办医院、劳工学校等活动，均着眼于帮助劳动妇女，解决实际困难。更重要的是，作为一个资深的革命者，何香凝时刻不忘将妇女运动与国民革命联系在一起。她在贫民生产医院开幕典礼上，就将救济贫苦产妇与"救活"中国联系在一起，称："此次创办斯院二大目的：一、救济贫苦产妇；二、中国现状如临产之贫妇，需救活，联合同志去医国。"②

何香凝和宋庆龄都身兼革命者和妇女领袖双重身份，并且在这两重身份中，革命者的身份更为显著。因此，虽然她们最早的妇女解放观念都来自于西方女权思想，但是当国民党决定发起有组织的妇女运动后，她们便能够迅速地从国民革命的视野去理解妇女运动，予以理论阐释，并加以推动。她们坚持妇女解放的目标必须经由国民革命才能达成，呼吁妇女同胞投身到国民革命的洪流中，谋求国家的解放和自身的解放。何香凝在《国民革命是妇女唯一的生路》一文中，认为"近来一般妇女只知道谋振兴女权，谋女子独立，殊不知国权已经失去，女权更何由振兴"，"不先救国，还想自救"，"舍本求末，劳而无功"，认为"要求妇女解放，必先从事国民革命"。何香凝指出"努力国民革命工作"是"妇女唯一的生路"，并认为"有知识的女子占全数极少数"，妇女解放"不可单靠少数有知识妇女，必定要与大多数的农工妇女联合起来，领

---

① 1926年1月8日，国民党"二大"的妇女运动报告对国民党改组前的妇女运动做出的评价，充分表明了国民革命的妇女运动与一般妇女运动的区别。《报告》称："以前妇女运动的错误如下：目标：参政女权运动，注意枝节问题；方式：上请愿书要求，希望目前发生效力；组织：建筑在少数人的风头心理上，两性争斗的观念浓厚，未感到国民革命与妇女的关系。"参见《妇女运动报告》，载尚明轩、余炎光编《双清文集》（下卷），第30—33页。
② 《贫民医院开幕》，《广州民国日报》1924年6月20日。

导她们，开发她们，使她们了解中国现在的情形，及妇女现在的地位，唤起她们的爱国心，激发她们的革命性，使她们和我们同立于一度战线之上，以完成革命工作"。① 1926年1月20日，宋庆龄在广州女校、妇女团体欢迎会上，呼吁在场的广东女界精英"齐领导妇女们向国民革命战线上走"。② 1927年，国民党在武汉设立妇女党务训练班，宋庆龄担任主任。2月12日，宋庆龄在训练班开学典礼上精辟地阐述了妇女解放与国民革命的逻辑关系："中国国民革命是要全体国民来参加共同奋斗，方才可以成功的。中国妇女虽然受了两千多年的专制压迫，对于眼前的革命工作当然不能置身世外。妇女是国民一分子，妇女解放运动是中国国民革命的一部分。所以为求全民族的自由平等，妇女应当参加国民革命。为求妇女自身的自由平等，妇女也应当参加国民革命。"③

与何香凝稍有不同，在很长一段时间内，宋庆龄并没有担任公开的党职。在孙中山逝世以前，她的主要工作任务仍然是担任孙中山的秘书，孙中山逝世后，宋庆龄才开始走上政治前台。1926年1月23日，宋庆龄被国民党第二届中央执行委员及监察委员全体会议推举为国民党中央妇女部部长，但她推辞不就，仍由何香凝代理部长职。直至1927年1月，宋庆龄才在武汉担任由国民党临时中央党政联席会议授予的妇女党务训练班主任一职，这是她在妇女运动方面担任的唯一职务。宋庆龄虽从未担任过中央妇女部长，但她具有强大的影响力和号召力，与何香凝同在妇女界享有盛誉。宋庆龄以多种方式参与了妇女运动。1924年11月，她陪同孙中山北上北京，途经日本时，曾在神户县高等女子学校发表英语演说，演讲的主题就是妇女解放问题。④ 孙中山逝世后，宋庆龄在上海居住期间，也曾多次参与国民党女党员和上海妇女界组织的爱国活动。1926年1月，在国民党"二大"召开期间，宋庆龄与何香凝、邓颖超一起被选为妇女运动报告审查委员会委员，认真审查《妇女问题决议案》并提交大会通过。《决议案》提出了保障妇女权利和发展妇女运动的一系列措

---

① 何香凝：《国民革命是妇女唯一的生路》，《人民周刊》1926年第3期。
② 宋庆龄：《在广州女团体欢迎会上的演说》，载《宋庆龄选集》（上卷），人民出版社1992年版，第34页。
③ 宋庆龄：《妇女应当参加国民革命》，载《宋庆龄选集》（上卷），人民出版社1992年版，第39—40页。
④ 尚明轩主编：《宋庆龄年谱长编》（上卷），第141—143页。

**1925 年 4 月 17 日，宋庆龄、何香凝与上海女党员合影**
（上海宋庆龄故居纪念馆藏）

施，对中国妇女运动的发展起到了重要的推动作用。①

**1926 年 1 月 20 日，何香凝（前排右四）组织广州女校和妇女团体代表欢迎抵达广州出席国民党"二大"的宋庆龄（前排右六）**

---

① 尚明轩主编：《宋庆龄年谱长编》（上卷），第 167 页。

武汉政府时期是何香凝和宋庆龄携手领导妇女运动的一段黄金时期。1927年，宋庆龄筹办妇女党务训练班，以"养成革命实用妇女人才，备充各机关及党部工作职员之用"。① 后来，还因应北伐的需要，在党务训练校址内增设妇女救护班。在一段时间里，何香凝和宋庆龄在妇女党务训练班所在地比邻而居，共同商讨革命工作。何香凝还从妇女部抽调黎沛华、刘蘅静等得力干部，去协助宋庆龄办理训练班的工作。② 此外，宋庆龄还与何香凝共同发起组织"北伐红十字会"和"北伐伤兵救护会"。救护会通过举办舞会、义卖、游园会等多种办法筹募经费以救护伤兵，宋庆龄还把不支持北伐的一些教会医院、外国领事馆官员、美国医护人员等个人和组织发动起来，参加人道主义的救护工作。③ 伤兵救护委员会在甲站、丁站、贡园三处设立了三个临时后方医院，每天收容大量伤员。何香凝经常由黎沛华陪同，亲临这三处后方医院视察救护工作、慰劳伤病员。宋庆龄、何香凝和邓演达夫人等夜以继日地为伤兵救护委员会工作奔走，使各种医疗器械、药品、用具不断供应后方医院及妇女救护班。④

**1927年2月12日，宋庆龄出席妇女政治训练班开学典礼**

何香凝和宋庆龄两位妇女运动领袖的密切合作，使妇女运动的发展达到了巅峰。在一段时间内，国民革命与妇女运动形成了互生互长的关

---

① 《妇女党务训练班开学》，汉口《民国日报》1927年2月14日。
② 蒋心仪：《回忆北伐时在宋庆龄身边的日子》，《钟山风雨》2009年第2期；陆晶清：《一颗伟大的心脏停止了跳动》，《文汇报》1981年6月4日。
③ 尚明轩主编：《宋庆龄年谱长编》（上卷），第187页。
④ 刘天素：《良师、慈母——回忆在何香凝先生身边的日子》，载《回忆与怀念——纪念革命老人何香凝逝世十周年》，北京出版社1982年版，第177—178页。

系。妇女运动在支援国民革命的同时自身也获得了发展，女性获得了参与政治生活和社会活动前所未有的空间，女性权利意识进一步崛起，封建旧礼教、旧风俗被进一步冲破。"四一二"反革命政变后，政局急转直下，在汉口的国民党领导层迅速分化，国共合作的局面越来越维持不下去了，妇女党务训练班也不得不提前结束。国民党内部守旧思想的势力更超出了何香凝等人的预料，国民革命失败后，国民党中央二届四中全会以"男女在职业上既无区别"为由，在党务系统中取消设置专司妇女运动的机构。在五中全会上，何香凝、柳亚子、陈树人等人提案要求国民党在中央党部"各部内，或部外另设指导妇女团体机关"，但结果杳无音信，国民革命的妇女运动与国民革命一道未成功先成仁了。①

## 第二节　逆境相扶

在1925年，宋庆龄和何香凝先后经历人生中最重大的打击，孙中山、廖仲恺于当年3月和8月陆续离世。孙中山对宋庆龄而言，不仅是情感的归宿，更是信仰的源泉和精神的支柱。与此相似，廖仲恺与何香凝不但是夫妻，更是志同道合的战友。孙中山与廖仲恺的逝去，对宋庆龄和何香凝两位革命女性来说，不但意味着要独自面对生活的压力，更要在失去革命导师的情况下，继承他们的遗志，独立继续革命事业。何香凝和宋庆龄在这场人生的逆境中相互扶持，互相勉励，表现出远超同志之谊的深厚友情。

1924年10月23日，冯玉祥、胡景翼、孙岳等北洋将领发动"北京政变"，推翻曹锟政权，电邀孙中山赴京共商国是。11月13日，宋庆龄陪同孙中山由广州乘永丰舰航行至香港转登日本邮船"春洋丸"号北上，廖仲恺、何香凝等一行随中山舰送行。孙中山、宋庆龄经停上海，绕道日本，于12月4日抵达天津。在广州时，孙中山已经身患疾病，但没人料到他已经患上了绝症，他甚至计划与宋庆龄在北京待一段时间后就前往欧美游历。在日本时，孙中山就曾向来访者表示："将于

---

① 刘斌：《女权与国权并进——何香凝妇女解放思想探析》，《仲恺农业工程学院报》2013年6月25日。

**1924 年 12 月 4 日，孙中山抵达天津后与宋庆龄在船上合影**

大体方针决定之日，即往欧美漫游"，"第一目的在欲废除十三国对华之不平等条约，使中华民国成真正大统一之国家"。① 宋庆龄在致国外友人的书信中，也谈论过她与孙中山在将来不久环游列国的计划。

  北上途中，旅途劳顿，在途经日本期间孙中山还多次接受采访、作演说，与日本各方往还，更加重了病情。抵达天津后，孙中山就抱病卧床。由于先期入主北京的段祺瑞以执政名义把持政柄，在奉系军阀张作霖等人的支持下，不顾孙中山提出的召开国民会议以定国是的主张，意图召集由军人、政客组织的善后会议代替国民会议，引起了孙中山的严重不满。此后的近一个月中，孙中山一直在天津逗留，拒绝进入北京。在天津期间，孙中山的病情进一步恶化，综合研判各种形势后，并为接受更好的治疗，孙中山决定接受各方的劝谏，前往北京。12 月 30 日，孙中山在天津发表入京启事，称"兹医者谓京中修养为宜"，宣布于次

---

① 陈锡祺主编：《孙中山年谱长编》（下卷），第 2084—2085 页。

日进京。31日上午10时,孙中山在宋庆龄等人的陪同下扶病入京,在北京的国民党员事先已经预备好医院和救护车,迎接他的到来。"为方便治疗和避免访员终日不绝之烦扰",孙中山先是住在北京饭店506号房,后移住铁狮子胡同原顾维钧宅。① 1月2日,经协和医院医生与美国、德国、俄国等多名医生会诊,认为孙中山患有肝部疾病,"病势现仍严重,但此病并非绝症"。4日,又有医生诊断认为孙中山可能罹患肝癌。经德国医生克礼用内科治疗近20日后,病情没能好转,反而进一步恶化。在宋庆龄和医生、同志的极力劝说下,26日,孙中山前往协和医院接受外科手术。27日,协和医院代院长、外科主任邰乐尔联名宣布手术结果,诊断孙中山患肝癌,"病状危殆"。②

孙中山是无人可以比肩的国民党领袖,他罹患绝症对国民党来说是一个空前重大的打击。何香凝本是性情中人,据上海《申报》报道,消息传到广东后,"大本营及省署各要人皆惨然失色,廖仲恺夫人何香凝竟掩面而泣"。③ 廖仲恺闻讯后致电孙中山,要求去北京侍疾,孙中山复电阻止,谓"广东不可一日无仲恺"。④ 孙中山明白,在北京与各方斡旋的成效取决于南方革命军队的实力,因此在启程北上前,他对国民党党政领导层进行了布局,以确保广东的革命斗争不会因他的离开而停滞。廖仲恺被新任命为大元帅大本营参议、国民党中央农民部长、所有党军及各军官学校讲武堂党代表,加上此前他担任的国民党中央执行委员会常务委员、中央政治委员会委员、中央军事委员会委员、中央工人部长、中央陆军军官学校党代表等职,掌握党政军大权,成为与代大元帅胡汉民并立的核心人物。⑤ 此外,在对军政领导层进行分工的大本营会议上,孙中山明确指示廖仲恺主持党务,"负完全责任"。⑥ 孙中山复电阻止廖仲恺北上,就是为了稳步推进当时正在开展的第一次东征陈

---

① 陈锡祺主编:《孙中山年谱长编》(下卷),第2102—2104页。
② 同上书,第2112—2113页。又,北京协和医院副院长宗淑杰等根据珍藏的协和医院《孙中山尸解档案》,重新组织论证,得出结论认为孙中山死于胆囊线癌并转移。参见宗淑杰、柴建军:《孙中山先生与北京协和医院》,转引自尚明轩主编《宋庆龄年谱长编》,第153页。
③ 陈锡祺主编:《孙中山年谱长编》(下卷),第2113页。
④ 陈福霖、余炎光编:《廖仲恺年谱》,第324页。
⑤ 同上书,第290页。
⑥ 陈锡祺主编:《孙中山年谱长编》(下卷),第2049—2050页。

炯明部的战事，以巩固广东革命政权。入京的计划未获许可，廖仲恺转而与何香凝商量，支持她立即北上侍疾，并照料孙夫人宋庆龄。1月26日，何香凝由广州北上，在上海转船时又捎上孙科的长子孙治平，于2月9日下午抵达北京协和医院，探望了孙中山。① 此后，何香凝一直陪护在孙中山身边，帮助宋庆龄处理各项事务。

何香凝见证了孙中山遗嘱酝酿和签署的过程，为促成遗嘱的及时签字做出了努力。孙中山在接受癌症治疗手术前，"知病势严重，不能躬理政务"，指示将国民党中央政治委员会移设北京。1月26日晚，该会第一次会议议决趁孙中山临危之前，请他立一遗嘱，"俾共全党同志共守"。② 术后一段时间内，孙中山又服用中药汤药，精神一度好转，因此大家对孙中山的病抱一线希望，一直不忍心向孙中山提出立遗嘱之事。2月21日，克礼医生检查孙中山病情后报告，"肝肿日大，家属等勿存奢望"，劝孙中山立遗嘱之事已然迫在眉睫。③ 孙中山病重时，原本被压制的国民党右派趁机加紧活动，因此立遗嘱对孙中山逝世后国民党的政治走向有重要影响。何香凝敏锐地意识到立遗嘱的重要政治意义，她后来说："因为孙先生联俄、联共的政策，即使在孙先生未死之时，也有很多人公开反对，假若再不签了致苏联的遗嘱，以后国民党右派的人一定会更明目张胆来反对了"。④ "何香凝考虑革命的前途，深感问题的迫切，在2月22日就催促大家同孙中山商量立遗嘱的事"。⑤ 24日，孙中山的病情进入危险阶段，医护人员告知家属、党人："诸位有什么话要向孙先生请示的，现在恐怕已经是到了时候了"。经汪精卫等人一再恳求，孙中山同意立遗嘱，口授了政治遗嘱的要点，由汪精卫等整理成文后审定同意。其后，孙中山又审定了汪精卫等拟成的家事遗嘱，并用英文口授《致苏联遗书》，由鲍罗廷、陈友仁、宋子文、孙科笔记。汪精卫等原本想请孙中山即时签字，但孙中山这时听到宋庆龄在

---

① 尚明轩主编：《宋庆龄年谱长编》（上卷），第148—149页。
② 陈锡祺主编：《孙中山年谱长编》（下卷），第2112—2113页。
③ 同上书（下卷），第2122页。
④ 何香凝：《我的回忆》，《双清文集》（下卷），第944页。
⑤ 参见何香凝《我的回忆》，尚明轩、余炎光编：《双清文集》（下卷），第943页。尚明轩认为何香凝回忆的时间有误，1月22日、24日应为2月22日、24日（参见尚明轩著《何香凝传》，第139—140页）。

室外哭得很哀伤，遂暂且搁置。① 3月11日8时许，何香凝在探视孙中山时，发现其眼睛已开始散光，心里很难过，认为到了不可不请孙中山签字的时候了，赶忙催促众人请求孙中山签署遗嘱。何香凝后来回忆当时的情形说：

> 我就赶紧出来，对汪精卫讲："孙先生的眼睛的光在散了。"并叫汪精卫拿遗嘱去签。陈璧君听见了，十分不满。她还骂我："还说签，就是因为汪先生写了遗嘱，人人都骂汪先生，现在又叫汪先生叫他签遗嘱，将来别人不是更骂汪先生吗？"我只得又对宋子文、宋霭龄他们说，他们赶忙入内细看，也都觉得应该签了。于是大家一起走到孙先生床前，请孙先生在遗嘱上签字。在动手签字时，孙夫人流泪如雨，大家也不禁哭起来。那时正是中午快要吃午饭的时候。②

孙中山此时手力已经非常微弱，不停颤抖，握笔不能自持，宋庆龄含泪托着孙的手腕，帮助他在遗嘱上签上"孙文3月11日补签"字样。随后，笔录者及何香凝等证明人也一一签上自己的名字。③

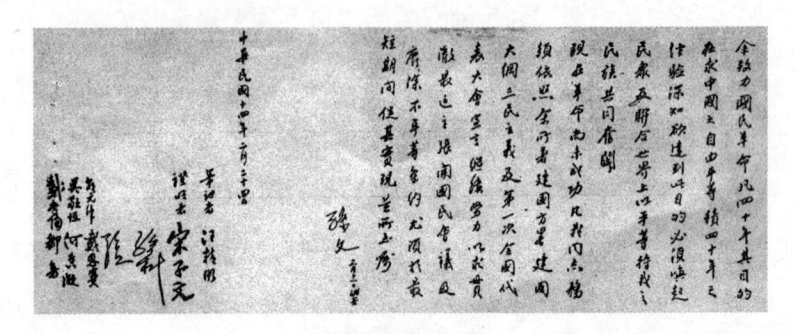

**孙中山国事遗嘱**

11日下午，孙中山的身体更加虚弱，因对宋庆龄放心不下，他叮

---

① 陈锡祺主编：《孙中山年谱长编》（下卷），第2122—2125页；何香凝：《回忆孙中山和廖仲恺》，尚明轩、余炎光编：《双清文集》（下卷），第178页。
② 何香凝：《我的回忆》，尚明轩、余炎光编：《双清文集》（下卷），第944页。
③ 尚明轩主编：《宋庆龄年谱长编》（上卷），第151—152页。

咛孙科和女婿戴恩赛要"顺事继母宋夫人",并郑重其事地嘱托何香凝在他逝世后照顾宋庆龄。关于孙中山嘱托的内容,一种记载称,孙中山用手指着宋庆龄嘱托说:"彼亦同志一分子,吾死后望善视之,不可因其为基督教人而歧视之。"① 当时,非基督教运动正在青年学生为主体的知识分子群体中如火如荼地展开。作为一种文化战线上的反帝国主义运动,非基督教运动得到了一些国民党左派领袖的支持。孙中山作此嘱托,或系缘于此。何香凝后来也多次回忆这一场景,《我的回忆》一文描述得最详细。她说:

> 后来孙先生又喊我:"廖仲恺夫人……"喊了两声,便哽咽舌僵,不能作声,但又像还要说什么。本来在平时,孙先生都是用日本话喊我"巴桑"(日本语,即老太婆的意思,是日本人呼叫年纪稍大的妇女时用的)② 的,当时我一听到他那样郑重地沉痛地叫我"廖仲恺夫人",我就很伤心地掩泪和孙夫人一起走到孙先生的床前说:"我虽然没有什么能力,但先生改组国民党的苦心,我是知道的,此后我誓必拥护孙先生改组国民党的精神。孙先生的一切主张,我也誓必遵守的。至于孙夫人,我也当然尽我的力量来爱护。"当时孙先生一听我的说话,就潸然握住我的手说:"廖仲恺夫人,我感谢你……"他握住我的手,有十分钟才放开。③

孙中山对何香凝的嘱托,也是对廖仲恺的嘱托。在孙中山晚年确立联俄、联共、扶助农工政策的过程中,廖仲恺发挥了关键作用。孙中山在北上前赋予廖仲恺诸多重任,显然也是将继续推进国民革命的希望寄托在他身上,临终前孙中山为此留下遗言:"仲恺不可离广东,请勿来京。"④ 何香凝言出必行,后来一直信守着对孙中山的承诺,尽其所能地爱护孙夫人宋庆龄。在之后的半个多世纪中,宋庆龄与廖仲恺、何香

---

① 尚明轩主编:《宋庆龄年谱长编》(上卷),第152页。
② 按:"巴桑"即"Obasong"(奥巴桑),日语意为管家婆。据何香凝的相关回忆,在同盟会时代,廖仲恺、何香凝的住所一度作为孙中山等革命党人活动的场所,何香凝为此辞去日本女佣,亲自操持家务,为革命党人处理生活琐事,从此被孙中山等人亲昵地称为奥巴桑。
③ 何香凝:《我的回忆》,尚明轩、余炎光编:《双清文集》(下卷),第945页。
④ 《何香凝致廖仲恺电》,《广州民国日报》1925年3月31日。

凝的后人互相关心，形成了家人一般的感情。这是后话了。

**廖仲恺在东征前线追悼孙中山**

1925年3月12日，孙中山在北京溘然长逝。何香凝在北京协助宋庆龄处理丧葬事宜，一个月后又陪着宋庆龄南下上海，并至南京紫金山勘察墓地，之后再次返回上海。在南京、上海等地时，何香凝经常代表处于悲伤之中的宋庆龄接见来访者，参加各种群众悼念活动和党员慰问活动。在各种公开场合的演讲中，何香凝深情地表达了对孙中山的怀念和对宋庆龄的敬佩之情。4月12日，在上海各公团孙中山先生追悼大会上，她对听众说："在先生病榻之旁，三月未离一步，衣不解带，食不知味，以先生之精神为精神，使吾人永念不忘者，则为孙夫人。夫人之精神与劳苦，为吾辈所当敬爱。先生日语夫人，盼同志继续努力革命；今先生死矣，夫人尚在。我辈当念先生之言，随夫人之后，共同奋斗。"①

陪伴宋庆龄返回上海家中不久，何香凝就孤身返回了广州。在宋庆龄人生中最艰难的几个月里面，何香凝一直陪伴在她的身边，给予了远

---

① 《在上海各公团孙中山先生追悼大会上的演说》，尚明轩、余炎光编：《双清文集》（下卷），第8页。

1925年三四月间,宋庆龄、何香凝在北京西山碧云寺

1925年4月21日,何香凝(左四)陪同宋庆龄(左六)
及亲友在南京紫金山勘选中山陵墓址

超同志之谊的友情和支持。性格坚强的宋庆龄没有沉浸在悲伤中,孙中山逝世后不久,她就重新投入到革命斗争中,第一次开始独立地从事革命活动。1926年4月,宋庆龄在给友人的信中阐述了自己在孙中山逝世后的心路历程。信中说:"面对经受的可怕损失,我的悲痛非但未减

弱，而且有增无已"，"我试求忘掉我自己，投身我丈夫毕生的事业，就是实现一个真正的中华民国"，"我一定要自己尽力并鼓励他人继续我丈夫的事业"。①

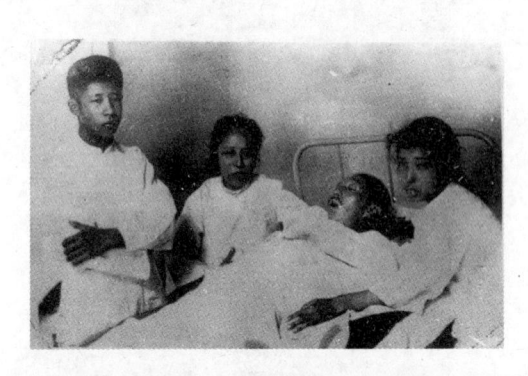

1925年8月20日，廖仲恺在广州国民党中央党部大门内被暴徒暗杀。这是何香凝、廖承志、廖梦醒在医院守护廖仲恺遗体

何香凝和宋庆龄都不曾想到，仅仅半年后，何香凝就遭遇了同样的人生困境。1925年8月20日，廖仲恺——三大政策的重要支持者和执行者、孙中山逝世后国民党的主要领导人之一、国民党左派领袖，在广州惠州会馆国民党中央党部办公楼前被国民党右派和帝国主义指使的凶徒暗杀，与孙中山一样，大志未伸便离开世界了。宋庆龄在上海惊闻噩耗，特地致电何香凝吊唁，电文称："元良遽丧，吾党损失甚巨，实深痛切，家母亦深哀悼。但先生为党牺牲，精神尚在，吾辈宜勉承先志，竭力进行。……务希各同志扶助本党，积极进行，万勿因此挫折。"② 言虽简短，但内涵丰富，不但痛悼了廖仲恺先生的逝去，表达了对国民革命事业前途的担忧，更勉励何香凝化悲痛为力量，和她一同继承先志，继续为革命奋斗。而且宋庆龄还专门去信广东政府，要求他们要给予何香凝与她相同的抚恤金。不久，宋子文告诉宋庆龄，国民党下令给何香凝五万广东省币抚恤金，与宋庆龄得到的数目相同。③ 在孙中山、

---

① 《致阿莉》，宋庆龄书信集编委会编：《宋庆龄书信集》（上卷），人民出版社1999年版，第53—54页。
② 宋庆龄：《为廖仲恺遇刺逝世给廖夫人的唁电》，《宋庆龄选集》（上卷），人民出版社1992年版，第32页。
③ 李湄：《家园梦萦——母亲廖梦醒和她的时代》，人民文学出版社2015年版，第295页。

廖仲恺离世后，宋庆龄和何香凝巾帼不让须眉，沿着孙中山、廖仲恺指明的方向继续前进，终生不渝，成为近现代革命史上两位知名的女性革命家。

## 第三节　坚持信仰　坚守立场

国民党改组前后，国民党内部因意识形态和政策主张的分歧分化成了左、中、右等不同派别。国民党"一大"宣言确立了国民革命的基本政策和原则，对与苏联及中国共产党合作的态度，以及对"一大"宣言的态度是当时划分左、中、右派的基本依据。在"国民革命"失败前，宋庆龄、何香凝始终坚持国民党"一大"确立的革命路线。在孙中山、廖仲恺离世后，她们为捍卫革命路线与国民党右派作坚决的斗争，成为著名的国民党左派。她们以是否贯彻"一大"确立的革命路线作为分辨革命者与反革命者的标准，并以此作为选择是否与国民党当局合作的依据。当她们认定国民党当局已经完全背弃了"一大"路线时，便毅然公开宣布退出国民党中央，与反革命当局宣战，以实际行动诠释了"民国十三年党员"的自我身份定位。

廖仲恺在国民党"一大"会上（廖仲恺何香凝纪念馆馆藏油画）

国民党改组及其转向国民革命与孙中山、廖仲恺密不可分,孙中山是把握方向、总揽全局的操盘手,廖仲恺则是主要执行者,被后来的历史学者誉为第一次国共合作的首要功臣。在这一过程中,宋庆龄、何香凝坚决地跟丈夫站在一起,毫不犹豫地支持他们选择的革命道路。何香凝是有胆有识的女强人,坚信孙中山、廖仲恺对革命道路的抉择。宋庆龄外表柔弱,但立场坚定,具有主见,作为孙中山的机要秘书与朝夕相处的伴侣,她深刻地理解孙中山晚年选择革命新道路的原因,从理论上和思想上接受国民革命的观念,极力地进行宣传。

宋庆龄在国民党筹备改组之初对改组的意义便有比较深刻的认识。据当时在国民党本部工作的田桓回忆:1923年2月,国民党筹备改组之初,孙中山、宋庆龄在上海住所邀请他一同散步。其间,孙中山曾问及改组筹备的情况及田桓的个人打算。在田桓表达出坚决追随孙中山革命的态度后,孙中山点头赞许,"这时,宋庆龄同志也和我谈了一些关于改组国民党、实行国共合作的重要意义,她鼓励我要为国家民族的命运着想,要继续努力为革命工作"。田桓还回忆了宋庆龄顶住右派的压力,站稳立场,支持孙中山改组意见的事情。他回忆到:

> 在国民党第一次全国代表大会开会的前夕,有天夜晚,中山先生在总统府(笔者按:应为大元帅府)开会,讨论改组国民党和实现国共合作的问题,右派势力的某些代表人物在会上造谣污蔑共产党,妄图破坏国共合作,中山先生非常气愤地斥责他们说:"你们怕共产党,不赞成改组,可以退出国民党嘛!"个别人在会上无理取闹,中山先生当即命令卫士将他逐出会场,并要开除其党籍。他们中的某些人,当时以为宋庆龄同志年轻可欺,便去找她,妄想通过她来影响中山先生的革命行动,当即遭到宋庆龄同志义正词严的拒绝。她的革命意志无比坚定。(中略)……以后,不管南京反动政府对她如何威胁利诱,她都毫不妥协,坚持和他们斗争到底,这些决不是偶然的。①

---

① 田桓:《沉痛悼念宋庆龄同志》,《解放日报》1981年6月3日。

国民党改组后，宋庆龄态度鲜明地支持国共合作。司徒慧敏回忆，其父美洲华侨党员司徒盛赞告诉他：国民党改组后，有一次他在广州拜见孙中山、宋庆龄时，他们明确表示"国民党若不联俄、联共、扶助农工，将一事无成"。① 司徒盛赞从孙中山、宋庆龄的谈话中得出结论："孙先生和孙夫人也是赞成共产党的。"②

何香凝与宋庆龄相互策勉，在坚持和贯彻国民党"一大"主张方面立场一致。略有不同的是，何香凝因较早担任党职，故时有言论公之于众，宋庆龄以孙中山妻子和秘书的身份协助孙中山，她的立场则较迟才为外人所知，以至于有人认为宋庆龄是因受到何香凝的影响而变左的。邓家彦的夫人谢兰馨在广州时与宋庆龄、何香凝曾有交往，后来她在台湾接受访问时说："孙夫人初未尝同情共产党，余夫妇奉派赴德国以后，孙夫人常与鲍罗廷夫人往还，两人均能操流利英语，鲍妻对彼之影响自不待言，唯世人每谓孙夫人之于左派接近，乃鲍妻促成者，余则以为未必尽然，而何香凝之影响实更重要。"③ 谢兰馨此说低估了宋庆龄的自主性和分析判断能力，与事实不符，但也说明在当时一些人的认识中，何香凝是公开"左"倾的，并能对宋庆龄产生重要影响。

在孙中山逝世后，何香凝确实把对宋庆龄的敬佩付诸行动。回到广州后，何香凝向国民党中央请辞妇女部长职，推荐宋庆龄担任。她致函国民党中央执行委员会，恳请辞去妇女部长一职，推荐由宋庆龄接任。她称赞宋"学问贯中西，阅历经验广"，由她接任妇女部长，不仅"藉其声望，党务可发展"，而且"造福女界，正未有涯"。此外，也出于体谅宋庆龄的处境，"且孙夫人独居沪上，过于寂寥"，因而请示以国民党中央执行委员会的名义请宋回粤，任妇女部长。1925 年 6 月 18

---

① 所谓的"三大政策"（联俄、联共、扶助农工）的概念非孙中山提出，且当时国民党一般以"容共"表述"联共"政策。关于"三大政策"概念的形成，可参见王杰撰《论三大政策的时代性》（《学术研究》1986 年第 5 期）、夏洪跃撰《三大政策概念的提出有一个过程》（《学术研究》1987 年第 3 期）等文。

② 司徒慧敏：《永远记住这个光辉的名字》，载《宋庆龄纪念集》，人民出版社 1982 年版，第 161 页。

③ 谢兰馨：《宋庆龄之印象》，转引自上海市孙中山宋庆龄文物管理委员会、上海市宋庆龄研究会编《回忆宋庆龄》，中国出版集团、东方出版中心 2013 年版，第 790 页。

1925年7月1日，国民政府在广州成立，廖仲恺任政府委员兼财政部长。这是廖仲恺（右二）与其他国民政府委员的合影

日，国民党中央执行委员会第八十八次会议通过了何香凝的提议，任命宋庆龄为妇女部长。6月23日，廖仲恺、邹鲁、汪精卫去函宋庆龄，告以国民党中央执行委员会决定请其出任妇女部长。[①] 7月25日，宋庆龄复函廖仲恺、邹鲁、汪精卫，谦辞不就。8月7日，邹鲁再电宋请其就职："切盼速来勿辞。"[②] 12月4日，何香凝去函，再次请宋，催促她回粤就任妇女部长，并告知已由妇女同志公推她为出席国民党第二次全国代表大会的代表，最后请示宋庆龄同意担任"救护传习所"和为纪念廖仲恺筹办的"农工学校"等项活动的发起人。22日，国民党中央执行委员会第128次会议，同意何香凝再次呈请中央请宋庆龄到粤接任妇女部长的要求，随即电促宋早日到粤。[③] 但宋庆龄并没有就职，妇女部长职仍由何香凝代理。

国民党"一大"后，廖仲恺在推动和贯彻新的革命政策方面发挥了至关重要的作用。他深受孙中山及共产国际、中国共产党等各方的信任，在其领导的国民党中央工人部、农民部、黄埔军校等部门重用中共党员，致力于巩固国共合作，共同推动工农运动和国民革命的发展。孙中山逝世后，他顶住国民党内外各种守旧势力的压力，成为时人眼中坚

---

① 盛永华主编：《宋庆龄年谱》上册，广东人民出版社2006年版，第288—289页。
② 同上书，第291页。
③ 同上书，第293—294页。

决捍卫"一大"路线的标杆,被史学家誉为"国民党左派的旗帜"。①

孙中山、廖仲恺相继离世后,宋庆龄、何香凝继承他们的遗志,独立继续她们的革命生涯。1925年10月,何香凝当选国民党广东省党部执行委员。1926年1月,在国民党"二大"上,宋庆龄、何香凝均当选国民党中央执行委员会委员,进入国民党中央领导层。在其后召开的国民党二届中央执行委员、监察委员全体会议上,宋庆龄被推选为中央妇女部部长,仍由何香凝以代理部长主持工作。直至国民革命失败前,国民党左派与右派围绕着联俄、联共、扶助农工等政策的较量一直没有停止。国民党"二大"是在左派主导下召开的,因而左派在国民党中央占据优势地位。但在此前后,右派的势力也开始集结,对左派发起进攻,并多以反共的面目出现。北伐前,右派发动的或受其影响的反共活动有西山会议、中山舰事件、整理党务案等。在面对上述事件时,宋庆龄与何香凝的态度保持一致。

"西山会议派"源自于国民党右派在北京西山碧云寺孙中山灵榇暂厝地召开的"西山会议"。1925年11月23日,国民党中央执行委员和监察委员邹鲁、张继、居正等十余人在西山集会,召开所谓的国民党一届四中全会,通过"取消共产党在本党党籍""开除中央执行委员之共产党员李大钊"等议案,公然试图分裂国民党,推翻国民党"一大"确立的革命路线。宋庆龄闻讯后深为愤慨,予以通电谴责,内称:"总理泉下有知,亦当痛苦。"②何香凝对西山会议派的行为也痛加谴责,对国民党中央领导层处置西山会议派的宽松举措不满,认为:"党的纪律所以不严明,就是因为去年西山会议的分子侵入,我们不能极力反对,所以把纪律乱了。"③

国民党"二大"闭幕后不久,一度以左派面目出现的蒋介石策划了打击苏联顾问和中共党员的"中山舰事件"。1926年3月20日,蒋介石污蔑共产党人暴动,逮捕了中山舰舰长、中共党员李之龙,抓扣在黄埔军校和国民革命军第一军担任政治工作的中共党员多人,并调兵包围

---

① 姜义华:《国民党左派的旗帜——廖仲恺》,上海人民出版社1985年版,第141页。
② 尚明轩主编:《宋庆龄年谱长编》,第164页。
③ 何香凝:《孙中山先生逝世二周年纪念告民众书》,尚明轩、余炎光编:《双清文集》(下卷),第60—61页。

广东东山苏联顾问团办事处、住宅和省港罢工委员会。何香凝与蒋介石有一定的私交，听闻兵变的消息后，面对大是大非，她不顾情面，当面痛斥蒋介石违背孙中山的主张。她后来回忆当时的情形说：

> 我闻讯之下，甚为激愤。我觉得我应该担负起后死者的责任，澄清这次事件，解救苏联友人的包围，才可以对得起已死先烈孙中山先生和仲恺的志愿。当时全市武装戒严，断绝市内交通，我又没有口令，但是还是冒着万难，几次以大义和真理说通了岗哨的盘问，最后才见着蒋介石。我流着泪骂他："总理死后，骨尚未寒，仲恺死后，血也未干，你不想想，苏联对我们帮助很大，只有苏联，才可以帮助打通中国将来革命的出路前途，你昨夜那样对待苏联人，太背信弃义了。以怨报德，违背了孙先生的主张，使革命前途衰落，你将何以对孙先生？"①

何香凝要蒋介石找汪精卫及共产党人商量迅速解决这一反动事件。在何香凝的坚持下，蒋介石被迫跟她同全汪精卫住处商议解决事件的办法。在汪精卫处，蒋介石、汪精卫、谭延闿、朱培德、邓演达等人沉默不语，又是何香凝以"昨天所做，是错了！但可以改过的"一语打破僵局，迫使蒋介石承认错误，将包围苏联顾问办事处和住宅的军队全部撤退。② 后汪精卫离职出国。由此，中山舰事件以蒋介石主动收手暂告结束，何香凝凭借自己的威望在这场斗争中取得了部分的胜利。然而，政治终究是由实力决定的，占据"理"的何香凝虽然可以一时处于上风，但掌握军政、党政实力的蒋介石对国民党的政治走向才拥有更大的发言权。

"中山舰事件"发生时，宋庆龄身在上海，消息滞后，因此未见她对相关事件的表态。两个月后"整理党务案"发生时，她和何香凝等国民党左派公开站到了一起，立场鲜明地表明了反对态度。1926年5月15日，蒋介石在国民党二届二中全会上以"改善中国国民党与共产

---

① 何香凝：《自传初稿》，尚明轩、余炎光编：《双清文集》（下卷），第203页。
② 《何香凝谈话录》（1962年8月30日—9月15日）（未刊稿），转引自尚明轩《何香凝传》，第172—173页。

党间的关系"为幌子，提出《整理党务案》，意在排斥共产党人，禁止中共党员担任国民党重要党职、军职，限制共产党人在国民革命中发挥作用。宋庆龄与何香凝、柳亚子等人在会上展开斗争，坚决抨击蒋介石的反共阴谋。① 遗憾的是，左派寡不敌众，"整理党务案"最终仍获通过。何香凝悲愤之余，挺身而出，向右派提出强烈抗议，含泪痛斥提案违反孙中山先生的真意，谴责右派为达到自私自利的目的竟采取"反共、反对联俄，对工农不利的行为"。说到愤慨时，何香凝拍桌顿足，十分激动，柳亚子因气急不能语就在旁边鼓掌助阵，彭泽民甚至跑到孙中山遗像前号泣。②

北伐开始后，国民党内左派与右派的斗争并未因战事而停止，何香凝、宋庆龄等人竭力防止国民党的分裂，努力弥合蒋介石与国民党中央之间的分歧，以确保蒋介石领导下的军队服从左派占优势的国民政府的领导。1926年11月16日，宋庆龄和孙科、徐谦、宋子文、陈友仁、顾孟余、鲍罗廷等60余人作为先遣人员，取道广东韶关、江西赣州、南昌、九江等地，前往武汉，为迁都作调查和具体部署。12月4日，宋庆龄等人在庐山牯岭与蒋介石举行军政会议，10日乘水上飞机抵达武汉。13日，临时中央党政联席会议在武汉成立，该会于中央执行委员会政治会议未到鄂前，执行最高职权，宋庆龄为该会成员之一。③

宋庆龄等出发后不久，何香凝携女儿廖梦醒与彭泽民等人也启程取道江西北上。就在此时，蒋介石与武汉临时中央党政联席会议之间发生了迁都之争。蒋介石原本赞成迁都武汉，意在掌握党政军大权，但是武汉联席会议没有给他安排职位，招致其不满，转而图谋改都南昌，将国民党中央和国民政府置于其控制之下。何香凝等人行至南昌时，蒋介石便以欢迎的名义将她们安顿在南昌，蒋介石本人还时常前去劝说，企图说服何香凝留在南昌。④ 其时，宋庆龄在武汉同国民党左派、共产党人联合起来，在中央联席会议上否决改都南昌，反对取消临时党政联席会

---

① 中共上海市委党史资料征集委员会、上海宋庆龄故居管理处编：《宋庆龄在上海》，学林出版社1990年版，第225页。
② 廖梦醒：《我的母亲何香凝》，人民出版社1984年版，第37—39页。
③ 尚明轩主编：《宋庆龄年谱长编》（上卷），第171—174页。
④ 何香凝：《自传初稿》，尚明轩、余炎光编：《双清文集》（下卷），第204页。

**1927年，何香凝在武汉群众大会上演讲**

议。宋庆龄还以个人名义去电蒋介石，批评其"在南昌徘徊不前，有误革命"。① 与此同时，何香凝在江西也对蒋介石展开了斗争。在南昌的国民党高层与武汉方面的代表在庐山召开会议，协调双方的立场。会议期间，何香凝与武汉去的邓演达、顾孟余等人联合对蒋介石展开斗争。据廖梦醒回忆：一到晚上，邓演达和顾孟余就跑到何香凝的房间去谈论开会的事情。"我躺在床角落听他们的谈论，从母亲的愤慨和邓演达的表情，知道在会议上，他们同蒋介石、黄郛等右派的斗争是多么地激烈"。② 此外，何香凝对"蒋在当时敢于歧视革命分子，甚至枪杀革命分子的叛行，表示十分不满"。③ 她告诫蒋介石："将来总司令部门前一定有很多反农工反共产的人来保护，须知廖先生即为扶植农工运动而死，你千万勿被他们利用。"④ 庐山会议后，蒋介石偕何香凝、彭泽民、顾孟余、加伦等于1927年1月12日乘船抵达武汉。不过，蒋介石此行的目的是与鲍罗廷、徐谦等晤谈，要求在武汉的中央委员和国民政府委员迁赣。目的不达后，随即返回南昌。⑤

但就当时的情形来说，何香凝与蒋介石斗争的根本目的还是为了团

---

① 何香凝：《自传初稿》，尚明轩、余炎光编：《双清文集》（下卷），第228页。
② 廖梦醒：《我的母亲何香凝》，人民出版社1984年版，第42—43页。
③ 何香凝：《自传初稿》，尚明轩、余炎光编：《双清文集》（下卷），第204页。
④ 何香凝：《蒋介石是反革命派》，汉口《民国日报》1927年4月14日。
⑤ 汉口《民国日报》，1927年1月13日。

结。廖仲恺遇刺后，何香凝将汪精卫与蒋介石的合作视为维系国民革命大局的关键，汪蒋合作因中山舰事件破裂后，何香凝一直致力于重建汪蒋合作的局面。1927年3月上旬，何香凝在一次讲话中讲述了她的努力经过：

> 我以为汪蒋二人乃是我国民党的柱石，中国前途比同一间大厦必要两根柱石才支持得住，少一便不成功的（我在去年联席会议①之前几星期曾有信给蒋同志说过）。在联席会议之前蒋同志亦曾有电请汪同志回来，汪已回到中途，因病复发而中止。及我们由广东来南昌，我又极力对蒋同志说：我们大家要努力革命才可以成功。蒋同志极以为然，于是又电请汪同志销假。这些电都是由我手发的。②

国民党左派和后来的武汉联席会议一直在敦促汪精卫回国主持大局，推动汪蒋合作就是促成掌握军权的蒋介石与汪精卫等左派合作。何香凝推动蒋汪二度合作，目的就是为了确保国民革命战线的统一。何香凝既是蒋汪合作的热心推动者，也被认为是促成蒋汪和解的最佳人选。因此，1月26日，中央临时党政联席会议决定派她和顾孟余、邓演达赴南昌，敦促蒋让在南昌的中央委员赴武汉。③直到蒋介石与武汉方面决裂前，何香凝为促成双方的统一仍作了持续的努力。但正如研究者所指出的，"迁都之争，实质上是民主与独裁、党权与军权之争，是关系捍卫革命领导权和孙中山三大政策的一场严重斗争"。④因此，武汉方面与南昌方面的国民党中央委员、国民政府委员之间的矛盾终究无法调和，最终必然走向决裂。

1927年4月12日，蒋介石在上海发动反革命政变，大肆屠杀共产

---

① 按：此处的联席会议指1926年10月在广州召开的国民党中央执行委员及各省、市、特别市党部代表联席会议。联席会议曾推举何香凝、彭泽民、张曙时、简琴石、李石曾为代表前往法国，请汪精卫回国。

② 何香凝：《总理逝世二周年纪念日数日前的感想》，《广州民国日报》1927年4月12日。

③ 尚明轩主编：《宋庆龄年谱长编》（上卷），第231页。

④ 同上书，第177页。

党员和工农群众,史称"四一二反革命政变"。4月18日,又在南京举行国民政府成立典礼,正式宣告与武汉国民政府分庭抗礼。廖仲恺在《革命派与反革命派》一文中说:"占我国人口最多的是农工阶级,哪一派人替农工阶级打消压迫他们的力量,便是革命派。反而(面)言之,凡与军阀帝国主义者妥协,并压抑农工的人们,便是反革命派。"①这成为何香凝分辨政治上的敌我、判断革命与反革命的标准。何香凝虽然在私交上对蒋介石没有恶感,但当蒋介石屠杀工农群众的消息传到后,便当即发表演说,予以痛斥,直指蒋为反革命。4月13日,她在国民党湖北省党部、汉口特别市党部发表演说时说:"廖先生在时常说,反农工即反革命,现在蒋介石居然反农工了,居然反革命了",号召群众"照廖先生说的话,打倒这些反革命派"。②17日,在宋庆龄等国民党左派的主持下,武汉国民党中央免去蒋介石本兼各职,开除党籍。22日,宋庆龄、何香凝等40名国民党中央执行委员、候补委员、国民政府委员、军事委员会委员联名发表《讨蒋通电》,谴责蒋介石为"总理之叛徒,本党之败类,民众之蟊贼"。③后来,蒋介石通过宋子文、孔祥熙、宋美龄等多次带信给宋庆龄,希望她前去南京,但她毫不动摇,坚决留在武汉。④

蒋介石反革命后,起初还以"左"倾姿态出现的汪精卫不久也步蒋的后尘,踏上了分共、反革命的道路。1927年7月15日,武汉国民政府背弃三大政策,宣布分共,驱逐共产党人。汪精卫的叛变导致大革命的彻底失败,也给宋庆龄、何香凝带来沉重打击。在这场变故中,宋庆龄提前应对,积极谋划,试图扭转形势,失败后则公开发表声明表明立场,宣布退出国民党中央。何香凝虽痛惜革命破产,但在一段时期内对国民党继续执行扶助农工的政策仍心存幻想,直到彻底绝望才跟国民党决裂。

6月初,武汉国民政府最高层流露出反革命的迹象。6月1日,苏联顾问被武汉国民党中央委员会政治会议解除职务。10日,汪精卫、

---

① 廖仲恺:《革命派与反革命派》,《革命周刊》1925年第1期。
② 何香凝:《蒋介石是反革命派》,汉口《民国日报》1927年4月14日。
③ 尚明轩主编:《宋庆龄年谱长编》(上卷),第185页。
④ 同上书,第190—191页。

1927年3月，国民党在汉口召开二届三中全会。
这是宋庆龄（前排右五）与部分代表的合影

冯玉祥、唐生智在郑州举行会议，决定宁汉合流。在此形势下，宋庆龄等国民党左派认为必须与共产党人团结一致，才能与右派作有力斗争。为此，派陈友仁与中共党员联系。① 宋庆龄在国民党中央坚决反对分共，她拒绝出席汪精卫于7月14日召集的"分共"会议，派代表表明立场："反对分共。因为联俄、联共和扶助农工的三大政策是总理手定的。有了三大政策，革命才能够发展成今天的局面，抛弃三大政策，就必然要向帝国主义和蒋介石屈服。"② 同时，她还公开发表《为抗议违反孙中山的革命原则和政策的声明》，从理论上解释孙中山采取新三民主义和三大政策的原因和历史渊源，抨击武汉当局违背了孙中山的意思和理想，走上了歧途，公开宣布不再参加国民党新政策的执行。③ 鉴于大革命已宣告失败，17日宋庆龄乘船秘密离开武汉，返回上海家中。

汪精卫的分共，表面上突出的是针对共产党，非彻底否定扶助农工的政策，具有一定的迷惑性，因此何香凝在一段时间内并没有将分共视为反革命。在7月14日的分共会议上，何香凝在讨论关于下令说明

---

① 《陈友仁致宋庆龄》，载上海宋庆龄故居纪念馆编译《宋庆龄来往书信选集》，上海人民出版社1995年版，第5页。

② 吴玉章：《第一次大革命的回忆》，载《吴玉章回忆录》，中国青年出版社1978年版，第150页。

③ 宋庆龄：《为抗议违反孙中山的革命原则和政策的声明》，载《宋庆龄选集》（上卷），人民出版社1992年版，第43—48页。

1927年7月15日，汪精卫发动反革命政变，何香凝（前左一）愤而离开武汉。这是她途经九江时在庐山的留影

"不因限制共产分子而停止农工政策之活动"时，发言称："农工分子现在很恐慌，应该组织宣传部向一般人说明。"但在讨论汪精卫提出的对国民党内的跨党党员的"处置方法"时，沉默不语，没有表态。[①] 尚明轩分析何香凝当时矛盾的思想状态认为："共产国际的指示，使她感到构成了对国民党领导地位的威胁，而其时正在火热展开的工农运动也确有不切时宜的过火之处，这些使作为长期坚持国民党本位的、忠实的老国民党员，为了不让自己的党受到贬损甚至被他党所取代，支持'分共'以'救党'，以便更好地实现对中国革命的领导，是完全符合她的思想逻辑的。"[②] 武汉国民政府分共后，何香凝心灰意冷，看到汪精卫不顾她的劝告屠杀共产党员，她把武汉当局责骂一番后离开武汉，在庐山住了三个月后，又到南京勘察廖仲恺墓地选址。她也拒绝了南京方面的拉拢，宁汉合作特别委员会的于右任、谭延闿等十余人约她到会，被她以"革命的黄金时代已经过去"为由拒绝；蒋介石的心腹陈立夫等人想前去探望拉拢她，也被她回避。[③] 此后，她曾在南京短暂领导过妇

---

① 《中国国民党中央执行委员会第二届常务委员会第二十次扩大会议速记录》（未刊件），转引自尚明轩《何香凝传》，第181页。
② 尚明轩：《何香凝传》，第183页。
③ 何香凝：《自传初稿》，尚明轩、余炎光编：《双清文集》（下卷），第205—206页。

女部的工作,① 也曾出席过数次国民党中央执行委员会会议,为使国民党回归三大政策作最后的努力,但当她最终认定国民党已经完全背离孙中山确立的革命路线时,也做出了和宋庆龄一样的抉择——公开宣布辞去国民党中央执行委员职务,与国民党当局划清界限。

## 第四节 辞职去国 聚首欧陆

国共分裂后,宋庆龄和苏联顾问鲍罗廷及邓演达、陈友仁商量,决定到苏联去共商大计。他们分三批撤离武汉,前往苏联,宋庆龄、陈友仁和他的两个女儿、雷娜·普鲁姆和武汉国民政府外交部秘书长吴之椿教授等第三批离开武汉。宋庆龄等先乘英商太古轮船公司的航船抵达上海,等待前往苏联海参崴的轮船。1927年8月23日,宋庆龄等一行启程赴海参崴,27日抵达。此后至1931年7月间,除1929年因办理孙中山灵榇奉安中山陵事宜短暂回国外,宋庆龄大部分时间都在欧洲度过。何香凝也于1929年9月出国游历,经东南亚抵达英国,后长期在法国巴黎、德国柏林等地居住,直至1931年"九一八事变"后方回国投身抗战。巧合的是,何香凝出国的时间与宋庆龄第二次出国的时间均为1929年9月,目的地也很接近,何香凝抵达欧洲大陆后首先便专程前往柏林会见宋庆龄,而后才返回巴黎长住。二人的旅欧之行是事先有过沟通,或纯属默契,暂未见相关资料可以佐证。但可以肯定的是,宋庆龄和何香凝辞职去国有共同的目的,即宣示与国民党当局不合作的态度。

宋庆龄旅欧期间先后在苏联和德国柏林长期停留,在1928年5月4日前居住在苏联,其后移居德国柏林,其间于1929年5月回国参加孙中山灵榇奉安中山陵事宜,9月底再度前往柏林。宋庆龄前往苏联的目的是寻求莫斯科方面继续支持中国革命。她在出国前发表的《赴莫斯科的声明》结尾说:"我深信三大政策是革命的思想与方法的基本部分,因此我得出结论:在与国内军阀及外国帝国主义的斗争中,只有在国民

---

① 据原国民党中央妇女部干事陆晶清回忆,在宁汉合作出问题后,何香凝才返回广州。陆晶清:《在何香凝先生身边》,《回忆与怀念——纪念革命老人何香凝逝世十周年》,第207—208页。

**1927年8月，宋庆龄抵达莫斯科时受到苏联官方和群众的热烈欢迎**

党领导下正确地配合运用由三大政策所产生的革命力量，国民党人才能获得真正的成功。……必须使苏联深深地相信，虽然有些人已经投靠了反动势力与反革命，但是，还有许多人将继续忠于孙中山为指导与推进革命工作所制定的三大政策。因此，我要亲自到莫斯科去说明这一点。"[①] 在苏联期间，宋庆龄虽然获得了高规格的接待，但却没有从斯大林那里获得预想的支持，最后被迫无奈地离开苏联。宋庆龄等离开苏联的原因，除因共产国际和苏联政府对宋庆龄求援的要求敷衍搪塞外，还与她不愿卷入苏共内部斗争、在苏中共党员与国民党左派关系紧张、邓演达的主张不能见容于共产国际和苏联领导人等因素有关。[②] 移居柏林后，宋庆龄的工作转变为和邓演达、章克等人搜集各国土地问题的材料，研讨中国的土地问题和农民运动问题，探索继续开展中国革命的方法。[③]

与此同时，何香凝也在进行推动国民党重回国民党"一大"路线的

---

① 宋庆龄:《赴莫斯科前的声明》，载《宋庆龄选集》（上卷），人民出版社1992年版，第49—52页。

② 章克:《宋庆龄的莫斯科与柏林之行》，载中国人民政治协商会议山东省委员会文史资料研究委员会编《山东文史资料选辑》第27辑。

③ 同上。

最后努力。她一度相信蒋介石"一切党内问题,在会内公平解决"的承诺,与蒋联名致电留在广东的原国民党左派陈公博、甘乃光、陈树人等出席国民党二届四中全会。① 她出席了1928年2月、8月召开的国民党二届四中全会、五中全会,在两次全会上提出的提案均与恢复贯彻国民党"一大"路线有关。在四中全会上,她的提案主题为:提高党权;军人应绝对服从党之命令;改善民众运动;切实扶助农工;各军宜选用黄埔学生;切实执行第一、二次代表大会及联席会议关于妇女之决议案;用各种文字翻译三民主义向各弱小民族宣传,并切实与之联合。② 在五中全会上,她单独或与他人联合提出了《请从速实行第二次全国代表大会妇女运动议决案》《应设指导妇女团体机关案》等提案。③ 但此时的国民党已经不再是"一大""二大"时的国民革命党,何香凝的系列提案注定不可能得到支持和落实。最终让何香凝对国民党彻底失望的是国民党中央制定的国民党"三大"代表的选派方法。何香凝发表公电,抨击国民党中央称:"此次中央谬然决议第三次全国代表大会之代表由中央指定半数,未正式成立之各地党部代表,亦由中央指派外,更有特种登记之规定,是即无异将本党民主制度完全摧毁,必有私派把持其间,希图垄断选举。"她认为上述做法"无非欲进绝群众及青年革命份子,以遂少数私人霸占党权之野心",要求"刻日将前此决议取消"。她自责作为中央委员,"对于中央妥洽帝国主义,停止民众运动,及放弃总理改组本党时之扶助农工政策,绝无丝毫补救,负罪实深",公开声明辞去中央委员之职。④

1928年秋,何香凝将女儿廖梦醒、儿子廖承志分别送往法国巴黎、德国汉堡留学。与国民党决裂后,何香凝不再过问政治,潜心作画,并着手筹备出国事宜。她对外宣称出国的目的是筹备仲恺纪念学校基金,"延请沪上书画名家,捐赠作品,以备携赴欧美开设展览会。销售所得,

---

① 何香凝:《与蒋介石促留粤委员赴南京出席国民党二届四中全会电》,尚明轩、余炎光编:《双清文集》(下卷),第84页。

② 《在国民党二届四中全会上的提案》,尚明轩、余炎光:《双清文集》(下卷),第88—91页。

③ 《与陈树人等在国民党二届五中全会上的提案》,尚明轩、余炎光编:《双清文集》(下卷),第100—102页。

④ 《何香凝先生请取销亡党的决议案》,《检阅》1928年第3期(11月18日)。

充做学校基金",并"曾亲绘动物山水花卉十数幅,函请当轴购买"。① 仲恺纪念学校是廖仲恺遇害后由国民党中央决议设立的纪念学校,何香凝亲自担任学校的首任校长,1927年正式开学,新中国成立后发展为今天的仲恺农业工程学院。为仲恺纪念学校基金筹款是何香凝出国的原因之一,但不是唯一的原因。何香凝开设书画展览会的地点在东南亚华侨聚集地,而她旅行的最终目的地是欧洲,她之所以准备长期旅居欧陆,目的是避开令她失望和反感的国民党当局。她在诗作《往法国途中》中抒发了对国民革命功败垂成的悲愤,在诗作《出国途中感怀》中则抒发了对国民党当局不顾帝国主义的压迫而围剿苏区、残杀同胞的强烈愤慨。②

1929年,何香凝前往欧洲,途经东南亚时在多地举办书画展览。
这是何香凝与"新加坡华侨筹助仲恺农工学校书画展览会"成员合影

---

① 《卖画为生之何香凝》,《公教周刊》1929年第20期。
② 《往法国途中》:我岂忍心离故国?舟行万里物华清。鸟飞有意传音讯,云出无心碍月明。几载兴衰如一梦,卅年惨坏待谁鸣?停舟我亦凄凉日,忍听夷歌奏凯声!《出国途中感怀》:车摇摇,风萧萧,多少青年海外飘!长驱直进何所畏?不怕狂涛与暗礁。舟行世界千万里,飞机直上千云霄。一望中原无净土,同胞血染赣江桥。三民主义今非昔,污吏贪官民怨空。帝国侵凌祸怎消?频年借债如山积。金钱变作炮弹灰,到处肥田生荆棘。可怜十室九家极,民穷财尽饥寒迫。谋生无路去投军,愿为司令当执役。无情毒炮一声鸣,断送生灵千万亿。牺牲为彼争地盘,空流鲜血无遗迹。遥怜少妇泣闺中,望子思夫长叹息。不知已上断头台,梦魂相会各言哀。留言后辈青年者,我等雄心且莫灰!天生我才必有用,今天死了再胚胎。前者牺牲后者继,此后无穷烈士来。花开花落年年在,血冢黄花几度开!(廖仲恺何香凝纪念馆藏何香凝书赠柳亚子《出国途中感怀》诗复印件。也可见《双清诗画集》"何香凝诗",人民美术出版社1982年版)按:尚明轩、余炎光:《双清文集》下卷第109页将《出国途中感怀》诗的创作时间误为1929年,然何香凝书赠柳亚子诗注明该诗"二十年三月廿九日前香凝作于巴黎郊外",据何香凝的行程分析,该诗应作于1930年至1931年3月29日之间。

1929年9月18日，何香凝带着300余幅名人字画由上海启程。途经菲律宾、新加坡时，曾在两地停留，举办书画展览会，将卖画款五六万元寄回仲恺农工学校。① 历时一个多月，于11月初抵达马赛后前往巴黎。何香凝在巴黎停留休息了10天，即专程前往德国柏林探望前一个月抵达的宋庆龄。她在德国逗留了一个多月后，写信嘱咐原国民党中央妇女部干事、留法学生刘天素觅择房屋，与刘天素及其义妹李洁民共同居住。刘天素租好房后，何香凝由柏林经瑞士返回巴黎。② 房子共三间，何香凝住最里面的一间，刘天素和李洁民住最外面靠楼梯的一间，中间的一小间作为何香凝的绘画室。何香凝终日勤奋绘画，《红叶雪景》《红梅菊花》《青松梅菊》《月虎》《雪虎》等不少反映当时心境和志向的佳作就是在这个时期完成的。③

　　1930年6月，何香凝在廖承志的陪同下，再次前往柏林，与原中央妇女部下属胡兰畦同住。她此行的目的一是为了和宋庆龄相聚，二是要考察一下德国的情形。何香凝在柏林住了三个多月，其间，宋庆龄陪同何香凝参观过德国博物馆，游览柏林的各处名胜。宋庆龄时常去探望何香凝，两人经常谈论中国革命的前途，有时也谈德国革命的历史。④ 胡兰畦忆述当时的情形说：

　　　　这时孙夫人经常到我寓所来看何先生，同何先生一道出去散步参观。有时孙夫人请何先生带着我和蓝素琴一道上日本料理馆。她们畅谈在日本从事革命活动的回忆。孙夫人告诉我说，何先生在日本是大学生，但为了掩护革命同志开会，避免日本警察的注意，她

---

　① 《何香凝谈话录》（未刊稿），转引自尚明轩《何香凝传》，第194页。
　② 刘天素忆述称何香凝返回巴黎的时间为1930年5月中旬。胡兰畦则回忆称1930年元旦时在巴黎见到了何香凝，1930年6月廖承志把何香凝接到德国柏林。二者所述的时间有冲突。从胡兰畦的相关回忆看，何香凝与廖承志到柏林的时间为6月的可能性比较大。或许何香凝第一次由柏林返回巴黎的时间比5月中旬更早（刘天素：《良师、慈母——回忆在何香凝先生身边的日子》，胡兰畦：《回忆何香凝先生》，均载《回忆与怀念——纪念革命老人何香凝逝世十周年》；胡兰畦：《胡兰畦回忆录（1901—1994年）》，四川人民出版社1996年版，第224—229页）。
　③ 刘天素：《良师、慈母——回忆在何香凝先生身边的日子》，《回忆与怀念——纪念革命老人何香凝逝世十周年》，第172—188页。
　④ 胡兰畦：《胡兰畦回忆录》，第228页。

**何香凝与刘天素在巴黎**

不怕脏和累,开会时给每个人收起臭鞋(日本习俗进屋要把鞋脱下,放在门口)。为了不让外人知道孙中山先生的行踪,她不敢雇人做饭,自己学着烧饭,她烧的饭确实特别好吃。孙夫人盛赞何先生的革命精神,而且向何先生学煮饭。在柏林,孙夫人陪着何先生,出门时总要替何先生梳梳头发,整整围巾,好像姐妹一样地亲热。她们俩真是亲密的战友。①

胡兰畦还回忆说,有一天何香凝画了一张条幅,主题是菊花和石头,并在上面题了一首诗:"惟菊与石,品质高洁;惟石与菊,天生硬骨。幽幽清泉,娟娟皓月;惟菊与石,品质高洁。"胡兰畦认为:"这幅画和这首诗,体现了她(按,指何香凝)和孙夫人坚持革命的高贵品质。"②

廖承志表面上是奉何香凝之命在汉堡留学,实际上,他早在1928年就在上海秘密加入了中国共产党,此时正以留学为掩护在汉堡等地从

---

① 胡兰畦:《回忆何香凝先生》,《回忆与怀念——纪念革命老人何香凝逝世十周年》,第195页。

② 同上书,第195—196页。

事组织海员工人的工作。何香凝与胡兰畦居住在一起时，廖承志常前去看望，趁机和胡兰畦讨论政治问题，在国民党左派何香凝的眼皮子底下将原本持"实业救国"思想的胡兰畦引向了共产主义道路，成为德国共产党中国语言组柏林小组的党员。青出于蓝而胜于蓝，这恐怕是何香凝当时所未曾预料到的。由柏林返回巴黎后，何香凝继续与刘天素姐妹同住。1930年年底，廖承志也曾去巴黎与何香凝同住一段时间。这时，因为没有空间作画，何香凝还开始学习起了法语，并且每到晚上就和刘天素等人谈辛亥革命的往事。①

**1931年，廖梦醒与李少石在香港从事地下工作**

在旅欧期间，宋庆龄对何香凝的儿女也倍加关怀。廖梦醒幼年时期就认识宋庆龄，在广州执信学校就读时还一度天天被孙中山、宋庆龄叫到总统府吃午餐改善营养，在岭南大学读书时也曾给到校演讲的孙中山、宋庆龄当翻译，感情自然不一般。廖梦醒的女儿李湄在《梦醒——母亲廖梦醒百年祭》一书中记载了宋庆龄关怀廖梦醒的一件事。一次，宋庆龄到了巴黎，约廖梦醒见面。这时廖梦醒正与岭南大学同学、中共党员李振（李少石）谈恋爱，并准备结婚，但遭到何香凝的反对。廖

---

① 刘天素：《良师、慈母——回忆在何香凝先生身边的日子》，《回忆与怀念——纪念革命老人何香凝逝世十周年》，第187页。

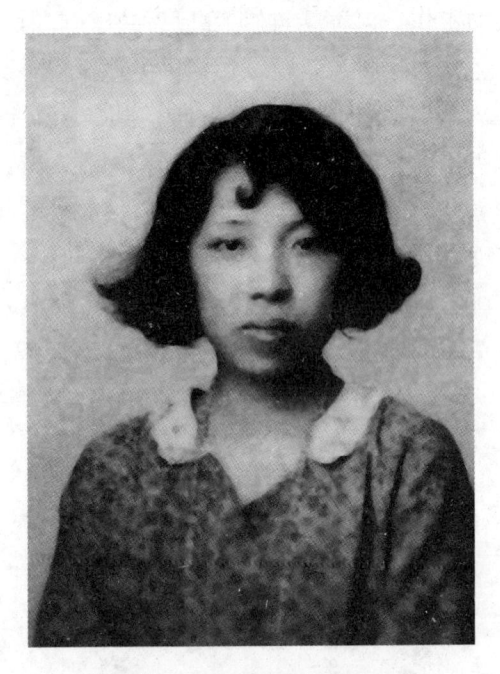

**1929 年,廖梦醒在巴黎留影**

梦醒趁机向宋庆龄诉苦,宋庆龄在婚姻上也有过反叛父母的体验,因此很同情廖梦醒。谈话中,宋庆龄还问起廖梦醒是否中共党员。廖梦醒虽与李少石已订婚,但还没入党,便回答道:"不是。"宋庆龄以为廖梦醒瞒她,说道:"当共产党是件好事,你何必否认呢?"① 后来,从1938年筹建保卫中国同盟开始直到新中国成立前夕,廖梦醒一直在宋庆龄身边工作,担任她的秘书。宋庆龄对廖梦醒的信任,除了缘于长辈对晚辈的关怀外,拥有共同的理想追求也是一个至关重要的因素。

---

① 李湄:《梦醒——母亲廖梦醒百年祭》,第111—112页。

# 第三章

# 携手反对独裁　投身抗日

## 第一节　组织战地救护

1931年,宋庆龄、何香凝相继从欧洲回国。7月下旬,宋庆龄在柏林接到母亲倪桂贞病逝的噩耗,当即在胡兰畦的陪同下经苏联回国,于8月13日抵达上海。此后,为营救被国民党当局逮捕的左派战友、"中国国民党临时行动委员会"干部会总干事邓演达,宋庆龄留在上海,没有再次出国。9月,何香凝在巴黎获悉"九一八"事变的消息后,当即决定启程回国,与全国人民共赴国难。10月3日,何香凝从巴黎发出致全国士兵的通电,劝告勿为内战牺牲,停止同室操戈,号召全国士兵与民众一致抗日。① 随后,她由巴黎启程,23日经马赛转乘法国邮船回国,于11月28日中午抵达上海,下轮后即乘车前往法租界莫利哀路拜访宋庆龄。②

面对日本军队的侵略,宋庆龄、何香凝以国民身份投身抗日,利用个人威望动员社会力量组织战地救护。在1931年11月召开的国民党第四次全国代表大会上,宋庆龄、何香凝虽当选为中央执行委员会委员,但她们均不愿与背叛国民党"一大"路线的当局为伍。宋庆龄在回国不久,在接受德国《法兰克福报》美籍记者史沫特莱的采访时,重申她仍坚持1927年离开中国前发表的声明中陈述的政治见解。③ 12月19日,在国民党四届一中全会召开前夕,宋庆龄发表宣言,指出"中国国民党早丧失其革命集团之地位,至今日已成为不可掩蔽之事实",表示

---

① 《何香凝发表对日主张》,《申报》1931年11月1日。
② 《何香凝昨午到沪》,《申报》1931年11月29日。
③ 宋庆龄:《与史沫特莱的谈话》,《宋庆龄选集》(上卷),第81—82页。

"深信惟真正以民众为基础,为民众而奋斗之革命势力,可以消灭军阀官僚,铲除帝国主义,实现社会主义"。① 同一天,何香凝发表《对时局之意见》,表示"此后坚决辞去中央委员职守,专心办理社会慈善事业,以尽国民一分责任"。②

在回国前,何香凝就决定将组织战场救护作为投身抗战的主要工作。她致函上海友人,告以决定回国"参加全国反日救护死伤工作,以尽个人责任","拟组织救护队,从事工作"。为筹措组织救护工作所需的巨额费用,她筹划在上海举办书画展览会,"将向存书画出售",并请上海友人书写屏幅。③ 何香凝抵达上海后第二天,国民政府监察院长于右任偕国民党中央执行委员会委员周启刚、丁超五等到上海邀请她前往南京,被她当场拒绝。她接受记者采访时重申:"因痛国家大患临头,将以国民资格办对日之伤兵救护等事宜,对国内政治十九不拟参加",宣布"拟于一星期或十日内举行书画展览会,然后将常驻沪,从事于办红十字会之救护事宜"。④ 其后,蒋介石亲自致电何香凝邀请她去南京,宋美龄则以请何香凝帮助领导由她发起的伤兵救护团为由,请何香凝前往南京,均被何香凝回绝。12月1日,何香凝在与国闻社记者的谈话中再次表示:"余以一个国民资格,凡有利于国家人民及余个人力量所能办到者,即牺牲任何一切亦所愿也。"⑤

何香凝发起的书画展览会得到全国文化界的热烈响应。12月6日,第一次筹备会议在上海举行,出席者有郑洪年、刘海粟等知名书画家数十人,推定何香凝、郑洪年、叶恭绰、柳亚子、朱少屏、黎沛华等18人为常务委员。⑥ 12月8日,展览会筹备会举行第一次常务会议,确定名称为"何香凝主办救济国难书画展览会",决定常务会分设销券、征集、宣传、总务四部,由叶恭绰、郑洪年担任销券主任,刘海粟、钱瘦铁担任征集主任,汪英宾、贺天健为宣传主任,李祖韩、朱少屏为总务

---

① 《宋庆龄重要宣言》,《中华周报》1931年第8期。
② 何香凝:《对时局之意见》,尚明轩、余炎光编:《双清文集》(下卷),第116—119页。
③ 《何香凝月内返沪》,上海《民国日报》1931年11月21日。
④ 《何香凝到沪后谈话》,上海《民国日报》1931年11月30日。
⑤ 《何香凝暂不离沪》,上海《民国日报》1931年12月2日。
⑥ 《何香凝发起抗日书画会》,《申报》1931年12月7日。

**油画"救济国难书画展览会"（廖仲恺何香凝纪念馆藏）**

主任。此外，还加推蔡元培、潘公展等8人为常务委员。① 11日，何香凝主办救济国难书画展览会发表宣言，称何香凝将"积存时贤墨宝，并香凝个人历年所作画件举行展览会，悉数标价出售，即以售得之款为反日救伤工作费用"。② 除向上海、北平等地文化界征集作品外，何香凝还与刘海粟、钱瘦铁联名致电广东书画名家陈树人、高剑父、高奇峰、张坤仪等人，希望他们"代征时贤作品"。③

12月28日，救济国难书画展览会在上海西藏路宁波同乡会开幕，展览会原拟展出4天，因各界购买踊跃，又延长至1932年1月3日。④ 救济国难书画展览会共征集到上海、北平、广州、江浙等处的名家书画作品数百件。⑤ 开幕当天，展览会会场"参观者纷至沓来，有二千余人

---

① 《何香凝主办救济国难书画展览会》，《申报》1931年12月8日。
② 《何香凝主办救济国难书画展览会昨日发表宣言》，《申报》1931年12月12日。
③ 《何香凝筹开救国书画展览会》，《前进周刊》第1卷第22—23期。
④ 《何香凝书画展》，《申报》1931年12月29日；《何香凝主办救济国难书画展览会》，《申报》1932年1月1日。
⑤ 《何香凝主办救济国难书画展览会鸣谢启事》，《申报》1932年1月11日。

之多，拥挤不堪"，还有"各名家即席挥毫，观者如堵"。① 何香凝参加合力绘制的画很多，"或'补梅'，或'补菊'，或'补竹'，或'补石'，……画家们多请求何先生在他们的画幅上'为之增色'，何先生总是乐意地提笔就画"。② 展览会共筹款两万多元，③ 南洋著名华商胡文虎还承诺向展览会捐赠2架飞机，"专作救护之用"。④

救济国难书画展结束后，何香凝即着手筹备国难妇女救护训练班，自己亲自担任主席董事，原中央妇女部下属黎沛华担任主任。何香凝将救护班宗旨定为："训练救护人才，预备从事国难救伤工作，发扬妇女爱国精神，以尽国民救国责任，并可养成一般妇女均有医学常识。"⑤ 1932年1月22日起，在《申报》刊登了招生启事，宣布训练班拟招"学生两级，每级学额四十名"，"凡籍隶中华民国之妇女，年在十八岁以上三十岁以下，身体强健，有高小毕业程度，或粗识文字，热心为国，愿学习救护工作者"均可报名就读，定于2月12日举行入学考试，2月22日开学。⑥

讵料救护训练班尚未开学，日军为转移国际视线，又于1月28日悍然发动了对中国经济、文化中心上海的进攻。何香凝在得知战争爆发的消息后，决定把上海爱国妇女组织起来，当夜便打电话约救护班的同人29日到她的寓所商量办法，还特邀了一些专业医生、护士、慈善团体的负责人和工商界知名人士参加。次日的会议决定："（一）组织妇女到前线慰劳，救护队立即行动，从30日起分别投入工作；（二）请医务界人士协助，开办护士训练班，以应前线需要；（三）将尽力协助慈善团体、各临时成立的救济难民机构，做些工作；（四）初步拟定了工作计划和人力分配。"30日，两辆满载慰劳品、救护用品的大车和几辆小车就插上"慰劳队""救护队"的旗帜驶向了前线，沿途农民"一群

---

① 《何香凝书画展》，《申报》1931年12月29日。
② 陆晶清：《在何香凝先生身边》，《回忆与怀念——纪念革命老人何香凝逝世十周年》，第214—215页。
③ 尚明轩：《何香凝传》，第206页。
④ 《救济国难书画展消息》，《申报》1931年12月27日。
⑤ 《何香凝昨日表示拟办妇女救护训练班》，《申报》1925年1月25日。
⑥ 《市教育局备案国难妇女救护训练班招生启事》，《申报》1932年1月22日。

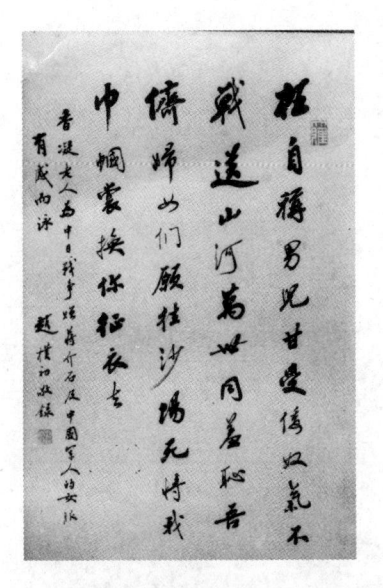

**1935年，何香凝在一条女裙上题诗寄给蒋介石，激其抗战（赵朴初重书）**

群拥来拦住车，送上很多吃的东西，恳切地嘱托代献给前方将士"。①宋庆龄和何香凝多次冒着炮火，奔赴闸北抗日前线，慰问英勇抗敌的十九路军。②

1月31日，何香凝所组织的上海妇女前线慰劳、救护队，难民救济队及救护训练班，在新闸路江海关监督公署成立了办事处。办事处与十九路军的淞沪抗战共始终，结束于"停战协定"签订后十九路军奉命开闽。妇女救护队称国难战士救护队，队员共60人，30日下午在何香凝的亲自率领下前往前线救护伤兵。③2月11日，为工作方便，何香凝派人与中国红十字会接洽，将救护队编入红十字会第七队救护队。何香凝原拟亲任队长，后因事务繁多，改由他人担任队长，自己退居幕后，负责办理经济等事务。④她还经常亲自赴各医院慰问伤兵，据《申报》报道，她去红十字会第十一医院慰问伤兵时，"对于伤手及重伤士兵均

---

① 陆晶清：《在何香凝先生身边》，《回忆与怀念——纪念革命老人何香凝逝世十周年》，第209—210页。
② 尚明轩主编：《宋庆龄年谱长编》（上卷），第251—252页。
③ 《妇女救护队往前方工作》，《申报》1932年1月31日。
④ 《何香凝加入红会》，《申报》1932年2月12日；《红会努力救护工作》，《申报》1932年2月5日。

亲自以面包、牛奶等喂之","伤兵多感激涕泣,谓生身父母亦无此项爱护,誓以此身报国"。① 何香凝与陈铭枢夫人等在上海公时学校、政法大学以及苏州等地还设立了四所伤兵医院,数十名"短期救护训练班"的学生在这些医院担任护士,收容抗日受伤战士千余人。②

**淞沪抗战爆发后,宋庆龄视察真如战场,与十九路军军长蔡廷锴合影**

难民救济队的工作是:收受救济难民的捐款、衣物;接待成批成群扶老携幼的难民,分发给他们所需要的东西;不断地与一些难民收容所、收容站联系,按照各所、站允许收容的人数,斟酌实际情况,分批护送难民到能收容他们的地方。何香凝每天都要亲自接待几次送慰劳品来的人和来投奔的难民,"因为,送慰劳品的、捐款来的人中,有小贩、车夫、苦力、街头卖艺的,有舞女,有妓女,对这些人,何先生要对他们表示赞扬,表示感谢。对一些有特殊情况的难民,何先生以满腔热情抚慰他们……"③ 战争造成了16万多名工人失业,为救济失业工人,何香凝除自己捐洋1500元外,还致函上海银行公会等商业团体,请他

---

① 《红会各救护队消息》,《申报》1932年2月15日。
② 何香凝:《自传初稿》,尚明轩、余炎光编:《双清文集》(下卷),第208—209页。
③ 陆晶清:《在何香凝先生身边》,《回忆与怀念——纪念革命老人何香凝逝世十周年》,第213页。

们尽量给予捐助。①

何香凝与陈铭枢夫人、蒋光鼐夫人、蔡廷锴夫人等以国难将士慰劳救护会的名义,向社会各界募捐并征集食物用品,用以慰劳前线将士。② 何香凝以自己的住所——法租界金神父路花园坊十号为慰劳会办事处,在大门上张贴大幅字条:"此处接受热心的援助"。上海市民踊跃捐献款项和物资,还有医生、华侨主动登门表示愿为抗战出力。③ 胡文虎应何香凝电请,电汇一万元交何香凝主办救护事业。④ 何香凝还亲自向国民党党政要员及其家属募捐,获得顾祝同、李明扬等人的捐款。⑤ 慰劳救护会筹集的款项、物资除供给妇女救护队外,还为上海中央大学医学院、复旦大学医学院、中法药科学院等校学生组织的"上海各医药学院抗日战地医事联合会"提供各种医药材料。⑥

**1932 年,何香凝在苏州参加淞沪抗战殉国将士追悼会**

宋庆龄虽未在国难将士慰劳救护会中担任职务,但对何香凝的工作

---

① 《何香凝捐款助失业工人》,《申报》1932 年 2 月 28 日。
② 《国难战士慰劳会重要启事》,《申报》1932 年 2 月 1 日。
③ 廖梦醒:《我的母亲何香凝》,第 51—52 页。
④ 《救护工作》,《申报》1932 年 3 月 5 日。
⑤ 《国难战士慰劳救护会鸣谢启事第十三号》,《申报》1932 年 3 月 27 日。
⑥ 《医学生开赴战地》,《申报》1932 年 2 月 3 日。

给予了诸多指导和帮助。据当时在慰劳会工作的陆晶清回忆："何先生（何香凝）对孙夫人（宋庆龄）是一贯极为尊敬的。在工作中，总常派人去向孙夫人报告工作情况，请示所作计划、所采措施是否适当、可行。"① 宋庆龄、何香凝等人还积极协助被战事波及的学生解决生活问题。"淞沪抗战"爆发后，受战争波及的学生成立了战区被难同学会，在马浪路设立办事处，筹划被难学生的衣食住问题。至2月下旬，在被难同学会办事处登记的学生就达500余人。据《申报》报道，宋庆龄、何香凝、孙科夫人、陈铭枢夫人等积极赞助被难同学，"尽力救济，故生活暂可解决"。②

"淞沪抗战"持续一个多月后，伤兵救治能力不足的矛盾日益显现，宋庆龄、何香凝、杨杏佛等为此发起创办了国民伤兵医院。宋庆龄对记者解释说："余少数友人因见十九路军卫国抗敌之忠勇，实为真正之民众武力，我辈对于其伤兵之救护，自应各尽棉薄，同时感觉上海现有伤兵医院数多而散漫、似应有持久集中之组织，故有国民伤兵医院之设立。"③ 报纸评价说：伤兵医院"规模宏大、极为社会人士所称颂"。④ 杨杏佛的儿子杨小佛说：淞沪抗战，"是日军多次挑衅后，十九路军将士激于义愤，起而抗击的结果。而国民党政府却抱定不抵抗主义，袖手旁观，不予支持。于是伤兵的救急和治疗全赖租界内的几家医院腾出床位来解决。这样便产生了两个问题，一是租界与战区隔离，伤兵无法抵达医院；二是床位有限，难于大量容纳。鉴于这种情况，宋庆龄、何香凝、杨杏佛等人及时发起设立国民伤兵医院"。⑤ 何香凝、陈铭枢夫人等被推举为医院理事，宋庆龄担任理事并主持医院事务，马克斯威尔博士担任副院长。院址设在交通大学，因为交大校长黎照寰是孙中山的好友，愿意将校舍借出来支持宋庆龄；且交大前门在法租界，后门在华界虹桥路，便于伤兵和医护人员、物资的进出。在宋庆龄的号召下，"群

---

① 陆晶清：《在何香凝先生身边》，《回忆与怀念——纪念革命老人何香凝逝世十周年》，第213页。
② 《宋庆龄等救济同学》，《申报》1932年2月25日。
③ 《宋庆龄关于国民伤兵医院谈话》，《申报》1932年3月13日。
④ 《卫国负伤军人工厂》，《申报》1932年5月28日。
⑤ 杨小佛：《宋庆龄和国民伤兵医院》，《上海文史资料选辑》第50辑，上海人民出版社1985年版。

众捐助的医药用品源源而来,堆满了宋的住宅辟出的临时仓库,并日夜不停地运送至前线和各伤兵医院"。① 据亲历者回忆说:宋庆龄"几乎每天都在外面奔走,常忙得连午饭都顾不上吃"。② 为帮助"淞沪抗战"伤残军人谋出路,宋庆龄拟筹办残废军人救养工厂,为此曾于5月23日派郑太朱到江苏南通考察十八军伤兵习艺工厂。③

**1932年,宋庆龄、何香凝与上海国民伤兵医院职员合影**

淞沪停战后,何香凝积极投入到善后工作中。1932年4月1日,上海成立"卫国阵亡将士遗族抚育会",筹划"淞沪抗战"阵亡将士后代的抚育问题。何香凝被推选为抚育会监察委员,她在抚育会第二次执行委员、监察委员联席会议中提出过"先行开办一小学校,以便阵亡将士遗族子弟得免失学"的建议,得到与会者的积极响应。④ 何香凝等鉴于淞沪抗战后疫病丛生,灾区难民无力求治,在康脑脱路、戈登路巡捕房

---

① 尚明轩主编:《宋庆龄年谱长编》,第253—254页。
② 陈翰笙:《谈谈孙夫人的高尚品格》,载《宋庆龄纪念集》,人民出版社1982年版,第117—120页。
③ 《宋庆龄派员到通考察》,《申报》1932年5月25日;《宋庆龄救济残废军人》,《申报》1932年5月27日。
④ 《卫国阵亡将士遗族抚育会》,《申报》1932年4月2日;《卫国阵亡将士遗族抚育会二次执监联席会议》,《申报》1932年4月16日。

附近设立国难平民医院,聘请名医主持院务,并于医院中设立产科。① 国难平民医院与1924年何香凝在广州创办的贫民生产医院类似,主要面向农工群众,免费医治贫苦劳工。6月28日,医院对外开诊,"开诊未及一月,就诊病人已达900余人,并曾救活时疫及服毒等病人数十名"。②

上海救治伤兵的任务结束后,何香凝、柳亚子等人又组织国难救护队派往东北抗日前线,随同东北义勇军行动。1933年1月,宋庆龄也曾准备北上组织妇女救护队救护伤兵,但后来因故未能成行。③ 国难救护队在上海设立了后方理事会,何香凝担任主席,柳亚子担任副主席兼会计。由于何香凝病倒卧床,理事会工作多由柳亚子主持。1932年6月13日,第一批队员14人从上海出发,另有七八人在北平加入。④ 8月17日,救护队20人抵达锦州以西地区,出发前线救护伤亡。⑤ 10月31日,第二批队员40余人抵达北平,转往东北工作。⑥ 国难救护队最初的经费来源于何香凝从救济国难书画展览会收入中结余的5330.48元银洋,和国难战士救护慰劳会赞助的500元银洋。⑦ 为充实经费,理事会向海内外发起募捐,何香凝、柳亚子联名写信给海外华侨,筹措了一笔款项。⑧ 1933年1月,为在北平筹设伤兵医院,理事会派遣理事欧阳慧真赴美向华侨募捐。与国民党决裂后,何香凝从不领取国民党中央委员公费,但为救护伤兵,这时她则派人向国民党中央党部领取了1931年年底以后任四届中央执行委员的公费共3343元,全部捐给了国难救护队。⑨

可是,何香凝等人的爱国义举却遭到国民党当局的敌视、破坏。何香凝在《自传初稿》中回忆说:"当时蒋介石根本就是不要人民抗日的,所以就害怕我们的宣传,借故杀了救伤队的一个国民党左派队员

---

① 《国难平民医院今日开幕》,《申报》1932年6月27日。
② 《国难平民医院新发展》,《申报》1932年7月26日。
③ 《宋庆龄将北上组妇女救护队》,《申报》1933年1月7日。
④ 《国难救护队出发东北》,《申报》1932年6月15日。
⑤ 《救护队抵锦西区域》,《申报》1932年8月18日。
⑥ 《义军救护队一部抵平》,《申报》1932年11月1日。
⑦ 《国难救护队后方理事会鸣谢》,《申报》1932年10月4日。
⑧ 《国难救护队开始募捐》,《申报》1932年9月23日。
⑨ 《后方理事会常会》,《申报》1933年1月19日。

（姓甘的），救伤队后来也解散了。"①上海《申报》报道中最后提到国难救护队是1933年8月15日，东北救国军总监朱霁青在"鸣谢启事"中提到其上海办事处7月13日收到何香凝转去的国难救护队捐款2万元。②由此看来，国难救护队解散的时间或即在此前后。

在组织国难救护队的同时，何香凝希望借助团体和政府的力量，培养更多的战地后方服务人员。1933年年初，以党政军高官夫人为主的女性筹备发起中华妇女救济东北同胞协会。3月8日，在上海世界社开发起人大会，发起人包括孙科夫人、张静江夫人、吴铁城夫人、李烈钧夫人、陈诚夫人、李宗仁夫人、顾祝同夫人等数十人，何香凝派代表张琼与会。何香凝向该会建议创办战地妇女后方服务训练班，"以期训练一部份热忱爱国之女青年，为今后长期对日抗争之需用"，并将事先草拟的大纲提交会议。经议决，推选何香凝与吴铁城的夫人等数人担任筹备。③训练班《简章》规定：拟设救护、消防、交通、缝纫四组，先行开办救护、交通、缝纫三组，每组招收学员50名至60名，免收学费。该会通过上海市长吴铁城，争取到东北义勇军后援会的部分经费支持。④何香凝大都派张琼作为代表参加该协会的活动，并未直接参与该会的运作。

## 第二节　合力营救廖承志、陈赓等被捕中共党员

自1931年由欧洲回国后，投身抗日救亡和营救被捕政治犯就是宋庆龄的两项主要工作。淞沪停战后，她将主要精力集中到营救被捕政治犯的工作中。在中国民权保障同盟成立前后，宋庆龄先后发起过营救邓演达、牛兰夫妇和陈独秀的行动，公开为共产党人和进步人士辩护，引

---

① 《自传初稿》，尚明轩、余炎光编：《双清文集》下册，第209页。
② 《朱霁青鸣谢启事》，《申报》1933年8月15日。
③ 《中华妇女救济东北同胞协会发起人》，《申报》1933年1月30日；《中华妇女会发起人会》，《申报》1933年3月8日；《何香凝等发起战地妇女服务训练班，吴市长请后援会拨款助其成》，《申报》1933年3月20日；《拟开办训练班》，《申报》1933年4月2日；《何香凝等发起战地妇女服务训练班》，《妇人画报》1933年第3期。
④ 《何香凝等发起战地妇女服务训练班，吴市长请后援会拨款助其成》，《申报》1933年3月20日。

起了强烈的舆论反响。1932年7月11日,在营救牛兰夫妇的过程中,宋庆龄第一次组织了由中外人士组成的营救团体"牛兰夫妇上海营救委员会"。她亲自担任主席,史沫特莱任书记,成员包括杨杏佛、林语堂、朱少屏、斯诺、伊罗生等32人。① 营救陈独秀时,宋庆龄一度希望从国民党内部打开营救政治犯的渠道。10月31日,她以中央委员名义向国民党中央提议组织特种委员会,专门处理政治犯事件,但遭蒋介石拒绝。② 为此,她加快组织以营救政治犯为目的的团体。11月2日,宋庆龄向外报发出专函,表示拟发起组织团体,"专以保护及营救所有政治犯,及'清共'时被牺牲者为职志",呼吁"中外知识阶级及友朋参加是项运动"。③ 12月上中旬,中国民权保障同盟正式成立,总部设在上海,设分会于国内各重要城市。宋庆龄担任同盟主席,蔡元培任副主席,杨杏佛任总干事。④ 此后半年多时间里,中国民权保障同盟展开了很多营救行动。

**1932年,宋庆龄与中国民权保障同盟委员鲁迅(左一)、胡愈之(左二)等合影**

与宋庆龄的工作重心不同,何香凝将精力主要集中在组织抗日战场

---

① 《孙夫人领导下之营救牛兰会》,《申报》1932年7月12日。
② 《宋庆龄昨飞汉提议组织特委会》,《申报》1932年11月1日。
③ 《宋庆龄之新志愿》,北平《民国日报》1932年11月3日。
④ 《宋庆龄等发起中国民权保障同盟》,《申报》1932年12月18日。

救护事务上，她虽没有参加民权保障同盟，但也以自己独特的方式支持宋庆龄的工作。何香凝历来反对国民党当局掀起内战、围剿苏区、屠杀共产党人，在旅欧前后的诗歌、文章和讲话中，她多次态度鲜明地谴责对进步青年的残害。何香凝对共产党的态度直接体现在对儿女工作的支持上，廖承志、廖梦醒及其丈夫李少石都是共产党员，她知情但并没有阻止儿女冒着生命危险从事革命活动，还以款、物接济他们。1933年3月2日，何香凝更以向国民党当政者发出公开信的方式，直接提出释放全国政治犯的主张。① 公开信首先阐明大赦全国政治犯的必要性，即抗战不能单靠政府和军队，必须唤起全国民众共同奋起御侮：

  窃以亘古大变，应付綦难，非竭全体国民力量与敌周旋，殊不足以挽危局，故当轴者，固须策动将士，使能一心一德，争效前驱，尤应唤起国民，使能群策群力，共为后盾，于是特本救国之诚，谨献纵囚之议。

接着回顾了国民党当局残杀青年，制造政治犯的历史，并毫不客气地指出所谓的"政治犯"大多是时代精华、国家元气：

  慨自民十六以来，国内政争，连年未息，以政治路线之歧殊，遂相见若寇仇，如党外之共产党、青年党、第三党、社会民主党等，党内之有热血革命份子，争之以笔墨干戈，而当政者则报之以刀锯囹圄，交相报复，五载于兹，因此无数青年惨遭牺牲，即今尚在缧绁而惨受非人之待遇者，实繁有徒，……且今之政治犯，多有优秀份子，现为时代精华，国家元气，以囹圄刀锯消磨彼辈之生命，不啻自己伤残民族之生机，诚不如予以自新，使能洗心革面，为国家效力，较有裨益也。国难日亟，需材孔殷，未成者尚须教育，则既成者讵可摧残。

最后提出她的主张，即大赦全国政治犯，交由她率领北上参加抗日

---

① 《何香凝同志向中央建议大赦全国政治犯》，《中央周报》1933年第248期。

战场救护工作:

> 以凝之愚,政府即下令,大赦全国政治犯,交凝率领北上,致力于救护工作。彼辈既感吾党之宽洪,复得为国效力之机会,想无不踊跃自新,争先恐后。如以凝德薄能鲜,陨越堪虞,则请政府派员监观,亦无不可。(中略)……甚愿大赦之案,提出政治会议决定,并请政府予以补助,使此辈政治犯之生命,得以为国牺牲,不至在狱瘦死,而凝素愿亦得以酬也。

何香凝发公开信的目的在批评国民党当局反共不抗日的行为,为所谓的"政治犯"辩护,唤起社会舆论对政治犯的同情和支持。她当然知道国民党不可能采纳她的建议,正如她在接受记者采访时说:"书已发出多日,但至今尚无声息,无权力者之建议,照例是不置议或搁起的。我的建议在情在理,是没有什么不对,不过希望如何是很难说的,我想不过是等于买香槟票罢了。"她进而讽刺当局说:"试问中央诸君,有几位不是当年的政治犯","若纯就革命立场来判断,则谁为罪犯,是很有问题的了"。①

何香凝对当局的批评入木三分,又有理有据,有力地声援了宋庆龄。当政者对她无可奈何,只能装聋作哑,但几天之后就将魔爪伸向了她的儿子廖承志。廖承志于1932年5月回到上海后,担任中华海员总工会中共党团书记和中华全国总工会宣传部长,领导海员工会的工作。为方便工作,他一直在外租房,很少回家。为避人耳目,都是在深夜回家,因此很少有人知道他回到了上海。② 1933年3月28日,因叛徒出卖,廖承志、罗登贤、余文化在租界被捕。为了尽快获得营救,廖承志主动承认自己是廖仲恺、何香凝之子,还诱使租界巡捕将他带到何香凝寓所,通知何香凝他被捕的消息。因廖承志身份特殊,次日,"廖承志昨日被捕"的消息在上海舆论界引起了轰动,各种报刊长篇累牍地进行报道。廖承志后来回忆了被捕的经过:

---

① 《释放全国政治犯》,《申报》1933年3月19日。
② 何香凝:《我的自传》,尚明轩、余炎光编:《双清文集》(下卷),第209页。

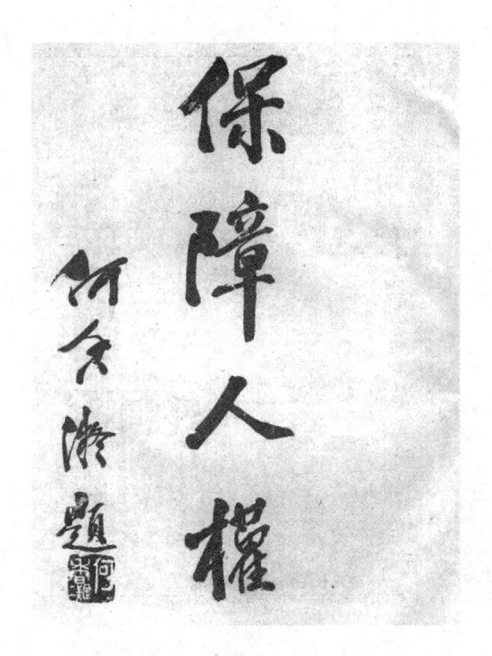

**何香凝题："保障人权"（1941 年）**

  三月二十八日，照例是罗登贤同志在全总主持接头的日子，我也要在这天去领取海总的经费。我先到了离山西路不远的、伪装成茶叶批发商号的海总机关，然后再到山西路。一到机关门口，看见门前人山人海，还停着一辆黑色汽车。我想肯定出问题了。我立刻赶回自己新搬进去的住所，这地方是离山西路不远的一条弯弯曲曲的小巷里的一间灶壁间，只有罗登贤一个人知道。我对登贤有信心，这地方可慢一两天搬。知道海总机关的有陈福（又名陈春霖，后来在中条山战役牺牲）、余文化，王其良也可能知道。我对余、王信心不大。因此，海总机关必须迅速搬走。我把自己可以典当的一切东西都典当了，换了件笔挺的西装，戴上眼镜，化了装，到机关把典当的钱分给大家，并指定今后接头的地方。

  ……

  在处理了海总机关后，回到寓所又想了一想，以为出了毛病的也许是"燕子窝"，于是我又想回去探个究竟，走到山西路口，附近静悄悄的，我刚走到机关门口，还未进门便被逮捕了。原来敌人早已张开罗网，只等我一个人。我随即被戴上了手铐，押进汽车带到老闸捕房,在老闸捕房大门前,叛徒卢福坦即指认我正是廖承志。①

**廖承志(左二)被捕后的照片**

廖承志等人是先在租界被捕而后移提给上海市公安局的,事后上海市长吴铁城表现出不知情的样子,给人的印象是廖承志是被租界巡捕房逮捕的。事实上,上海市公安局才是这起阴谋的主动者。上海市公安局督察员吕某在江苏高等法院第二分院第一法庭讲述称:"先是在闸北共和路获共党王其良,王自承彼为全国总工会秘书,并表示悔过自首,愿将该党秘密报告。据称是日有共党在五福弄九号开会,本案三被告皆将出席,罗登贤系总工会党团书记,余文化系红军军长张国韬(按:即张国焘——作者)之叔,而廖承志则为全国海员总会之书记。因投捕房声请派探同往该处,将廖等三人拘获。"② 由此可以看出,上海市公安局首先逮捕了王其良,王叛变后将廖承志等人的行踪供出,此时公安局已经知道了罗登贤、余文化、廖承志的身份。上海市公安局随后策划了抓捕廖承志等人的行动,但因租界享有治外法权,公安局不能直接抓捕,于是只得请求租界巡捕房派员抓捕。而且,巡捕房探员和公安局警察逮

---

① 廖承志:《我的缧绁生涯》,《廖承志文集》(下卷),人民出版社1990年版,第440—441页。

② 《廖承志等解市公安局》,《申报》1933年4月1日。

捕罗登贤、余文化后,一直留在原地秘密监控几个小时,直到逮捕廖承志后才离开,也说明廖承志是他们预定的抓捕目标。

廖承志被捕的消息传出后,何香凝当即展开了声势浩大的营救行动,并打发人川流不息地到老闸捕房看望廖承志。宋庆龄也在29日下午赶往何香凝住宅慰问,并商讨营救办法。29日,何香凝发出致全国军事政治长官的公电,并分别致电蒋介石、汪精卫等人,告知廖承志被"外国捕房拘捕,但未悉拘留何处";表示"愿与儿共囹圄,惟不愿留外国囹圄,要求解往华界,即死亦愿在华界,不在租界"。① 廖仲恺是党国先烈,何香凝是在任国民党中央执行委员会委员,蒋、汪等国民党高层大多是廖、何故交,因此,或出于关心,或碍于情面,或慑于威望,纷纷回电抚慰。汪精卫表示已急电上海市政府查明,蒋介石表示"刻已设法营救",于右任表示"中央诸同志闻此事极关心,决谋保全",罗文干称"已电沪查询",何应钦表示不知情,陈公博、陈树人、经亨颐、孙元良、梅哲之等均复电表示营救。处境最尴尬的莫属上海市长吴铁城,始作俑者是上海市公安局,但在党政高层一片营救声中,又想极力撇清跟自己的关系。吴铁城不敢直接回复何香凝,而是于30日早上赶往南京,告诉汪精卫、陈公博、经亨颐等人:"悉由某机关捕去","大概尚在英捕房"。何香凝还派马景云到南京拜访各要人,30日得到回复称:陈树人、陈公博、蒋介石等人"皆担保绝对安全"。②

在此前后,陈赓等人也被租界巡捕房逮捕,并与廖承志等人关押在一起。中国民权保障同盟随即展开了对罗登贤、廖承志、陈赓(化名陈广)、余文化、谭国辅(谭人凤孙女,化名陈藻英)的营救行动。30日上午,宋庆龄主持召开同盟临时执行委员会,讨论营救办法,决定由蔡元培和宋庆龄委托吴凯声律师担任辩护律师,此外聘请马常律师代表廖承志,蔡晓白律师代表罗登贤和余文化,屠坤范及倪绸律师代表陈赓。③ 4月1日,宋庆龄在上海发表《告中国人民——大家一致起来保护被捕

---

① 《廖承志在租界被捕》,《申报》1933年3月30日。
② 《廖承志昨被捕》,《申报》1933年3月29日;《廖承志等解市公安局》,《申报》1933年4月1日;《廖承志在租界被捕》,《申报》1933年3月30日;《廖案今日续讯》,《申报》1933年3月31日。
③ 《廖案今日续讯》,《申报》1933年3月31日。

的革命者》一文,抨击国民党当局与租界勾结镇压革命者,号召全中国人民起来要求释放他们。①

31日,法庭判决巡捕房将廖承志等五名革命者"循例"移提给上海市公安局。当天傍晚,由公安局督察员带回上海市公安局羁押。柳亚子闻讯后赶到何香凝住处,陪同何香凝前往公安局,要求释放廖承志。当时何香凝抱病在身,不能行动,是坐着藤椅被抬上汽车的。到了公安局后,就坐在院子里,不肯进入客厅,要求跟廖承志一起坐牢。柳亚子陪何香凝坐到深夜,不达目的不离开。吴铁城无奈,只得找宋子文商量,宋子文说何香凝病重,受刺激过大随时会死亡。吴铁城担心何香凝死在公安局,自己会遭受社会舆论谴责,迫不得已,同意由何香凝和柳亚子联名具保,于当晚十一时释放廖承志,派公安局长陪同他们返回何香凝寓所。②

因与党组织失去联系,廖承志在家闲居。1933年5月,宋庆龄到访何香凝宅,代表共产国际询问过廖承志相关情况。1982年,廖承志撰写《我的回忆》一文回忆了当时的情景:③

> 记得是五月时节,宋庆龄同志突然出现在母亲的客厅中。那时候,她通常是不轻易出门的,而且我姐姐还在香港从事地下工作未回上海,因而不但没有事前通知,连间接的招呼都没有。可是她来了,只一个人,这是从来很少有的事。
>
> 我母亲慌了,赶快自己沏茶。她却平静无事地同我母亲寒暄,一面向我眨了眨眼。我母亲明白了,她托词去拿糖果,回到了寝室。当时只剩下宋庆龄同志和我两个人。
>
> "夫人……"我不知从何开口,只好这样叫着。
>
> "不。叫我叔婆。"她微笑着说。
>
> "是,叔婆。"

---

① 宋庆龄:《告中国人民——大家一致起来保护被捕的革命者》,载《宋庆龄选集》(上卷),人民出版社1992年版,第116—119页。
② 《孙科等昨慰问何香凝》,《申报》1933年4月2日;廖承志:《我的缥缃生涯》,《廖承志文集》第444—445页;何香凝:《我的自传》,尚明轩、余炎光编:《双清文集》(下卷),第209—210页。
③ 廖承志:《我的回忆》,《廖承志文集》(下卷),第650—652页。

她面色凝重了，说话放慢了，但明晰，简捷，每句话像一块铁一样。

"我今天不能待久。"

"嗯。"我回答。

"我今天是代表最高方面来的。"她说。

"最高方面？……"我想知道。

"国际！"她只说了两个字。随后又补充说："共产国际。"

"啊？"我几乎叫出来。

"冷静点。"她说。"只问你两个问题。第一，上海的秘密工作还能否坚持下去？第二，你所知道的叛徒的名单。"

我回答了："第一，恐怕困难。我自己打算进苏区。第二，这容易，我马上写给你。"

……

我飞快地写好了，在一条狭长的纸上。十分钟，她出来了，我母亲还躺着，她看见我已写好，便打开皮包，取出一根纸烟，把上半截烟丝挑出来，把我那一张纸卷塞进去，然后放进皮包里。

……

8月，廖承志通过廖梦醒、李少石重新与党组织取得联系。因通往中央苏区的道路被封锁，他随后被派往川陕苏区的红四方面军工作。①

廖承志获释后，4月1日晚，陈赓等四人就被解送到南京。宋庆龄等继续营救工作。2日，她和蔡元培联名致电汪精卫、罗文干，要求"由正式法院审判，勿用军法刑讯，以重民权，而保司法独立"。3日，中国人权保障同盟全国执行委员会和上海分会召开联席会议，决定派宋庆龄、杨杏佛、沈钧儒、伊罗生四人赴南京设法营救。② 5日，宋庆龄一行抵达南京，为营救陈赓等四人以及牛兰夫妇与汪精卫、罗文干交涉。她以中国民权保障同盟的名义向汪精卫提出四条书面意见：（一）即刻释放一切政治犯；（二）废止滥刑；（三）给予政治犯阅报读

---

① 廖承志：《我的回忆》，《廖承志文集》（下卷），第650—652页。
② 《民权保障同盟昨开联席会议》，《申报》1933年4月4日。

**1937 年年初，廖承志在延安**

书之自由，禁用镣铐，及改良狱中待遇；（四）严惩狱吏敲剥犯人及受贿行为。汪精卫以答允提出中央政治会议讨论来敷衍。宋庆龄等人随后到监狱探访牛兰夫妇，和关押在警备司令部陈赓等四人，宋庆龄还秘密地将党组织的一张字条带给了陈赓，帮助他们接通了与中共党组织的联系。①

陈赓等在南京一直被国民党中央党部羁押，宋庆龄等担心国民党以党纪代替法律来审判他们，将导致丧失通过法庭斗争展开营救的途径。于是，15 日，宋庆龄以中国民权保障同盟名义再次致函汪精卫、罗文干，要求将陈赓等移送法庭办理。司法行政部部长罗文干虽也同意司法独立，由法院进行审判，但人被控制在国民党中央党部陈果夫、陈立夫

---

① 《中国民权保障同盟赴京代表报告》，《申报》1933 年 4 月 14 日。陈赓夫人傅涯说宋庆龄、杨杏佛带着新闻记者"到狱中探视罗登贤、廖承志和陈赓等同志"。张珏说 1979 年 5 月宋庆龄在审阅《中国民权保障同盟》一稿时，嘱加上"去监狱探望陈赓时，宋庆龄为共产党秘密传给他一张字条"。但廖承志在《我的缧绁生涯》一文中并未提及此事，其中提到宋庆龄营救之事的表述为："这样过了一个星期，英特务三番五次地讯问我，我照例是那几句。最后老特务（他像一个白俄）打了我几拳说：'早料到从孙逸仙夫人的朋友口里是得不出任何东西的！'我听后明白，孙夫人也在展开营救活动了。"由此可见，宋庆龄探视陈赓应该是在南京监狱中。（傅涯：《良师益友，革命情深——深切悼念宋庆龄同志》，《解放军报》1981 年 6 月 3 日；张珏：《"老年人"回忆宋庆龄》，《回忆宋庆龄》，第 695 页；廖承志：《我的缧绁生涯》，《廖承志文集》下卷，第 443 页。）

手中，没有蒋介石的许可，他也无能为力。26日，中国民权保障同盟中央执委会决定聘请唐鸣时律师赴南京，营救罗登贤等人。但是，在党高于国的年代，宋庆龄等人的努力注定难以成功。值得庆幸的是，5月，陈赓在其他同志的协助下成功逃出，幸免于难。

## 第三节　力促国民党联共抗日

随着日本帝国主义加快侵略中国的步伐，中国共产党提出了全民族共同抗战的主张，得到了宋庆龄和何香凝的拥护和支持。她们积极响应中共历次提出的关于全民族团结抗战的重要宣言，通过各种途径敦促国民党当局停止内战，放弃反共的政策，释放一切政治犯，进而在共同抗日的基础上实现第二次国共合作。宋庆龄利用自己特殊的身份，帮助国共两党高层建立起沟通的渠道，推动两党走向和解。她与何香凝采纳中共中央的建议，以国民党左派的身份，在国民党内部推动恢复三大政策，为抗日民族统一战线的形成作出努力。

1933年1月，中华苏维埃临时中央政府与工农红军革命军事委员会发表宣言，提出停止进攻苏维埃区域、立即保证民众的民主权利和立即武装民众创立武装的义勇军，以保卫中国及争取中国的独立统一与领土的完整三项主张，表示愿在上述三条件下与全国各军队共同抗日。国民党当局顽固坚持围剿苏区的政策，对中共的主张不予回应。宋庆龄则积极响应宣言，与中共党组织密切合作，共同组织和领导抗日救亡团体国民御侮自救会。1933年3月8日，国民御侮自救会在上海召开筹备大会，有30余个工人、学生、作家、商人和知识分子团体参加。宋庆龄担任会长，中共江苏省委在御侮会建立党团，与省委书记章汉夫单线联系。在御侮会筹备大会的演说中，宋庆龄在中共三条件的基础上提出了共同抗战的四项主张，即："（一）全国军队至少百分之八十以上，配以适当的军械与飞机，应开赴去抵抗日本帝国主义，收复满洲、热河，保卫中国；（二）人民应全部武装，组织人民自卫团；（三）人民的民权（言论出版自由、集会结社自由等）立即恢复，革命份子的监禁、酷刑与杀戮应立即废止；（四）停止向中国苏维埃区域的进攻。"研究者认为："当时红军正受到反革命'围剿'，共产党的声音受到了严密封锁。宋当时公开宣传共产党的重要声明具有重大意义。"①

宋庆龄积极参加御侮会的工作。在她的支持下，3月18日中国民权保障同盟上海分会经会员大会表决，作为团体会员加入国民御侮自救会，壮大了御侮会的力量。②她还委托民权保障同盟沈钧儒等人，通过法律途径积极营救被租界巡捕房逮捕的御侮会成员。但是，受当时中共中央"左"倾路线的影响，御侮会在工作中采取了很多激进的错误做法。宋庆龄无力纠正错误决策，加之该会实际由中共主持的内幕被国民党侦知，导致她十分被动，被迫于4月23日公开辞去主席职务。5月2日，御侮会总会和分会也被国民党当局查封。③

1934年4月17日，日本政府发表的"天羽声明"暴露出其企图强占全中国的野心。为此，中共中央提出了《抗日救国六大纲领》，宋庆龄、何香凝等发起声势浩大的签名运动以响应中共中央的号召。20日，她们以《中国人民对日作战的基本纲领》为题公布《抗日救国六大纲领》，动员社会各界参与签名。《中国人民对日作战的基本纲领》提出的六项主张是：全体武装总动员；全国人民总动员；全体人民总武装；采取没收日本帝国主义在华财产等五项措施解决抗日经费；成立工、农、兵、学、商代表选举出来的全中国民族武装自卫委员会，同时设立地方分会和下层组织；联合日本帝国主义的一切敌人作友军，同时与一切对中国人民武装抗日同情援助或守善意中立的国家和民族建立友谊的关系。④

宋庆龄与中共密切配合，进一步落实《纲领》的主张。5月3日，中华全国总工会、中国反帝反法西斯同盟、上海工团联合会等团体在上海发起成立中华民族武装自卫委员会筹备委员会（以下简称"武卫会"）。宋庆龄被选举为主席，中共在武卫会设立党团。在宋庆龄的主持下，武卫会

---

① 尚明轩主编：《宋庆龄年谱长编》（上卷），第276页。《宣言》全称为《中华苏维埃临时中央政府、工农红军革命军事委员会宣言》，提出的三条主张为：（一）立即停止进攻苏维埃区域；（二）立即保证民众的民主权利（集会、结社、言论、罢工、出版之自由等）；（三）立即武装民众创立武装的义勇军，以保卫中国及争取中国的独立统一与领土的完整。发表时间有1933年1月10日、1月17日等不同版本。（薛宗耀：《"共同抗日三条件宣言"简称为"一一七宣言"不妥》，《党史文苑》2011年第10期。）

② 尚明轩主编：《宋庆龄年谱长编》（上卷），第275—276页。

③ 《国民御侮会正副主席宋庆龄、吴迈辞职》，《申报》1933年4月24日。

④ 《中国人民对日作战的基本纲领》，《宋庆龄选集》（上卷），人民出版社1992年版，第142—143页。

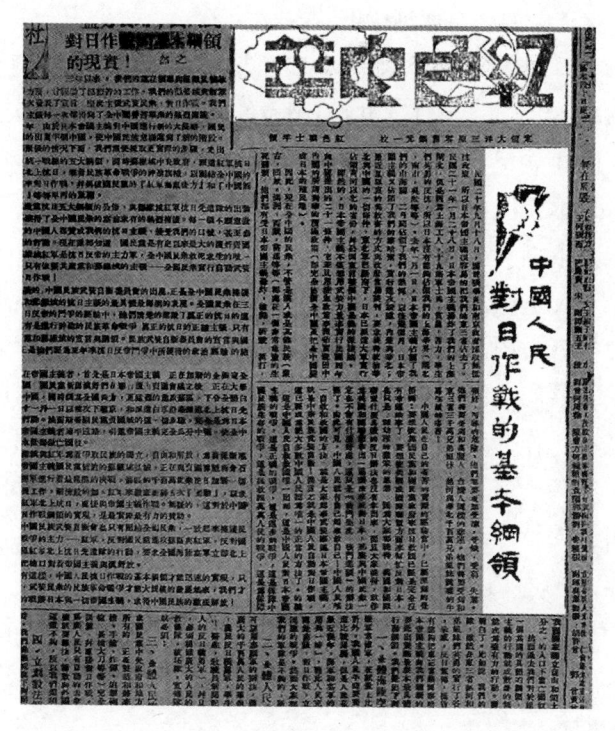

1934年4月,《红色中华》刊载的《中国人民对日作战的基本纲领》

筹备委员会第一次会议首先通过了《中国人民对日作战的基本纲领》。6月,宋庆龄、何香凝、白云梯三人署名"发起人",王克群、李达、王铁民等1779人署名"赞成人",再次发表《中国人民对日作战的基本纲领》。① 胡汉民等国民党元老也参加签名,后来签名总人数达10万人。7月12日,宋庆龄领衔发表《中华民族武装自卫筹备委员会宣言》,公开号召设立中国人民武装自卫委员会,"由工农商学兵等选出作为反日运动的中央领导机关,赋予解决一切抗日问题的权力"。8月1日,武卫会正式成立,宋庆龄继续担任主席。武卫会总会前后共召开过三次会议,宋庆龄均亲自出席主持。成立后不久,武卫会就开始遭受国民党的迫害。国民党特务封锁和监视了宋庆龄的住所,武卫会会议无法正常召开,中共党团只能通过间接关系与她联络。10月以后,上海中共党组织连续遭受破坏,

---

① 中国民族武装自卫委员会筹备会:《中国人民对日作战的基本纲领》,中国民族武装自卫委员会龙岩县筹备处1936年1月翻印。(廖仲恺何香凝纪念馆藏复印件)

中共党团与宋庆龄的联系逐渐中断。①

　　1935年，宋庆龄、何香凝等人又发起了签名响应《为抗日救国告全体同胞书》的活动。8月，共产国际在莫斯科召开第七次代表大会，号召各国人民建立反帝国主义、反法西斯的国际统一战线，赞同中共建立一个反对日本帝国主义及其中国代理人的广泛的统一战线。中共驻共产国际代表团根据大会精神和国内形势，起草了《为抗日救国告全体同胞书》（即"八一宣言"），号召建立抗日民族统一战线，建议："由一切愿意参加抗日救国的各党派、各团体、各名流学者、政治家及一切地方军政机关，共同组织国防政府；同时建立一支由一切愿意抗日的军队组成抗日联军，作为建立抗日民族统一战线的具体办法。""八一宣言"发表后，宋庆龄、何香凝与柳亚子、经亨颐、陈树人、于右任、孙科等人率先签名，支持停止内战，一致抗日。② 1935年10月10日，何香凝发表《双十节的回忆与展望》一文，呼吁国民党当局放弃"攘外安内"欺骗民众的口号，释放政治犯，联合各党派共同抗日，"无论其为何党派，只要彼等站在民族国家的立场，有抵抗帝国主义的决心者，一律予以共同奋斗的机会"。③

　　宋庆龄为沟通国共两党关系，促进国共谈判发挥了特殊的作用。国民党从1935年年底开始，通过国内、国外不同渠道与中共接触，商讨恢复谈判事宜。国外渠道由国民政府驻苏武官邓文仪与中共驻共产国际代表潘汉年联系；国内渠道主要由宋子文主持，由国民政府铁道部次长曾养甫通过谌小岑与中共北平市委周小舟、上海地下党等联系。国内渠道的谈判由于信息需自下而上层层上传，致沟通不畅，进展缓慢。1936年1月，宋子文转而请求宋庆龄设法与中共领导核心联系。宋子文向宋庆龄转达了蒋介石的意思："（一）不进攻红军；（二）一致抗日；（三）释放政治犯；（四）武装民众；（五）倾蒋尚有款"。宋庆龄欣然答应传递消息，她找到上海中共地下党员董健吾，着其送一要件到陕北面呈中共中央领导人。

　　因前往延安的交通不畅，董健吾滞留西安40余天，2月27日才由

---

① 尚明轩主编：《宋庆龄年谱长编》（上卷），第297—299页。
② 同上书，第304页。
③ 何香凝：《双十节的回忆与展望》，《妇女生活》1936年第2卷第1期。

张学良派飞机将他送到延安。3月4日，洛甫（即张闻天）、毛泽东、彭德怀联名致电董健吾，表示中共"为联合全国力量抗日救国，愿与南京当局开始具体实际之谈判"，并提出五项条件："（一）停止一切内战，全国武装不分红白，一致抗日；（二）组织国防政府与抗日联军；（三）容许全国红军主力迅速集中河北，首先抵御日寇迈进；（四）释放政治犯，容许人民政治自由；（五）内政与经济上实行初步的与必要的改革。"董健吾带着中共中央的意见以及毛泽东个人对宋子文的致意返回上海，向宋庆龄复命。①9月18日，毛泽东委派潘汉年携带亲笔信及《中国共产党致中国国民党书》，到上海拜会宋庆龄。信中提出：希望宋庆龄"利用国民党中委之资格作具体实际之活动"，以"唤醒国民党中枢诸负责人员，觉悟于亡国之可怕与民意之不侮，迅速改变其错误政策"；请求宋庆龄以中共致国民党书为参考，与潘汉年"商酌公开活动之办法"，并请她介绍潘汉年与吴稚晖、孔祥熙、宋子文、李石曾、蔡元培、孙科等国民党高层会谈。②

潘汉年当时的主要任务之一是发动国民党实力派要求蒋介石立即停战抗日，他想借国民党五届三中全会召开的机会促成国民党改变政策。于是，他草拟了《恢复三大政策的提议》给宋庆龄、何香凝、孙科，请他们运动国民党实力派签名连署。10月20日起，宋庆龄、何香凝开始征集签名，她们与孙科率先在提案上签名。她们联名书写函件，派人持函及提案拜访张静江、吴稚晖、李石曾等人。李石曾对提案主张有保留之处，但仍签名。张静江也签名连署，吴稚晖则未签名。函件除个别字词不同外，内容基本相同。兹录致吴稚晖函如下：③

稚晖先生大鉴：

庆龄、香凝等于日前接到共产党中央委员会致国民党及国民党

---

① 尚明轩主编：《宋庆龄年谱长编》（上卷），第307—309页。
② 《致宋庆龄》（1936年9月18日），载《毛泽东书信选集》，人民出版社1983年版，第61—62页。
③ 台北中国国民党党史馆藏"李煜瀛致宋庆龄何香凝函"，档案号"吴稚晖档案07741"，转引自民革上海市委理论研究工作委员会《宋庆龄、何香凝等向国民党五届三中全会提议讨论恢复三大政策案始末》，《何香凝生平事迹研讨会论文集》（2012年7月，广州）（未刊）；"致张静江函"影印原件藏浙江湖州张静江故居。

员邮件一封,想先生亦已得接同样邮件矣。兹送上庆龄、香凝等所草就函件一通,奉知先生一向遵守先总理临终遗嘱,想必能赞同而一致签名,现除先生外已有多人答允签名,不过欲先得尊名领衔耳。

　　谨此,敬颂
　　大安。

宋庆龄　何香凝<br>十月廿日

　　何香凝为征集签名倾注心力,1936年11月,她借赴南京举办救伤救国书画展览会之机在南京征集签名。在何香凝的运作下,冯玉祥签名连署并加入到征集活动中。11月7日,他陪同何香凝前往张继家征集签名。在张继家,冯玉祥看到何香凝与张夫人崔振华谈话时热泪盈眶。张继当时在提案书上签名,但因不赞成"容共",事后反悔,退出了签名。16日,李烈钧在冯玉祥带去的提案书上签名。① 经过宋庆龄、何香凝、冯玉祥等人的努力,最终参与提案连署的有14人,分别是:宋庆龄、何香凝、冯玉祥、张人杰、李石曾、孙科、鹿钟麟、石瑛、张知本、李烈钧、经亨颐、梁寒操、石敬亭、朱霁青。参与连署的人包括"西山会议派"与其他曾经赞同分共、反共的人,出乎很多人的意外。廖承志在致何香凝函中就提道:"你给三中全会的通电和提案都看到了,确实,签字人中许多名字是出乎我意料之外的。但是如柳亚子先生为什么反而没有名字呢?"②

　　提案书的内容经过两次修改,第一次是在西安事变后,加入了:"团结御侮已成国人一致之要求。最近西安事变,尤足证实此点。"③ 1937年2月12日,在五届三中全会召开前,宋庆龄和何香凝一起将提案《提议为外患日急请讨论扩大总理三大政策团结御侮案》,面交正在

---

　　① 以上参见《冯玉祥日记》相关部分,转引自民革上海市委会理论研究工作委员会《宋庆龄、何香凝等向国民党五届三中全会提议讨论恢复三大政策案始末》。
　　② 廖承志:《致何香凝》,《廖承志文集》(下卷),第705页。
　　③ 民革上海市委理论研究工作委员会:《宋庆龄、何香凝等向国民党五届三中全会提议讨论恢复三大政策案始末》。

上海治疗脊骨跌伤的蒋介石。同日，张闻天、毛泽东致电周恩来转告潘汉年，"三中全会孙夫人等左派不可太突出"，"蒋不能采纳者则不提"。为此，2月14日，宋庆龄与何香凝亲赴南京访张知本，嘱咐张将二人分别致冯玉祥函交给冯，要求冯修改提案："将总理三大政策改为扩大三政策"，"把联俄改为联俄、法、英、美"，"联共改为联各党各派"，"扶助工农政策改为扶助工农、工商各行业之政策"。冯玉祥改好后，以自己的名义提交三中全会。但宋庆龄、何香凝等人的提案被"密交常会"，冯玉祥的提案未被印刷，也"不读全文"。①

宋庆龄、何香凝未出席三中全会。何香凝此时已没有列名国民党中央执行委员会，宋庆龄虽是中央执行委员会候补委员，但也不愿意出席。18日，宋庆龄在上海家中召开记者会，公开了提案全文，还把对冯玉祥的嘱托以致三中全会公开信的方式公布。《大美晚报》等5家外国报刊转载了提案和公开信，只有《新华晚报》和《大沪晚报》2家中国报纸转载了译文。《新中华报》1937年3月刊登的《宋庆龄等向三中全会提议讨论恢复总理三大政策案》，应该是潘汉年的起草件。② 此外，何香凝还与孙科、于右任、张知本、冯玉祥、李烈钧、薛笃弼共同发出"致三中全会书"，指出"若辈政治犯皆爱国之勇士，彼或因激于爱国热情，行为容有其涉越轨之处，然略迹原情，皆大有可蒙赦免之理由"，请求释放政治犯，但没有得到回应。③

和平解决"西安事变"是促成第二次国共合作的一个重要事件，宋庆龄在其中发挥了积极作用。1936年12月12日，张学良、杨虎城在西安发动兵谏，拘禁蒋介石，要求停止内战，一致抗日。宋庆龄、何香凝对蒋介石个人和国民党当局都深为反感，但她们在西安事变发生之初就认识到此事关系到抗战大局，主张和平解决事变，并为此准备一同赴西安劝说张学良释放蒋介石。胡子婴撰文回忆说：

---

① 以上参见《冯玉祥日记》相关部分，转引自上海市委会理论研究工作委员会《宋庆龄、何香凝等向国民党五届三中全会提议讨论恢复三大政策案始末》。

② 上海市委会理论研究工作委员会：《宋庆龄、何香凝等向国民党五届三中全会提议讨论恢复三大政策案始末》。尚明轩主编《宋庆龄年谱长编》载："2月18日，（宋庆龄）在国民党五届三中全会上发表《实行孙中山的遗嘱》的演说，进一步阐明所提出的《恢复孙中山手订联俄、联共、扶助农工三大政策案》。"与事实不符。

③ 《为请求释放政治犯事致三中全会书》，《集纳》第1卷第6期（1938年1月29日）。

12月13日，孙夫人叫我到她家去，把西安事件告诉了我，问我能否陪她到西安去。我好奇地问她："去做什么？"出乎我意料的回答是："我去劝说张学良释放蒋介石。"她看到我发愣，就婉转地给我解说：何应钦等亲日派唯恐中国不乱；蒋介石被杀，内战势必全面爆发，日军就可长驱直入，侵占全中国。我很快地省悟过来，决定立即随她去西安。（中略）……她要我陪她步行到辣斐德路辣斐坊，去约请何老太太（按：即何香凝）同行。何老太太患心脏病，经常卧病不起。一听这话，立即起床同意同行。①

宋庆龄请孙科安排去西安的飞机，但因遭亲日派阻挠，孙科没有找到飞机，因而她们最终没有成行。12月中旬，宋庆龄亲自用英文拟定就"西安事变"的声明，表达了对"西安事变"将引发新的内战的忧虑，号召所有中国公民尽最大努力去阻止内战的发生。《宣言》写道：

无论张学良的动机是什么，所有爱国的中国人都会认为这是一次不幸的事件，因为它又将国家引入内战的危险之中，而内战将导致更深重的民族灾难，同时也给日本的入侵提供了便利。

一些孤立的活动，如拘禁、监禁、暗杀都不能解决根本问题，镇压大众的呼声和在另外一条战线上展开更大规模的内战只会把中国引向毁灭。中国目前正处于这样一个危急关头，她已不能在另一场法西斯内战中损失她的工人、农民、战士、市民和元帅。因为在反对日本帝国主义的战争中，更需要他们。

内战必须停止！这是我一贯的立场。面临日本入侵我国国门的危急时刻，个人的不同政见都必须放弃！②

宣言文稿上注明"立即发"，但在当时的主要报刊中并未查到相关报道，因此极有可能并未发表。从文稿内容可以看出，宋庆龄对和平解决"西安事变"的意义有着深刻的认识。当时，宋美龄也找到姐姐宋

---

① 胡子婴：《回忆宋庆龄同志二三事》，《人民日报》1981年6月5日。
② 原件藏上海宋庆龄故居纪念馆，转引自盛永华主编《宋庆龄年谱》（上卷），广东人民出版社2006年版，第574—575页。

庆龄，恳请她与中共代表联系，希望她帮忙了解中共对"西安事变"的态度和动向，并出面斡旋，以保证蒋介石的生命安全。宋庆龄与中共中央驻上海的代表潘汉年联系，潘汉年将中共中央关于和平解决"西安事变"的方针和已决定派周恩来等代表到西安协商谈判的消息告诉了她，并建议她劝宋子文、宋美龄等前往西安与张、杨及中共代表团共同商谈，谋求事变的和平解决。宋庆龄将中共方面的意思转告了宋美龄，并介绍潘汉年亲赴南京与宋子文、宋美龄面谈。宋子文、宋美龄后来突破何应钦等人的阻挠前往西安，对促成蒋介石的态度转变发挥了重要作用。

12月24日，经过周恩来与张学良、杨虎城及宋子文、宋美龄三方的艰苦谈判，蒋介石接受了周恩来提出的六项条件：双方停战；改组南京政府；释放政治犯；停止"剿共"，联合红军抗日，共产党公开活动；召开各党派各界各军的救国会议；与同情抗日的国家合作。在改组政府的问题上，中共推宋庆龄、杜重远、沈钧儒、章乃器等人入行政院。关于释放政治犯问题，蒋介石允诺返抵南京后释放爱国领袖，宋子文答应一切政治犯分批释放，至于应该如何进行则要"与孙夫人协商办法"。至此，西安事变和平解决。此后，国共谈判的进程加快，全面抗战爆发后，蒋介石宣布将中共领导的红军改编为八路军和新四军，实现第二次国共合作，抗日民族统一战线正式形成，为抗日战争的胜利奠定了基础。

## 第四节　领导抗日救亡运动

"九一八"事变以后，日本军国主义加快了侵略中国的步伐，占领中国的东北三省后，日军的侵略矛头指向长城沿线。中华民族面临生死存亡的紧要关头，但国民党当局仍然奉行所谓的"攘外必先安内"的政策，以尚未做好抗战准备为借口，对日绥靖，对内镇压中共等进步力量。在这种情形下，民间自发兴起了抗日救亡运动，随着国患日深，这股运动的声势也愈加强烈。上海是全国抗日救亡运动的中心之一，宋庆龄、何香凝是抗日救亡运动的倡导者、组织者和指导者，同时也是领导爱国团体反抗国民党当局压迫的领袖。她们充分利用个人威望，在国民党当局压制抗日言论的背景下公开号召抗日救亡，动员包括民族工商业者、中产阶层、劳工阶层乃至贵妇阶层在内的团体和个人，加入到抗日救亡运动中，为抗日救亡运动的发展发挥了独特的作用。

组织和领导妇女爱国运动，是何香凝和宋庆龄领导抗日救亡运动的一个重要方面。何香凝、宋庆龄是国民革命时期妇女运动的领袖，20世纪30年代她们虽未拥有官方或半官方的妇女领袖身份，但仍在女界拥有他人无可比拟的影响力，是社会公认的女界领袖。1934年，上海《女声》杂志举行了中国女伟人的评选，选出中国历史上和近代的"女伟人"各五名，宋庆龄、何香凝均入选"近代女伟人"。1932年1月13日，石砠磊等200余人在北平组织妇女救国同盟会，决定派遣代表张浣英南下上海，邀请何香凝北上主持妇女救国运动。26日，张浣英在上海拜访何香凝，"详陈该会站在国民的立场上，为救国而组织，其任务一方反抗外侮，一方监督政府"，恳请何香凝出为领导。何香凝"对该会极表同情，并指示救国工作应实事求是，目前主要工作厥为宣传、救伤、训练、教育等"，答应对此予以尽力支持。① 何香凝虽未北上领导北平的妇女救国运动，但从这一件事可以看出何香凝在女界救亡运动中的地位。

上海妇女救国联合会的成立是上海女界救亡运动进入到一个新阶段的标志。1935年五六月间，日本侵略者以武力相威胁，在天津和河北等地制造事端，逼迫国民政府签订了"何梅协定"和"秦土协定"。之后，又策动所谓的华北五省"防共自治运动"，策划成立傀儡政权，意图全面侵略华北。12月6日，传出将在12月9日成立"冀察政务委员会"的消息，引起北平学生和各界进步人士的强烈愤慨。在中共北平临时工委的领导下，12月9日，北平学生举行了声势浩大的抗日游行示威，但遭国民党军警的血腥镇压，是为"一二·九"运动。此后，全国各地的学生和各界民众发起了营救北平学生的运动。为整合女界救国力量，上海中华妇女同盟会、妇女生活社、妇女园地社、妇女大众社、妇女文化协会、妇女新地社、微明社等妇女团体筹备组织上海妇女救国联合会。12

---

① 《妇女救国会代表南下》，《申报》1932年1月14日；《何香凝接见张浣英》，《申报》1932年1月27日。

21日，筹备大会召开，100多个团体的1000余名代表出席，参加者大半为大中学校女生和女校学生，以及一些女教员、机关女职员、女医生、女护士、女律师、女工人、家庭妇女等。何香凝应邀发表演讲，演讲的主旨是号召妇女奋起救国，在演讲的结尾她呼吁大家："我们要奋起精神，我们要武装起来，我们不再做奴隶了，不再做生男育女的性机器。我们是要与男子一样的负起重大的责任，争取民族生存，同到战场去。"在大会讨论阶段，何香凝提出要组织换衫团，号召女性穿上军服上战场，组织女义勇军，获得热烈的掌声。①《申报》报道："何女士缘年迈体弱，拄杖上台，但情绪奋激，演词沉痛，全场为之感动，甚有泣下者。"② 大会通过草章宣言，选出史良等11人为理事。23日，上海妇女救国联合会理事会会议议决组织募捐委员会和救护委员会，并推举何香凝等5人为救护委员会委员。③ 由于何香凝年事已高且患有严重的心脏病，因此她主要居于指导者的地位，并未负责实际工作。

其后，各职业团体组织的救国会也相继成立。12月27日，上海文化界救国会召开成立大会，推选马相伯、沈钧儒、史良等35人为执行委员。接着，周新民、潘大逵、张大夫等发起成立了大学教授救国会，复旦大学等一些大中学校也成立了学生救国会。为统一力量，各救国团体积极谋求联合。1936年1月28日，上海各界民众和团体代表在上海市商会大礼堂召开"一·二八"四周年纪念会，到会代表800人，何香凝与马相伯、史良、沈钧儒等19人被公推为主席团成员。④ 在这次大会上，上海各界救国联合会正式成立，当场选出30名理事。此外，还议决：（1）筹备全国各界救国联合会，动员各社团、工会分子加入救国会；（2）援助被捕爱国分子；（3）抗议公共租界巡捕越界在曹家渡捕人，干涉救国运动。⑤ 上海各界救国联合会的倡议得到了其他省市救国团体的积极响应，经过两个月的筹备，5月31日至6月1日，来自18个省市60余个团体的代表在上海召开了全国各界救国联合会（以下简

---

① 伊素：《上海妇女救国联合会会场印象记》，《妇女生活》1936年第2卷第1期。
② 《妇女奋起救国》，《申报》1935年12月22日。
③ 《妇女救联会昨议决组织募捐及救护会》，《申报》1935年12月25日。
④ 周天度：《救国会史略》，载周天度、孙彩霞编《救国会史料集》，中央编译出版社2006年版，第3—4页。
⑤ 《救国时报》1936年3月27日，转引自《救国会史料集》，第80页。

称"全救会")成立大会。会议通过了联合会章程和《全国各界救国联合会成立大会宣言》《抗日救国初步政治纲领》,选举产生了执行委员、常务委员和候补执行委员。宋庆龄、何香凝虽未与会,但仍与马相伯、邹韬奋等40余人被选举为执行委员。① 全救会成立不久,吸引了各阶层各党派的人参加,1936年4月下旬,冯雪峰受中共中央委派与沈钧儒、章乃器等人建立了联系,7月中共中央上海办事处成立后,救国会与中共建立了正式的组织上的关系。②

"全救会"的日常工作由沈钧儒、章乃器、李公朴、史良、沙千里、王造时、陶行知、孙晓村、曹孟君、何伟、何思敬等14名常务委员负责,宋庆龄和何香凝起初没有参与日常事务,但她们的崇高威望无疑可以壮大"全救会"的声势,从而推动全国救国运动的发展。史良后来称赞宋庆龄道:"她是救国会的坚决支持者,在这个意义上可以说是救国会的中流砥柱。"③ 在"全救会"的工作遭到国民党当局干扰和压迫时,宋庆龄、何香凝的中流砥柱的作用就愈加凸显。"全救会"刚成立,上海市长吴铁城就不断威胁要逮捕"全救会"领袖,解散救国会。6月5日,宋庆龄特地致函救国会领袖表示支持,信中说:"我们非常欣慰,签名于这救国会的纲领和宣言之后,我充分支持这个纲领和宣言。"④ 9月中旬,国民党上海市党部在报纸上刊登严禁借名募捐通令,其中指责各界救国联合会为"未经党政机关许可之非法团体""反动分子之集团",污蔑其"藉救国为名敛钱肥己"。10月中旬,宋庆龄、何香凝、马相伯3名执委与沈钧儒、章乃器、王造时、李公朴、史良5名常委联名发表启事,驳斥国民党上海市党部的无理攻击,并以自己的信誉为"全救会"的活动担保,表示:"对于救国阵线,或身居指导,或直接负责,曾否敛钱肥己,想为国人所共谅。"⑤

---

① 《全国各界救国联合会成立大会纪详》,《救亡情报》第6期,转引自《救国会史料集》,第95—96页。
② 周天度:《救国会史略》,载周天度、孙彩霞编《救国会史料集》,第4页。
③ 史良:《人民的事业必胜——沉痛悼念尊敬的宋庆龄同志》,上海市孙中山宋庆龄文物管理委员会、上海市宋庆龄研究会编:《回忆宋庆龄》,第18—23页。
④ 《宋庆龄致救国阵线领袖函》,《救亡情报》第6期(1936年6月14日),转引自《救国会史料集》,第248—249页。
⑤ 《马相伯、宋庆龄等更正国民党上海市党部污蔑救国会之通令启事》,《救亡情报》第22期(1936年10月18日)。

在"全救会"的指导和影响下,各地纷纷建立救国组织,抗日救亡运动广泛开展,因此招致了日本方面和懦弱、反动的国民党当局的更大压迫。1936年11月23日凌晨,国民党当局以非法组织救国会,"托名救国,肆意造谣……勾结'赤匪',妄倡人民阵线,煽动阶级斗争,更主张推翻国民政府"等罪名,在上海逮捕了沈钧儒、章乃器、邹韬奋、李公朴、沙千里、王造时、史良七人。① "七君子事件"发生后,宋庆龄、何香凝等人没有退却,反而挺身而出,展开营救"七君子"的斗争,并指导"全救会"在困境中积极开展工作。据当时负责编辑"全救会"机关报《救亡情报》的吴大琨回忆:

>七君子被捕后,《救亡情报》的公开通讯地址,也只能改为"上海莫利爱路29号",即宋庆龄同志的寓所。宋庆龄同志收到全国各地来信、来稿后,就通过美国的格兰尼奇[当时上海《中国呼声》即(The Voice of China)的主编]派人送给我。我有什么要向宋庆龄同志请示、汇报的信件,也由格兰尼奇转交。这样,在"七君子"被捕后,救国会的工作非但没有停顿,反而较前更加积极地开展起来。这是当时宋庆龄同志不畏强暴,挺身而出,积极领导的结果。②

在开展营救"七君子"的斗争中,宋庆龄与何香凝展现出了高度的互信。营救文电、宣言、书面谈话大都由宋庆龄、何香凝、马相伯联名发表,其中很多署名事先并未征求何香凝的意见,而是由宋庆龄代为作主,但何香凝无不予以赞同。"七君子"被捕当天,《救亡情报》发表由宋庆龄、何香凝、马相伯署名的"全救会"《告全国人民书》,就是由吴大琨草拟,经宋庆龄同意后直接发表的。③ 1936年11月23日,宋庆龄致函冯玉祥,希望他能迅电蒋介石立即释放"七君子",并表示"如须廖夫人及庆龄联名加入发电时,即将名加入可也"。④ 1937年6

---

① 周天度:《救国会史略》,载周天度、孙彩霞编《救国会史料集》,第13页。
② 吴大琨:《在宋庆龄同志领导下工作》,《中国财贸报》1981年5月26日。
③ 同上。
④ 《宋庆龄、冯玉祥等营救"七君子"函电》,《民国档案》1985年第2期。

月，宋庆龄发表《救国入狱运动宣言》时，何香凝虽有署名，然事前并未与闻，但事后得知也表示支持。①

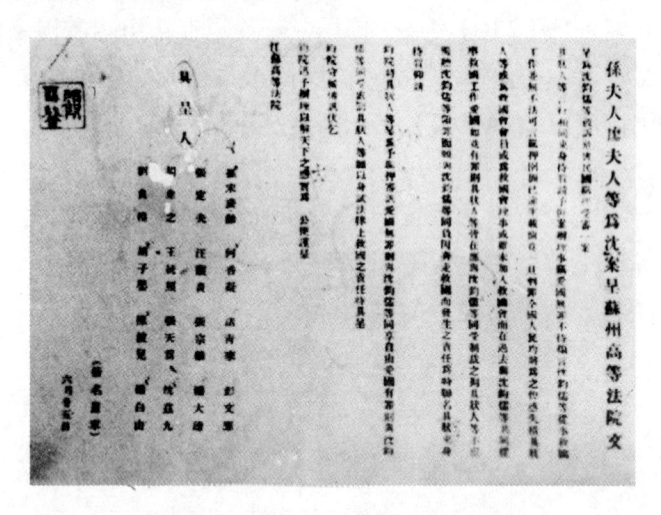

**宋庆龄、何香凝等签署的请愿入狱书**

"七君子"事件发生后，宋庆龄一方面通过冯玉祥、孙科等人在国民党内部活动，试图争取蒋介石同意释放"七君子"；另一方面则通过发表公开宣言，宣示立场，号召社会各界起来营救，给国民党当局施加舆论压力。在上述努力失败后，1937年6月，宋庆龄发起救国入狱运动，她与何香凝等15人向上海新闻界发表书面谈话，号召大家都"递状到法院请求与七位先生（按，指七君子）并案办理"。《谈话》指出：发起救国入狱运动并不仅仅为了营救"七君子"，而是因为"这是一种和平的合法的救国运动方式，是最适合目前的需要"，"这一个办法，可以使大家认识救国运动并不是什么可怕或不合理的事情，而倒是大家都必须参加的工作"。② 25日，宋庆龄与何香凝、胡愈之等16人作为发起人，将有签名盖章的《为沈案呈苏州高等法院文》交给苏州高等法院，表示曾与沈钧儒等人共同从事救国工作，"愿以身试法律上救国之责任"，"爱国无罪，则与沈钧儒等同享自由；爱国有罪，则与沈钧儒

---

① 何香凝：《致宋子文、孙科函》，尚明轩、余炎光编：《双清文集》（下卷），第224—226页。
② 《宋庆龄女士等向上海新闻界的书面谈话》（1937年6月下旬），《救国无罪》第130—136页，转引自《救国会史略》，第430—433页。

等同受处罚"。① 7月5日，宋庆龄等人带着衣物到达苏州高等法院，要求入狱同服"爱国罪"。何香凝因卧病在床，并未随同行动，但她于此前一天致函宋子文、孙科，表示自愿入狱"全系良心驱使"，自己曾答允孙中山爱护宋庆龄，如果宋庆龄入狱，自己"决偕行"，希望他们劝告蒋介石释放"七君子"。② 法院方面不敢将宋庆龄等收监，只得答应宋庆龄等人入狱探视"七君子"，以换取宋庆龄等人离开。救国入狱运动赢得了舆论的支持，有力地打击了国民党当局。与此同时，中共方面也同国民党交涉，要求释放"七君子"。7月7日，"卢沟桥事变"爆发，蒋介石表态要守土抗战，形势发生改变，国民党当局同意有条件地保释"七君子"。7月31日，沈钧儒等人被保释。8月1日，"七君子"回到上海，何香凝特派胡兰畦为代表前往迎接。③

何香凝为筹备"救伤救国书画展览会"而奋笔挥毫

---

① 《宋庆龄等为沈案呈苏州高等法院文》（1937年6月25日），《救国无罪》第338—339页，转引自《救国会史略》，第428—429页。
② 何香凝：《致宋子文、孙科函》，尚明轩、余炎光编：《双清文集》（下卷），第224—226页。
③ 《沈钧儒等保释出狱详纪》，《救国无罪》第186—190页，转引自《救国会史略》，第443—445页。

除参加上海妇女救国会和"全救会"的活动外，何香凝自己仍继续筹款救济前线将士的工作。1936年11月19日至28日，她在南京举办救伤救国书画展览会，展销所征集的名流书画作品和自己的画作。共有10万多人参观，"展览结果，至为圆满"。展览开办前，何香凝向外界说明展览的目的是筹措救济前线将士的资金。在南京妇女界欢迎会上演说时，她动情地表示："本人不文不武，只是一画家，无能力为前方将士慰劳，唯有多费手头工夫将书画换来之金钱汇至前方，聊示慰劳。"正当书画展览会举办之际，传来绥远前线收复白（百）灵庙的消息，何香凝当即决定"于售款中提出数千元赶制丝棉背心，运往前方，备武装同志御寒，同时并制毛巾五千条亦运赠前方将士应用，藉资激励"。①"七七事变"爆发后，何香凝又定购大量印有"努力杀贼，雪我国耻"字样的手巾和扇子，以及大批救急药品、药棉等，分批送往二十九军驻沪办事处转交前方将士。②

1937年7月22日，何香凝和宋庆龄在何香凝寓所发起成立中国妇女抗敌后援会。何香凝任主席理事，宋庆龄被推选为理事，王孝英、罗叔章、沈兹九、胡兰畦等20人为常务理事；宋霭龄、于凤至、孙科夫人、蔡元培夫人等数十名党政高层的夫人也被推为理事；并邀请各大公司、各大药房经理夫人及各医师之夫人、男女护士入会。廖梦醒也在何香凝身边担任繁重的工作。中国妇女抗敌后援会以"号召妇女团结抗敌以及战时负救护慰劳救济工作"为宗旨，吸收团体和个人加入，设总务、救护、慰劳、征募四组，拟举办的工作范围广泛，"举凡关于前方救护慰劳，甚至将士信件等之代办，亦均已包括在内"。后援会发表《告全国妇女书》，分电各省妇女界，希望在全国各地组织分会。③ 24日，何香凝在后援会首次常委会上提议响应蒋介石的救国主张，通电恳请宋美龄领导南京妇女成立抗敌后援会，通电各省政府主席夫人发动该

---

① 《冯夫人欢宴何香凝》，《申报》1936年11月15日；《京妇女界欢宴何香凝》，《申报》1936年11月20日；《何香凝书画展开幕》，《申报》1936年11月29日。

② 《何香凝患肠炎》，《申报》1937年7月14日；《何香凝购品赠慰将士》，《申报》1937年7月18日；《何香凝宋庆龄等筹组妇女援助抗战团体》，《申报》1937年7月22日。

③ 《中国妇女抗敌后援会规程》、《中国妇女抗敌后援会宣言》、《中国妇女抗敌后援会常务理事名单》（廖仲恺何香凝纪念馆藏复印件）；《何香凝宋庆龄等筹组妇女援助抗战团体》，《申报》1937年7月22日；《中国妇女后援会告妇女书》，《申报》1937年7月24日。

省妇女大众作抗敌后援会工作。① 8月1日,以宋美龄为主席的中国妇女慰劳自卫抗战将士总会成立,宋美龄致函何香凝建议在上海设分会。何香凝与宋庆龄为保持和扩大统一战线,立即提议并经理事会决议,于4日将后援会改为中国妇女慰劳自卫抗战将士总会上海分会,增加上海妇女生活改进社、上海妇女救国会、中国妇女社等18个团体为会员。②

上海"八一三"抗战期间,何香凝主持妇女慰劳会工作

"八一三抗战"开始后,何香凝、宋庆龄等积极谋划战地救护事宜。8月14日,何香凝主持召开总务救护临时大会,决定与红十字会联络办理战时救护事宜,派人向上海市政府接洽请其办理伤兵医院,将救护训练

---

① 《在妇女抗敌后援会首次常委会上的提议》,尚明轩、余炎光编:《双清文集》(下卷),第231页。
② 《本市两妇女团体扩大后援组织,响应蒋夫人组妇女慰劳总会》,《申报》1937年8月5日。

班增加至 15 个班,并尽力协助收容、救治难民和妇孺。① 宋庆龄指导开办救护训练班,在两个月内把 2000 余名女工、家庭妇女、女学生和童子军培训成临时护士,分派到前线和后方医院从事救护工作。② 在何香凝的主持下,上海分会源源不断地将食品、衣物和救护物资等运往前线,她还多次亲临前线或致电前线将领慰劳,极大地鼓舞了前方将士。据胡兰畦回忆:第十八军军长罗卓英致信何香凝,请求派一些女同志到前线为抗战服务。何香凝接到信后,派胡兰畦去征集同志,组织上海劳动妇女战地服务团。应征的全是上海的进步女工,她们是上海女青年会、女工补习学校的学生,其中有一半人是共青团员。这个服务团秉承何香凝的教导,在抗日战争的烽火线上整整服务了三年,是当时所有战地服务团中坚持最久的,也是在抗日统一战线中成绩最显著的。1938 年年底上海沦陷后,何香凝到了香港。1939 年,她还从香港用大木箱不断给上海劳动妇女战地服务团寄医药和医疗器械。③ 宋庆龄、何香凝积极响应国民政府的救国公债计划。8 月 23 日,宋庆龄被推举为救国公债劝募委员会常务委员,她与何香凝领导妇女慰劳会上海分会发起妇女献金运动购买公债。在她们的带领下,无数的普通老少妇女群起认购,一个月认购额就达 2.4 亿元,接近总额的一半。④ 此外,何香凝还向红十字会等慈善机构捐献医药物资,通过中国妇女抗敌后援总会等向北方将士捐献现金、衣物和医药物资,为其他地域的抗战贡献力量。

宋庆龄、何香凝还积极参与中共上海地下党领导的救亡运动。1937 年 7 月 28 日,上海地下党根据周恩来关于"要充分开展抗日民族统一战线的工作,以文化界为基础,搞好上层进步人士的统战工作"的指示精神,将原有救国会及其所属各文化团体扩大改组为上海文化界救亡协会(以下简称"文协")。在成立大会上,宋庆龄、何香凝等 10 人被推举为理事,后来陆续增加到 83 名理事,成员包括潘汉年、蔡元培等国共两党党员及中间人

---

① 《妇女会决增救护班》,《申报》1937 年 8 月 15 日。
② 《浦江女杰 民族之魂——"八一三"抗战中的宋庆龄》,《孙中山宋庆龄研究信息资料》2000 年第 4 期。
③ 胡兰畦:《回忆何香凝先生》,《回忆与怀念——纪念革命老人何香凝逝世十周年》,第 199 页。
④ 尚明轩:《何香凝传》,第 251—252 页。

士。① 宋庆龄、何香凝积极参加和支持"文协"的救亡工作。"八一三"抗战爆发后，"文协"发起募集20万双手套支援抗日将士的运动，何香凝与宋庆龄领导的妇女慰劳会上海分会率先响应，保证了任务的完成。宋庆龄把亲自募集到的490余元款项交给"文协"救护组。救护组慰劳队、救护队赴前线时，宋庆龄又自己出钱雇两辆卡车接送伤兵。②

  为争取国际友人对中国抗战的同情和支持，10月20日，宋庆龄在上海美商R.C.A广播电台发表面向美国各地观众的播音演说，题为"中国走向民主的途中"，呼吁美国人民孤立日本，援助中国抗战。③ 10月28日，她们共同筹备召开了中外妇女联合会议，委派廖梦醒、史良主持会议，出席的有美国妇女领袖史密司夫人、各国驻沪领事夫人以及中国女界著名人士300人。会议以各国妇女代表和上海妇女团体的名义致电国联妇女和平会会长及九国公约签字国代表，呼吁各国以切实的办法维护条约的尊严。④ 11月初，何香凝也以中国妇女慰劳上海分会主席的身份致电九国公约会议，谴责日本蔑视九国公约，破坏远东和平，要求该会立即决定对日实施经济及武力制裁，或其他集体惩罚，制止暴日侵略行为，以维护世界和平。⑤ 上述行动向国际社会传递了中国人民反抗侵略的正义呼声，有助于赢得舆论支持。

  由于实力悬殊，"八一三"上海抗战以失败告终。11月12日，国民党军队全部撤出上海，上海沦陷，仅剩英美租界和法租界尚未被占领，成为"孤岛"。中共中央前后两次致电宋庆龄，希望她撤离被日军包围的租界。12月23日，宋庆龄离开上海，于25日深夜抵达香港。⑥ 上海沦陷后，何香凝的寓所受日本特务监视，无法继续主持慰劳工作。她在将妇女慰劳会上海分会的公款存折留给许广平后，也于12月前往香港。⑦ 在香港，宋庆龄与何香凝继续投身抗日救亡运动。

---

① 《本市各界救亡会议》，《申报》1937年7月30日。
② 《浦江女杰，民族之魂——"八一三"抗战中的宋庆龄》，《孙中山宋庆龄研究信息资料》2000年第4期。
③ 《中国走向民主途中》，《申报》1937年10月21日。
④ 《旅沪各国妇女界一致声援我抗日》，《申报》1937年10月29日。
⑤ 《妇慰分会》，《申报》1937年11月4日。
⑥ 尚明轩主编：《宋庆龄年谱长编》（上卷），第349—350页。
⑦ 尚明轩：《何香凝传》，第253—254页。

# 第四章

# 齐聚香港　创办"保卫中国同盟"

## 第一节　齐聚香港

宋庆龄1937年12月26日到达香港时，何香凝已于11月底经中共党组织的安排，在女儿廖梦醒与李少石一家、未来儿媳经普椿等的陪同下抵达香港。廖承志则受中共中央的指派，到香港创办八路军驻香港办事处，1938年1月1日到达香港。由于何香凝、廖承志的关系和介绍，宋庆龄又认识了何香凝在香港华比银行任职副经理的侄女婿邓文钊和他的兄长邓文田，邓氏兄弟也大力支持宋庆龄开展工作，为她的抗日救亡活动提供了许多便利条件和重要的支持。就这样，宋庆龄和何香凝及其子女廖承志、廖梦醒、李少石、经普椿，以及侄女婿邓文钊、邓文田等齐聚香港，一起开始了四年并肩战斗、卓有成效的香江岁月。

原来，日军占领上海后，形势进一步紧张，国民党政府1937年11月20日发表宣言即日移驻重庆，以适应战况，统筹全局，长期抗战。宋庆龄为了更好地开展抗日救亡的工作，决定不随同国民党高官西撤重庆；而是接受中共中央的建议迁往香港。因为中共中央一直十分关注宋庆龄的安全，在上海成为"孤岛"的时候，建议她尽快离沪赴港，她表示"尊重毛主席、周副主席的意见"，同意由中共地下党员李云陪同移居香港。于是，宋庆龄于1937年12月23日清晨，由李云陪同，在新西兰友人路易·艾黎的掩护下，乘坐一艘开赴香港的法国邮轮，26日安抵香港。

上海沦陷后，法租界当局通过杜月笙施压要何香凝停止抗敌妇女慰劳会活动，开始何香凝并不理会，继续活动，可是杜月笙的手下就不断地前来骚扰、搞破坏，这样无法继续开展救亡工作，上海再也待不下去了。11月，在中共地下党组织的协助下，她在女儿廖梦醒一家、未来儿媳经普椿的陪同下转到香港。同船前往香港的还有梅兰芳、金仲华、金端苓等爱国文化人士。①

**1939年，何香凝与宋庆龄在香港留影**

七七卢沟桥事变后，驻南京、武汉等地的八路军办事处相继成立，主要工作是宣传中共的抗日主张，开展统一战线工作，推动群众性的抗日救亡运动，联络友军，采购与转运军需物资，接待中共来往人员，输送爱国人士参加八路军和新四军，掩护中共地方组织的活动，营救被捕的共产党人和进步人士等。

周恩来远见卓识，向中央建议在香港建立八路军办事处，以开展海外统一战线工作，向海外宣传中共的抗日主张，争取海外华侨和国际社会的同情与支援。因为香港是英国的租借地，当时日本尚未对英宣战，有着更为宽松的环境和更大的活动空间，而且那里云集了许多来自全国各地、各条战线的爱国民主人士、文化名人。许多爱国华侨和国际友人也往往经此赴内地参加中国人民的抗日战争，是个连接海内外的纽带和很合适的桥头堡。

周恩来向中共中央和毛泽东主席提议：派廖承志赴香港负责筹建八路军驻香港办事处。这个建议，立即得到了毛主席的赞同。延安，10月的一天晚上，毛主席把廖承志请到了他居住的窑洞，亲自跟他细谈这

---

① 李湄：《梦醒——回忆我的母亲廖梦醒》，第141页。

项重要任务，要求廖承志以自身独特的便利条件，大胆开展工作，在这个中国人民抗日战争面临生死存亡的关键时刻，抗战的物资极为缺少，急需发动海外的华侨捐献物资，必须向海外传播中国人民抗战的消息和中共的抗日主张，争取华侨和国际社会的同情和支援。毛泽东对他说：

"恩来很会选人，知人善任，我也举了手，这是中央的决定！小廖，统战工作很重要，政策性很强，你在国民党那边有许多朋友，你要团结左派，争取中间派，扩大统一战线，推动抗日救国运动。小廖，你到南京跟剑英同志先工作一段，熟悉熟悉'行情'，再到香港开分号！"①

廖承志接受了中共中央指定的任务。离开延安后，他先到国统区南京办事处工作，向叶剑英、李克农等学习，"见习"一下，经过武汉，12月底动身踏上赴港的新征程。廖承志怀着激动的心情正在期待着与母亲"取得胜利后的重逢"，或许正在思念着一直在他心里却不知如今身在何处的小姑娘"阿普"。1938年1月1日抵达香港，终于见到自1933年8月离开上海后一直未能见面的母亲和让她"等我两年"的经普椿，并与先期已在香港开展党的工作的姐姐廖梦醒、姐夫李少石会合。经过周恩来的布置，毛泽东的长谈，廖承志心里非常清楚自己到香港的重任：一是向海外宣传中国共产党和八路军、新四军的抗日主张；二是把海外华侨和各国朋友提供的支援物资送到各抗日根据地；三是随时搜集国际最新动态情况向中央报告。

1938年1月11日，廖承志到香港后没几天，在母亲的安排和操持下，便匆匆与相恋了5年的经普椿喜结连理，"叔婆"宋庆龄，愉快地前来道贺，参加了他们的婚礼。婚礼开始后，笑容可掬的宋庆龄送给新娘两块精美的绸缎衣料，并亲手把一条光闪闪的金项链挂在新娘的脖子上，然后分别与新郎、新娘握手，热情地祝贺这一对新人"幸福美满，白头偕老"，霎时，席间响起热烈的掌声。接着，由新郎给新娘戴上了一枚闪着晶莹光泽的钻戒。婚礼虽然简单朴素，但充满着欢乐、祥和的气氛。

但是，廖承志心里装着重要任务，并没有沉浸在一家人劫后重逢和新婚的喜悦中。

---

① 铁竹伟：《廖承志传》，人民出版社2008年版，第116页。

工作要如何开展起来？

"领命而来"的廖承志，到达香港后，先是马上与潘汉年、吴有恒、连贯、张唯一、李少石、廖梦醒等人投入工作，着手筹建办事处，1月，八路军办事处正式以"粤华公司"的名字在皇后大道18号二楼公开挂牌"营业"，卖茶叶，是个半公开的机关。3、4月间，他一直穿梭于穗、港两地，与八路军驻广州办事处联络，并把他父母的位于东山百子路的房子"双清楼"借给办事处作办公场所使用。在廖承志和潘汉年的出色领导下，八路军驻香港办事处的工作很快就开展得非常活跃，这时的香港，已经成为伟大的中国抗战事业与海外联系的唯一通道，也是各大党派和爱国民主团体进行抗日活动的根据地，香港一时也成了风云际会、精英聚集的地方。连贯这样描述廖承志特有的亲切态度和有效的工作方法：

> 廖公待我们同亲兄弟一样，大家工作起来心情极为舒畅。他见到我们时，总是张开双臂来欢迎，热烈握手后，还用他那又大又厚的双手，抚摸着我们的面颊，看了又看，温暖之情，溢于言表。年纪大一些的，都亲切地喊他小廖，同年人也无拘无束地称他廖胖子。廖公谈吐文雅、含蓄、幽默，常常是耐人回味的。他对朋友总是关心备至。那里有许多海外朋友归来，为了他们的安全，廖公总是尽量设法安排这些友人在澳门小住一个时候，然后再到香港来。许多朋友都愿意与廖公倾心交谈。所以，八路军、新四军驻港办事处团结的朋友越来越多。[1]

在香港的日子里，廖承志、廖梦醒全力协助宋庆龄开展保卫中国同盟的工作，常常与宋庆龄一起出席重要的公益、义演、义卖募捐活动，与何香凝的侄女婿邓文钊、邓文田兄弟等一起，共同为中国人民的抗战大业奔走，一起做海外统一战线工作，他们志同道合、紧密联系，互相支持，紧密配合，取得了骄人的成绩，做出了重要的贡献，直到太平洋战争爆发。"保盟"在香港开展工作的3年多时间里，共送出120多吨

---

[1] 连贯：《我所敬佩的廖公》，载《廖公在人间》，第32页。

**1938 年 3 月，廖承志（前排右一）与潘汉年等在广州合影。
前排左起：茅盾、夏衍、廖承志；
后排左起：潘汉年、汪馥泉、郁风、叶文津、司徒惠敏**

医疗器材、药品和其他物资，平均每月要送出 3 吨。①

## 第二节 创办"保卫中国同盟"

  廖承志为了打开工作局面，宋庆龄成为他心目中旗帜式人物的最佳人选！因为她有着高涨的爱国热情，在国内外享有崇高的声望，可以最大限度地宣传中国人民的抗日主张，争取国际社会的理解和同情，争取各种支持。

  一开始，廖承志与廖梦醒、表妹夫邓文钊打算组织一个"支援白求恩医疗队小组"，以争取海外的医药物资捐助。1938 年年初，白求恩医疗队从加拿大来华支援抗战，路过香港时，香港八路军办事处负责接待。接待需要懂英语的人，廖承志让姐姐廖梦醒去帮忙，她不仅懂英语，而且有过接待印度医疗队的经验，同时请表妹夫邓文钊帮忙。邓文钊是英国剑桥大学的留学生，时任香港华比银行的副经理，八路军办事处从海外募集到的捐款，都是通过他收转的。白求恩向他们提出希望以后能经常性地供应医疗队必需的医疗用品，以开展救伤工作。为此，廖承志与廖梦醒、邓文钊三人就决定成立一个"支援白求恩医疗队小组"。

---

  ① 李湄：《梦醒——回忆我的母亲廖梦醒》，第 152 页。

宋庆龄、廖承志与保盟第一批成员在香港合影。
左起：爱泼斯坦、邓文钊、廖梦醒、宋庆龄、希尔达·克拉克、诺曼·法朗士、廖承志

  正在筹建中，新西兰记者詹姆斯·贝特兰带来了访问延安后写的详细报告，他受周恩来的指引把报告带到香港后交给了宋庆龄。廖承志多次与宋庆龄商议如何开展争取援助的问题，他们一致认识到，要支援中国人民的抗战事业取得最后的胜利，需要成立一个正式团体，公开争取援助。第一，它必须是一个可以冲破蒋介石政府阻挠的民间组织；第二，它能同国际友人、海外侨胞以及他们的救援机构进行联系和交往，并能成为捐赠者与中国抗战第一线军民之间的桥梁。廖承志考虑由宋庆龄作旗帜是最为合适的人选，正好这时，周恩来也给他传达了同样的意见。因为当时詹姆斯·贝特兰刚去过延安访问，采访了毛泽东等中共的领导人，了解了中国共产党领导下的抗战根据地的战况和实际困难，1938年2月到武汉见到了周恩来，周恩来托他带信到香港给宋庆龄，请求她帮助援助八路军、新四军的抗战。3月，詹姆斯·贝特兰到达香港后经过廖梦醒见到了宋庆龄，转达了周恩来的意见和他的情况报告。另外，为了保证顺利推进这个工作，"周恩来特地当面告诉英国驻华大使卡尔将军说：由于八路军、新四军英勇抗敌，赢得我国海外广大华侨的钦佩，纷纷捐助物资、药品和款项，因此，我们需在港设立办事处接收，请转告港督加以关照"。[①] 就这样，由廖承志在邓文钊家里主持召

---

① 连贯：《我所敬佩的廖公》，载《廖公在人间》，第32页。

开了一次会议,詹姆斯·贝特兰应邀出席,商议建立一个国际性的民间救援机构,邀请合适的中外人士担任职务,并请宋庆龄出任主席,以便更广泛地募集捐赠物资并同海外援华救济团体建立密切的联系。

宋庆龄非常同意建立这样的团体,并从抗日民族统一战线的高度,建议请时任国民政府财政部长的宋子文担任这个机构的会长,并确定"保卫中国同盟"这个机构名称。① 经过紧锣密鼓的准备,"保卫中国同盟"于1938年6月14日在宋庆龄的寓所香港干德道11号2A正式宣告成立。保盟的英文全称为 China Defence League。这是一个以宣传中国人民抗战、争取国际援助为宗旨的抗日救国民间组织,总部后正式设在半山区西摩道21号。宋子文任会长,宋庆龄任主席,廖承志和廖梦醒都是中央委员,廖梦醒任宋庆龄的秘书,办公室主任兼管财务。廖承志把自己的表妹夫邓文钊聘请为司库,保证了捐款的顺利收到和提取。此外,还邀请了一些国内外知名人士担任中央委员之职,贝特兰就推荐了两位英国朋友,希尔达·克拉克担任保盟的名誉秘书,诺曼·法朗士担任保盟的名誉司库。"保盟"只有一个庞大的中央委员会,并没有一般的盟员。中央委员会下设一个妇女促进委员会,由廖梦醒主持工作,主要是组织妇女、家属做后勤、服务工作。②

"保盟"成立时,在由主席宋庆龄、会长宋子文、秘书希尔达·克拉克、司库法朗士和宣传艾培一起署名发表的《保卫中国同盟成立宣言》中,明确声明"保盟"目标有二:(一)在现阶段抗日战争中,鼓励全世界所有爱好和平民主的人士进一步努力以医药、救济物资供应中国;(二)集中精力,密切配合,以加强此种努力所获得的效果。③ 紧接着,创办了《保卫中国同盟新闻通讯》,这是一份英文的双周刊,主要面向英语国家和地区介绍中国抗战的真实情况,让海外与中国有联系、关心中国的政治家、救援团体和人们及时了解中国人民的抗战,知道中国所急需的各种物品,争取支援。宋庆龄为《新闻通讯》定下了

---

① 盛永华主编:《宋庆龄年谱》上册,第610—611页。
② 徐舜英:《我们时代有一颗巨星——忆宋庆龄居留港渝时》,载《宋庆龄纪念集》,人民出版社1982年版,第214页。
③ 盛永华主编:《宋庆龄年谱》上册,第618页。

坚持真实报道原则的基调，成为宣传和争取援助的重要媒介。①

廖承志十分敬重宋庆龄，他是宋庆龄在海外华侨工作的最得力助手，"保盟"又是他开展工作的重要途径。尽管工作很忙，他总是尽最大努力配合，凡是宋庆龄发起的活动，他总是挤出时间参加。从某种意义上讲，"保盟"与中共香港八路军办事处，实际上是一个工作班子。廖承志既是八路军驻香港办事处主任，同时又是保盟的中央委员，宋庆龄是"保盟"的领导人，许多实际工作由廖承志负责。他十分注意充分发挥宋庆龄的作用，出色地完成了中共中央交给的任务。

宋庆龄本来就支持共产党团结抗日的主张，支持八路军的抗战斗争，因为她早就意识到"国民党一直没有执行三民主义，而共产党领导人在执行"；"八路军所创造的进行抗战的模式是唯一能使中国取胜的模式"。②她明确地表示："保盟不是中立的，它在各地都帮助中国的战斗。尽管它的职能是纯救济性的，但它的救济用于最能加强中国人民的斗争的地方。"③宋庆龄组织和领导"保盟"工作，动员舆论和国际组织支持和援助中国人民的抗日战争，团结了大批爱国人士和国际友人，从世界各地募集大批医药用品和物资。廖承志具体组织护送"保盟"分配给八路军、新四军的各种物资，经武汉、重庆到达各个根据地。

在宋庆龄积极争取广泛的国际支援时，何香凝则放手同海外华侨接触，向他们宣传抗战，呼吁侨胞的援助。华侨每捐一笔款，她就送一张画，究竟送出去多少画，难以计数。④正如宋庆龄所说：在日本侵略我国期间，何香凝"参加了我举办的全部救济工作"。廖梦醒则是香港办事处的工作人员，同时又担任宋庆龄的秘书，又是"保盟"的办公室主任兼管财务。廖梦醒时常跟随宋庆龄一起出席各种活动，有时候宋庆龄抽不开身，一些重要的活动她就会委托廖梦醒出席，有些场合还委托廖梦醒代表她发表演说。廖梦醒做得很好，深得宋庆龄的信任。

宋庆龄本就享有很高的国际知名度和崇高的威望，在保卫中国同盟中，她着力于建立广泛的世界反法西斯统一战线，她为这种争取"纯救

---

① 盛永华主编：《宋庆龄年谱》上册，第619页。
② 同上书，第631页。
③ 同上书，第656页。
④ 廖承志：《我的母亲和她的画》，载《廖承志文集》下卷，第568—569页。

廖承志在八路军香港办事处与"保卫中国同盟"工作人员合影。
左为廖承志，前为廖梦醒，中前为金仲华

济性"的援助创造了一个全新的概念，即捐赠者与受惠人之间是一种共同反对法西斯敌人的平等关系，"中国人民在世界各地的朋友们，热爱民主的朋友们，对这一呼叮的迅速响应，是向坚守在远东各反侵略前线的男女战士们表示团结的最好方法"。① 她不接受"对中国的救济援助是慈善施舍"的观点。她认为，"保盟"是"向海外的中国的朋友们提供情况以指导他们的活动、作为这些友人和他们所愿意帮助的中国方面之间的桥梁、集中和协调救济活动"。② 她的国际主义思想在本质上突出地表现在争取世界各国人民的"联合"上，而反对法西斯侵略斗争是当时全世界劳动者和进步人士共同团结的主题，法西斯是世界上所有爱好和平的人民共同的敌人，支持中国人民的抗日战争就是支持世界反法西斯战争。她强调指出：

> 在世界人民反对法西斯的侵略和黑暗统治的伟大斗争中，中国是其中的一个公开的战场。在这场战争中，我们的人民正在英勇地和成功地同世界侵略集团成员之一的日本交战。
> ……

---

① 《我们的第一年》，《宋庆龄选集》上卷，第257页。
② 盛永华主编：《宋庆龄年谱》上册，第655页。

保卫中国同盟请你们做些什么呢？它请你们支援那些坚决要收复被敌人占领的土地，并正在敌人后方为新的民主的中国建立根据地的英雄游击队员们。①

中国的民族抗战，是为保卫全世界的民主而战，它确实是民主国家与民主的敌人之间世界范围斗争中的一个重要方面。

……

中国的胜利意味着美国的安全。

日本在中国的失败，将意味着西半球民主的安全。这一威胁已被清楚地认识到，在最近的利马会议上，美国特别承担了保卫民主的责任。②

宋庆龄在《告英国民众书》中，直接强调，帮助中国抗日便是"避免明天的世界大战"。③ 1938年3月16日，宋庆龄与何香凝在联名发表的《致海外同胞书》中，号召海外侨胞继续给予祖国抗战军队以"鼓励援助"。她们一起呼吁国际社会帮助中国人民的抗日斗争。

宋庆龄把争取国际援助的工作做得非常认真细致，考虑周详，与海外宣传紧紧地结合起来，工作十分扎实严谨。国际友人都相信她的名字，保卫中国同盟因而得到了捐款人充分的信任。她从建立国际和平医院、赞助儿童保育院等具体项目接受捐赠，接受的每一笔捐款的用途都很明确，总是要用到最为需要的地方去，实现捐赠者的意图。她常常亲自为英文版周刊《新闻通讯》撰写文章，宣传中国人民抗战以及"保盟"的工作情况，分析形势和任务。杂志最后面总会开列出长长的捐款人名单，她会在每一笔无论金额大小的捐款收据上签名，题词登记并回复给捐款人，以使海外捐赠者非常清楚地了解到他们的捐赠所起的作用，了解战时中国复杂的现实情况，以及中国战场对于世界反法西斯战争的重要作用。所以，"外国朋友看到宋庆龄的名字就认为可靠"。④ 甚至有许多人出于仰慕宋庆龄、为了得到她的签名而捐款："有些人就是

---

① 《致全世界的朋友们》，《宋庆龄书信集》上册，第137页。
② 《致美国友人》，《宋庆龄书信集》上册，第147页。
③ 盛永华主编：《宋庆龄年谱》上册，第605页。
④ 同上书，第643页。

为了得到她在捐款收据上的亲笔签名而慷慨解囊的。"① 因而她"曾为此而磨硬了柔软的手指"。② 类似这样的信函和收据，宋庆龄不知写过多少：

> 亲爱的李先生：
> 我代表战争孤儿们感谢你托我转交的二十五美元。我们在这里有两个战争孤儿院，一个由何东小姐主持，另一个由 Ng Chi—moy 大夫主持，你的支票我已交给他。
> 最热烈的感谢和问候。
> 
> 你的诚挚的
> 宋庆龄
> 一九三九年四月十四日③

> 索耶小姐：
> 你盛情经由赛尔文·克拉克夫人转来的一千一百零二元支票收到，附寄收据两张。
> 
> 你的诚挚的
> 宋庆龄
> 一九三九年七月二十五日④

宋庆龄还委托詹姆斯·贝特兰到世界各地介绍筹建保卫中国同盟的情况，呼吁海外救援机构援助中国人民的抗战，争取知名人士支持保盟的工作。他接受委托到过太平洋沿岸各地和英国，宣传中国抗战和保盟的宗旨与任务，争取各国进步人士的支持。正因为宋庆龄的努力和威望，在发动国际社会援助上得到了大力的支持和积极反响。宋庆龄在信中向海外捐赠者说："保卫中国同盟成立于一年多前，它是一个积极援助中国人民对日抗战的团体。由于特别熟悉中国抗战的情况，它能在最

---

① 廖梦醒：《我所认识的宋庆龄同志》，载《宋庆龄纪念集》，第138页。
② 邓颖超：《向宋庆龄同志致崇高的敬礼》，载《宋庆龄纪念集》，第59页。
③ 《致李国钦》，《宋庆龄书信集》上册，第136页。
④ 《致索耶》，《宋庆龄书信集》上册，第149页。

急需帮助的地方，向中国的战士和战争灾民提供宝贵的援助。在这种医疗和难民救济工作中，我们历来完全依靠如同你们这样的中国的朋友们的捐赠。"①

因为"保盟"具有坚实的工作基础，成立后举行了很多募捐活动，都很成功。如 1938 年 5 月，宋庆龄决定由保卫中国同盟与香港国防医药筹赈会共同举办一场美、英、中三国书画艺术展览会。筹备期间，宋庆龄先带领廖梦醒、陈友仁之子陈依范专程去拜访蔡元培，征询他的意见，请他出席开幕式并致辞。20 日下午，展览会在圣约翰大教堂如期举行，廖梦醒专程前往蔡元培家接他，宋庆龄则备车迎候，然后一起驱车前往会场。蔡元培在会上发表了题为《抗战期中需美术之陶养》的热情演讲，号召大众"在全民抗战中担负起一份任务"。由于他们的共同努力，"保盟"的活动引起了广泛的同情和支持，香港总督罗富国偕夫人前来参观，香港大学副校长邓肯·史洛斯发表了演说。正如宋庆龄高兴地向保盟的战友詹姆斯·贝特兰报告说：

> 想想这个场面吧，我们甚至在这儿的圣约翰大教堂里举办了一个英、美、中三国的书画艺术展览，就连总督和他的夫人都大驾光临了！……香港大学副校长史洛斯，他起初还怀疑我和保卫中国同盟是"一伙出来搞宣传鼓动的激进分子"，也到场讲了话。……实际上，伦敦的援华运动已给我们汇来了一百英镑。我们希望美国的争取和平民主联盟和美国援华委员会也都能迅速作出反应。②

宋庆龄在香港组织了许多义演、义卖活动，何香凝也积极参与和发动。著名舞蹈家戴爱莲从英国回国途经香港时，就参加了宋庆龄举行的义演活动，金山、王莹等旅港剧人演出《马门教授》等反法西斯主题的话剧，放映电影等，进行筹款募捐。另外，保盟也主持在国内向各界筹集有价值的刺绣、瓷器、漆器、古玩等中国民族工艺品，运

---

① 《致外国团体》，《宋庆龄书信集》上册，第 159 页。
② 《致贝特兰》，《宋庆龄书信集》上册，第 106 页。

**1939 年，香港歌女举行义唱筹款，捐给中华青年救护队。
何香凝在表彰大会上致训词，激励歌女支援抗战**

到美国去举行义卖会筹款，把义卖的收益"捐献给伤兵、战争孤儿、难民"。

1939 年 4 月，在廖承志的支持和建议下，中国漫画界抗敌协会香港分会在中环中央戏院举办了以抗战为主题的现代漫画展览会，宋庆龄听到这个消息前往参观。当她走到一幅名为《逃亡》的画前，宋庆龄停下了脚步。这幅画作表现了在战乱中流离失所的一家中国农民——一位手提重物的老妇人，一位怀抱婴儿的妇女，一位牵着毛驴的男主人。四个人眼光朝向不同的方向，充满着惶惑和惊恐。除了四个人和一头驴，画面简洁得只剩下一片荒原，在日寇燃起的战火下，无辜的中国老百姓就是这样无依无靠、四顾茫然，不知该逃向何方。宋庆龄很敏锐地意识到这幅《流亡》图很适宜印成招贴画，就问："不知道是不是可以卖给我们？"当时年仅 22 岁的画作者丁聪自然很高兴应允，保卫中国同盟就这样买下了这幅画，《流亡》图更名为《难民》后，被印成宣传画，成了保卫中国同盟宣传抗日的招贴画，被发送到世界各地。后来，在宋庆龄自己珍藏的原版照片中，有一幅是她站在已加好边框的《难民》画前的留影。① 保卫中国同盟当时花了 10 元买下这幅画,而丁聪根本没有把钱接到手里,就直接捐给了保卫中国同盟用于抗战了。② 艺术与抗战主题更直接、紧密地结合起来,扩大了宣传声势。由于廖承志深切地了解绘画、照片等艺术形式的感染力和影响力,1941 年曾要求丁聪等艺术家利用新四军的抗战照片编印《团结抗战大画史》,向海内外宣传新四军积极抗战的业绩。③ 何香凝则是华侨捐一笔款,她就送一幅画。他们常常这样,利用一切可以使用的手段与时机,以不同的形式、不谋而合地进行宣传和募捐。

**1939 年 4 月,宋庆龄与丁聪(左)、陈烟桥(右)在香港的画展上留影**

她们号召文化界知名人士到各地参加抗日运动,还组织港澳妇女协会等爱国团体,都得到香港同胞和海外华侨的大力支持,有钱出钱,有力出力,不仅筹得大量财力和物力支持祖国抗战。而且,许多华侨青年不顾困难,不怕牺牲,毅然归国参加抗战,有的奔赴延安,进入抗日军政大学、陕北公学、女子大学、鲁迅艺术学院等学习,有的就直接参加八路军、新四军和华南抗日游击队等抗日队伍。

我们从保卫中国同盟成立一年后宋庆龄发表的《我们的第一年》一文,可以看出保盟卓有成效的工作成果:"到一九三九年六月十五日为

---

① 何大章:《在画作〈难民〉前留影》,载何大章《宋庆龄往事》,第 123—124 页。
② 何大章:《漫画家失而复得的照片》,载何大章《宋庆龄往事》,第 129 页。
③ 丁聪:《真正的好人》,载《廖公在人间》,三联书店 1984 年版,第 71 页。

止的十三个月中,各国朋友们通过保卫中国同盟提供的捐款约为二十五万港币(约为八万美元或一万六千英镑),这笔款项已全部分发,大部分以医疗用品的形式送往内地。"① 1939年到1940年2月间,"保盟"又收到捐款港币16.3万余元。

另外,"保盟"随时把援助用到"最迫切的需要"和"最迫切的地方",无论巨细。1938年秋,刚挺进江南的新四军,同八路军南北呼应,形成抗击日寇的铜墙铁壁,但残酷的战斗,伤亡很大,加上许多疾病,医药物资极端匮乏,军长叶挺接受宋庆龄介绍来访问的美国进步作家史沫莱特的建议,派军医沈其震到香港请求宋庆龄提供援助。他到了香港,先找到廖梦醒,经过廖梦醒,很快宋庆龄就接见了他,他把史沫莱特打在一条手绢上的信交给了宋庆龄,宋庆龄当即表示已了解新四军的战况,并立即安排已募捐来的医疗器材和其他救济物资一大批送给新四军,并表示她对能征善战的叶挺将军很赞赏。沈其震说:"这次会见以后,新四军从香港和上海通过党的各种渠道,得到了一批急需的手术器械和大量药品,以及其他食品、被服、文化用品等救济物资。当时有一种名叫'白浪多息亦'的最有效的消炎药(磺胺的前身),是世界上刚刚生产、国内还没有用过的最新产品,也从上海运到了新四军。这就大大加强了新四军军部和各支队的医院的医疗工作。"②

1938年12月12日,在廖梦醒的陪同下,宋庆龄到香港"新界"的几处难民区视察,给难民带去衣物食品等慰问品,并怀着悲愤的心情对受难的同胞殷殷询问、勉励,使大家深为感动。1939年宋庆龄发表《救济战时儿童》的演说,为数以百万计"因战争变得无家可归和无所依靠的儿童"募捐,以免他们成为"迷失的一代",呼吁"必须把他们从由于饥饿而濒于死亡和由于无人照管而使肉体和精神上遭受摧残的恶果中拯救出来"。③ 根据战士急需,"正开展一个运动,即在入冬之前为中国军队的伤员们筹募二万条毛毯子"④,以帮助前线将士们顺利地度过严冬。

---

① 盛永华主编:《宋庆龄年谱》上册,第655页。
② 沈其震:《许国以身长画卷——回忆宋庆龄同志》,载《宋庆龄纪念集》,第131页。
③ 盛永华主编:《宋庆龄年谱》上册,第645—646页。
④ 盛永华主编:《宋庆龄年谱》上册,第655页。

何香凝同样在战时难童养育和教育上做了大量工作,以"老吾老以及人之老,幼吾幼以及人之幼"的胸怀,关心、爱护难童、遗孤、难民,亲自担任"香港儿童保育会"的常务理事,发动香港妇女以慈悲之心,把儿童保育看作我们妇女界同志的天职。1938年5月17日,她在《关于香港儿童保育工作》一文中,指出开展战争遗孤、儿童救护、养育、教育工作的问题认为"七岁以下的儿童要好好地养,七岁以上的儿童要好好地教"。

一次,有个英国朋友捐给"保盟"一部大型救护车,大小像公共汽车,车上灯水齐备,里面放7张病床和1张手术床,送车证给宋庆龄那天,许多记者采访报道,引为城中盛事。宋庆龄决定把它送给延安,为了保证运送的顺利,指派贝特兰和德国医生汉斯·米勒随车同行,还有几名支援解放区的外国医生。① 他们同时给西北的国际和平医院送去30卡车共600箱医药用品。② 总之,"保卫中国同盟常把一卡车一卡车的医疗器材和药品托外国友好人士送往延安"。③

同时,廖承志还协助中共广东省委工作,指导广东人民的抗日武装斗争,正是他"一锤定音"地确定由"不会打枪"的曾生负责组建东江抗日游击队,后来曾生成为威名远扬的将军,为华南抗日做出了重要的贡献。廖承志对曾生、王作尧领导的东江抗日游击队,林锵云、吴勤率领的珠江游击队,冯白驹领导的琼崖游击队和抗日总队的组建、改编和发展,都亲自指导。

廖承志和宋庆龄在工作上发挥各自的优势,配合默契。宋庆龄不仅大力支持香港八路军办事处的工作,还保护它的活动开展。1939年,日本帝国主义企图发动太平洋战争,英美法等国采取绥靖政策,对日妥协,一天港英当局突然封闭了八路军驻香港办事处,拘捕了连贯等工作人员,宋庆龄积极通过国际友人进行交涉,经多方营救,五个多月后,连贯等终于获得释放。④ 同年秋天,一位在新加坡被捕过的新共华侨到香港,不慎在与八路军办事处接触时,被港英当局跟踪警察所发现,使

---

① 廖梦醒:《我所认识的宋庆龄同志》,载《宋庆龄纪念集》,第137页。
② 李湄:《梦醒——回忆我的母亲廖梦醒》,第153页。
③ 廖梦醒:《我所认识的宋庆龄同志》,载《宋庆龄纪念集》,第137页。
④ 连贯:《女中豪杰:华侨学习的光辉榜样》,载《宋庆龄纪念集》,第166页。

1939年，宋庆龄在即将运往延安的大型救护车前留影

办事处的一个秘密机关暴露，机关被搜查，谭乐华等工作人员被捕。其实他们针对的就是办事处负责人廖承志，党组织不便出面，宋庆龄就出面营救，她当即与恰好当时正路过香港去重庆上任的英国新任驻华大使交涉，结果使被捕者在一星期后交保释放。①

## 第三节　合力创办《华商报》

1939年欧洲战争爆发后，英国对日本的绥靖政策加剧，港英当局开始限制在香港的抗日宣传。武汉、广州等地又相继沦陷，抗战形势非常严峻。而且在"皖南事变"后，国民党当局公开加紧反共宣传，在香港出版针对共产党的刊物，同时和港英当局一起加强对进步刊物的新闻检查和控制，香港居民和广大华侨已无法看到《新华日报》《救亡日报》和其他抗日刊物，《新华日报》就曾经出现过"开天窗"的情况。在何香凝等人发表的文章中，也常有被新闻检查机关删除几句甚至整段话的情况，在印出的报纸上出现整行整行的打"××"。李少石正是在

---

① 尚明轩、唐宝林：《宋庆龄传》，北京出版社1991年版，第439—440页。

这种情况下被党组织派往菲律宾工作,主要是加强对外宣传,他到菲律宾的重要工作之一,就是翻印张闻天编的英文刊物 China Review,这本杂志印刷精美,专门向上层社会发行,李少石以此宣传八路军的抗日主张和战况。①

在这种形势下,为了向港澳同胞和向广大华侨宣传中共的抗日政策和抗战形势,廖承志认为创办一家报纸作为对外宣传的窗口,是八路军驻香港办事处当时一个最为急迫的任务。1941年2月,他向周恩来请示在香港办一份报纸,以发表中共中央的重要文件和主张,以救国会的姿态出现,但在风格上不要太露锋芒。在这样艰难的条件下为冲破封锁办这个报,就算其生命只有几个月也是有意义的。香港有许多文化人聚集,老板由邓文钊做。② 周恩来接受这一建议,指示廖承志要团结在港的进步文化人和报人,创办一份由共产党领导的统一战线的报纸。

办报的设想马上得到了宋庆龄的赞同和支持。她联系她的助手金仲华,将在香港的文化人和报人如邹韬奋、茅盾、夏衍、范长江、张友渔、韩幽桐、胡仲持、乔冠华、陈翰笙等集中起来讨论办报事宜。报纸定名为《华商报》,意指华侨商人办报,体现商业性,看起来不带政治色彩,并商定从孙中山的墨宝中选出"华商报"三个字作为报头,报道的基调是宣传团结、民主、抗战。宋庆龄决定由"保盟"拨款,廖承志请他的表妹夫、"保盟"的司库邓文钊出面当副总经理,并说服其兄长邓文田、华比银行的买办出面担任"督印人"兼总经理,并以他的名义向港英政府申请注册,并出资2000元担保金。很快成立了由三位"保盟"执行委员会委员金仲华、邹韬奋、邓文钊,以及夏衍、范长江、杨潮、胡乔木等进步文化人士组成的编委会,范长江任社长,胡仲持任总编。

经过两个多月的筹备,4月8日《华商报》正式创刊。宋庆龄为《华商报》创刊号的题词是:"为坚持抗战作有力之后盾,为保持团结作有效之喉舌,为实现民主作正义之呼吁,为人民幸福作公正之申诉,给予侵略者以严重之打击。"何香凝则题"团结抗战,抗战必胜;真诚

---

① 李湄:《梦醒——回忆我的母亲廖梦醒》,第150页。
② 《关于〈华商报〉的一组电报》,载《廖承志文集》上卷,第87页。

合作，建国必成。"后来她们都多次为《华商报》撰稿、接受《华商报》记者的采访，直接向华侨和海外同胞宣传中共团结抗日的主张，揭露国民党消极抗战、积极反共的倒行逆施，也报道宋庆龄、何香凝对抗日救亡运动的主张和相关活动，使该报得到了许多具有重要影响力的人支持，香港富豪何东爵士为创刊号的题词是"唤起侨胞"。这些都提高了报纸的声望，激发了侨胞的爱国之心，很好地团结了工商、华侨和社会各界，在坚持抗战方面发挥了重要作用。

正因为《华商报》这种政治影响力，招致了国民党当局的不满和破坏，他们通过港英当局经常进行干扰打压，要维持报纸的正常出版并不那么容易，宋庆龄的支持和廖承志、邓文钊等人的努力就成为成败的关键。香港警察总监俞永时到重庆访问时，戴笠就曾施压让他取缔《华商报》。俞返港后，宋庆龄出面宴请他，廖承志、邹韬奋、邓文钊作陪，向他做解释工作，并联络感情，成功争取到俞的支持，化解此事。

在经济上，邓文钊对《华商报》提供了很大的支持。报纸出版发行四个半月后，廖承志在给中共中央书记处汇报工作的电报中谈道：

> 《华商报》开办迄今通由邓文钊做生意出资本，未花我们半文钱，现在实际销路已超过五千五百份，为香港晚报最大者，唯每月实际亏本三千五百港元左右，这是由稿费应酬太多所致。现在办法如下：从九月始，《华商报》实际亏空数一半，从八月始由邓文钊出资二万元收买一印刷厂（香港科学印务公司），再与陈嘉庚合作（陈出三万，邓出二万）扩大买进卷筒机筹办日报，以缩短亏空数目。[①]

虽然由于香港的沦陷，报纸只存在了8个月，但在广大侨胞和爱国人士中产生了重要的影响，被誉为"40年代高挂在香港这个英国'殖民地'上空的一盏明灯"。[②] 正如中共党史所评价的："茅盾、张友渔、胡绳等一批进步文化人士转移到香港后，南方局决定成立以廖承志为首

---

① 《关于〈华商报〉的一组电报》，载《廖承志文集》上卷，第89—90页。
② 邓广殷口述，郑培燕撰文：《永不飘逝的记忆——我家与宋庆龄事业的情缘》，东方出版中心2013年版，第19页。

**1939 年，于香港浅水湾邓文钊的私人旅游棚。**
宋庆龄（左一）、邓文钊（左二）、李少石（左三）

的香港文化工作委员会，加强党对进步文化工作的领导。在中共中央和南方局的领导下，香港的党组织和党外进步人士合作，大力宣传共产党坚持抗战的主张。1941 年 4 月 8 日，香港《华商报》出版。5 月 17 日，邹韬奋主编的《大众生活》也在香港复刊。这些报刊在海外华侨和国民党统治区的群众中，发挥了很大的鼓舞和教育作用。"[1]

抗战胜利后，在宋庆龄的大力支持下，邓文钊努力推动，由他担任督印人，《华商报》于 1946 年 1 月 4 日在香港复刊，延续它的办报宗旨，成为动员爱国民众和海外华侨继续支持解放区的舆论阵地。在国民党独裁、不断进行反共宣传、舆论重重封锁下，成为中共在解放区外的重要宣传喉舌，为真实准确地传达中共中央的声音发挥了重要的作用，其间遭遇港英政府和国民党特务破坏等各种压力，经济拮据等困难，邓

---

[1] 中共中央党史研究室：《中国共产党历史》第一卷（1921—1949）下册，中共党史出版社 2002 年版，第 603 页。

文钊等仍然努力坚持"苦撑"到底,直至广州解放才于1949年10月15日与《南方日报》合刊,停止单独出版,这是后话。邓文钊的出色工作得到了中共领导人的赞扬,邓文钊"一生正直,热爱祖国"。廖承志曾经说过:《华商报》在经济上靠邓文钊维持,他是一个"桥头堡"。周恩来也曾致信邓文钊,赞扬他们的工作"成就甚大"。[1] 胡绳这样评价邓文钊:"疾风知劲草——邓文钊三十年代毕业于英国剑桥大学,是很有成就的银行家,他毕生支持中国人民的革命事业,越是困难的时候越是和中国共产党站在一起。抗日战争时期,他支持共产党在香港办《华商报》就是一个突出的事例。"[2]

## 第四节 支持中国工业合作运动

"中国工业合作运动",最初提出设计是一种战时中国工人生产自救反抗封锁,坚持生产,建设经济国防和抗日救亡的方案。因为旧中国少有的工业本来集中在东南沿海一带,由于日本的大举进攻,这些地区大半已沦于敌手,工厂毁于战火,许多工人流离失所,而同时,战时军需、民用工业品供应又严重匮乏,社会危机重重。面对可能需要长时间的中国抗日战争,为了帮助解决这些问题,安定后方社会秩序,1937年,在上海的斯诺夫妇和路易·艾黎,先是提出了一个"在非敌占区发起一个建立一连串的小工业合作社的想法",并由路易·艾黎起草了一个方案,三人一起修改后印成宣传册在上海各界散发。这个方案立即得到"星一聚餐会"的爱国人士的关注。这是个由中共地下党领导的救国组织,胡愈之受党组织派遣,在上海开展秘密工作,当时担任"星一聚餐会"的主持人,还有刘湛恩、郑振铎、王任叔、王芸生、萨空了等人都是成员。自"八一三"抗战爆发后,上海各界爱国人士纷纷组织起来,"星一聚餐会"就是这样一个救国组织,因以每周的星期一晚上聚餐的形式聚会而得名。

在1937年11月的一次聚会上,胡愈之邀请结识不久的新朋友、当

---

[1] 邓广殷口述,郑培燕撰文:《永不飘逝的记忆——我家与宋庆龄事业的情缘》,第19页。

[2] 同上书,第35页。

时作为伦敦《每日先驱报》记者的斯诺夫妇和路易·艾黎参加。斯诺把关于开展"工业合作运动"的设想和宣传册带到聚会时,得到了大家的肯定,胡愈之觉得此事很有意义,马上主持大家进行讨论。与会者一致赞成,认为可以采用合作社的方式,发展小型手工业或半机器工业,利用大后方的丰富资源和游荡到后方的工人难民,生产各种迫切需要的日用工业品,供应军需、民用。同时决定组成一个"中国工业合作运动设计委员会",推举浙江兴业银行总经理徐新之任主席,路易·艾黎为召集人。成员有路易·艾黎、斯诺夫妇、梁士纯、胡愈之、卢广绵等。

**1982年,廖承志(中)、胡愈之(左)、路易·艾黎(右)在北京相聚**

他们很快组织起来并初步提出了这样的工作计划:建立一个"中国工业合作协会"和发展3万个工业合作社的具体方案,使千百万人得到新工作,并提出使工业生产恢复到战前水平的目标。生产方式是利用简单的机器和人力、手工,主要产品是军需用品和人民的生活用品,以解决前线将士和后方市场急需,如毛毯、被子、衣服、鞋子等。

12月23日,路易·艾黎陪同宋庆龄去码头,掩护她撤离上海。在路上就跟她谈了搞"中国工业合作运动"的想法。一听说这个计划,宋庆龄就表示"百之百地支持",很高兴地答应当"保证人",因为这样做可以帮助人民生产自救,通过依靠中国人民自己的力量和世界人民的支持度过艰难的战争时期,以争取最后的胜利,这是事关国家民族存亡的大事。她认为这表示着"我们的人民,我们的政府,都已决心即在战争中,也要将日本所毁灭的生产力重建起来"。①

宋庆龄不仅自己全力支持"工合"运动,还把弟弟宋子文介绍给他们,以寻求财政上的支持,宋美龄也受到二姐的影响表示"赞许"。而宋子文不仅以个人的身份答应帮忙,还出主意说,这项计划"最好取得蒋介石的正式同意",认为可以通过两个姐妹蒋夫人和孔夫人去做蒋的工作,结果果然如愿。孔祥熙答应提供行政经费和贷款500万元,作为"工合"的基金。1938年8月5日,"中国工业合作协会"总会在汉口成立,经英、美等国驻华大使推荐,路易·艾黎被国民政府正式任命为"中国工业合作运动首席技术顾问",孔祥熙任理事长,宋美龄任名誉理事长。20名理事中,有国民党方面的王世杰、邵力子、翁文灏、张治中等人,共产党方面有林祖涵、董必武、邓颖超,还有各界著名人士沈钧儒、黄炎培等,这样,"工合"从一开始就是个统一战线的机构,实际工作则由路易·艾黎、刘广沛和卢广绵等进步人士组成的班子主持开展。②

"工合"成立后,宋庆龄积极呼吁为它争取支持。她说:"工业合作事业,正是总理民生主义之实行,一面求改善生活,一面求充实国家经济力量。"③ 而这正是孙中山民生主义中最重要也最容易被忽略的部分。

但是,因为孔祥熙没有按照承诺拨款,一开始便使路易·艾黎陷入了经济困境。为此,在宋庆龄的提议并帮助下,1939年1月,在香港成立了"工合"国际委员会,专门向国外宣传、筹募支持"工合"运动发展的独立基金,并进一步推动在国外建立支持中国"工合"的促进委员会。何香凝、廖承志、廖梦醒等一起,热情参与宋庆龄领导的"工合"国际委员会发起的各种活动,支持它开展工作,结果反响十分热烈。

---

① 重庆《新华日报》1938年8月24日。
② 尚明轩、唐宝林:《宋庆龄传》,第445—447页。
③ 盛永华主编:《宋庆龄年谱》上册,第680页。

宋庆龄在国际上广泛地为它宣传，因为这不仅有助于中国在战时重建社会秩序，改善经济状况，还可以使全世界受益。正如她在题为《中国工业合作社之意义》的英语广播演讲中指出的：

"中国工业合作协会是一种以人类复原为旨趣的运动，它以适当的工作给予各种人等，而且给以永久的工作。""这种新组织最低限度可使百分之七十的难民得到工作。""中国工业合作协会的重要性，不单只是重建社会，它更可以促成经济的改善。"由于"内地对于工业品的需求益见严重"，所以"目前委实是中国工业合作运动的黄金时代"。强调"中国工业合作协会是生产者自身的运动，同时也是为生产者而发动的。若从社会和经济的立场上说，它是无价之宝。由于这种扩大的组织，人民的生活程度一定迅速高长。此外，中国工业合作运动更可以消除东方劳力廉贱的传统陋弊。单此一点，便足裨益世界不浅"。所以，它不仅"有利于中国"，而且"有利于全世界"，因而得到世界各国人士的援助。表示："中国工业合作协会自身完全是出于一种社会责任心而产生的。我相信在中国里面，再没有别种运动能够比中国工业合作协会更为应时和重要的了。因为它的目的是人类的复兴，经济的改进和培养民主教育。"①

后来的事实证明了，抗战是持久战，因而也是经济战，而这个经济战，由于宋庆龄、路易·艾黎，包括何香凝及其子女的努力，"工合"运动发挥了不可忽视的作用，它虽始于国统区，却对敌后根据地发挥了更为积极的作用！

据统计，宋庆龄帮助"工合"国际委员会在香港两年多的时间里，"接受了国外华侨和国际友人的捐款两千多万元"。② 这些筹款，加上"保盟"给"工合"的直接拨款，极大地帮助解决了整个"工合"的生存与发展的经济基础。宋庆龄在《我们的第一年》中提到："保盟帮助在中国建立一个长期的医疗救济体系。它和按民主原则重建中国工业的中国工业合作协会进行协作，照料战争孤儿、已牺牲的中国战士的孩子，是它工作的一个方面。在敌后，它向为组织人民起来斗争和从日本

---

① 盛永华主编：《宋庆龄年谱》上册，第665—666页。
② 陈翰笙：《谈谈孙夫人的高尚品格》，载《宋庆龄纪念集》，第118页。

人控制下恢复了大片中国失地的游击队，提供医疗服务。"①

为援助"工合"运动，宋庆龄专门在香港发起了"一碗饭运动"。1941年中国的抗战形势十分严峻，日本侵略者步步紧逼，大片江山陷入敌手，加上黄河水灾，灾情严重，大批难民逃难到西北地区，难民生存、救济成为燃眉之急。5月6日，"保盟"在香港成立了"一碗饭运动"委员会，宋庆龄亲任名誉主席，香港立法局的华人首席议员罗文锦担任主席，委员会决定：这场运动的募捐形式是以每张2元的价格发售1万张餐券，持券者可以到指定的酒店吃一碗炒饭，炒饭由参加赞助的饭店、酒家、茶室提供，活动的全部收入都捐赠给"工合"国际委员会作为救济基金。这就叫"一碗饭运动"。

消息传出，许多饭店、茶室、西餐厅纷纷响应，不仅得到港九地区的酒楼、茶室、茶居、西菜馆、商会的赞助，各饭店纷纷认捐"救国饭"，也得到英国香港当局的支持。

7月1日晚，位于香港湾仔庄士敦道179号的英京饭店门前，灯火辉煌，车水马龙，人海如潮。宋庆龄主持的"一碗饭运动成立典礼"在这家酒家举行，廖承志大力支持，出席盛典。当宋庆龄梳着中国的传统发髻，身着黑绸镶边旗袍，笑吟吟地走到主席台上时，全场响起热烈的掌声。宋庆龄首先发表演讲，当她讲到这次运动的目的就是用募捐经费来帮助中国的难民进行生产自救，用工业合作的办法来帮助中国的抗战时，许多听众被她的话所打动，纷纷涌向台前慷慨解囊。这时，坐在主席台上的廖承志站了起来，大声说道："等孙夫人讲完，等一下还要进行义卖。"当宋庆龄演讲完毕，宣布开始义卖时，廖承志激动地站起来说："我们尊敬的孙夫人对保卫中国同盟开展的'一碗饭运动'率先响应，这里摆着孙先生生前珍爱的、当然也是孙夫人珍爱的墨宝和纪念品，当场义卖作为捐献……"廖承志的话音未落，就有许多人涌向主席台，献钞票，递存折，纷纷解囊。

本来这个活动原定举办三天，但由于市民和各界人士热情高涨，很多人支持，大家都要去"吃爱国饭"，最后活动一再延迟，一直持续到8月30日才结束，"一碗饭运动"取得了圆满成功，共筹得港币2.5万

---

① 盛永华主编：《宋庆龄年谱》上册，第656页。

元,全部赠予中国工业合作社。9月1日,宋庆龄在英京饭店主持"一碗饭运动"结束典礼,何香凝出席支持,发表热情洋溢的演讲,祝贺"一碗饭运动"取得很好的成绩,并肯定中国人民与世界上支持中国的友好人士团结一致的精神,并鼓励道:中国人民一定会取得抗日战争的最后胜利!

1941年11月11日,宋庆龄又把"保盟"和"工合"国际委员会联合起来,举办了一次"嘉年华会",专门为"工合"筹款。何香凝受邀出席开幕晚会,柳亚子、孙科及美国的福克斯等许多中外著名人士都出席支持。宋庆龄用英语致开幕词,指出"抗日战争是中国的人民战争,不是任何一个政党可以包办的,真抗战人民欢迎,假抗战人民唾弃"。她的演讲给在场者留下了"简单明了,深刻有力,漂亮的英语,美妙的辞藻"的深刻印象,"当时人如潮涌,盛况空前;场上万头攒动,热烈欢呼鼓掌,场面十分动人"。一个英国妇女竖起大拇指说:"讲得好极了!夫人真是了不起!"①

这个嘉年华会采取游艺和文艺演出的方式,会场还展出"工合"的产品和战士们抗日的资料,活动持续了三周,每天都有大量民众到现场参加,既宣传了"工合"运动,宣传了中国人民坚持抗日的顽强意志,也筹到了款。可是,还未闭幕,珍珠港被袭,经过18天的抵抗,香港就沦入敌手,在香港的"保盟""工合"工作都被迫中断。

在香港"保卫中国同盟"活动期间,宋庆龄不断努力向国际社会宣传中国人民的抗战和实际生存状况,争取国际援助,她为中国人民的解放事业做出了重大贡献。为了专注于这项事业,她拒绝了国际友人邀请她担任国际组织和团体工作,放弃到美国、欧洲去旅行、考察的机会,她说:"现在我正忙于为我们自己的组织寻求国际支持。我们的组织是以帮助中国人民实行自助为己任的。"② 而何香凝"参加了我举办的全部救济工作",支持她的全部募捐活动,发表演说、赠送画作。廖承志也这样描述过母亲在香港的活动:"实际上她的主要工作,是支持宋庆龄副委员长建立的保卫中国同盟,其中心任务就是替八路军和新四军筹

---

① 徐舜英:《我们时代的一颗巨星——忆宋庆龄居留港渝时》,载《宋庆龄纪念集》,第216页。

② 《致波尔杰斯》,载《宋庆龄书信集》上册,第462页。

款募捐。""我母亲在香港放开手同海外华侨接触,从一九三八年到一九四一年间,她同大量的华侨见面,向他们宣传抗战,抗战就要帮助八路军。华侨捐一笔款,她就送一张画。究竟送了多少幅,也记不清楚了,主题依旧是松、梅、菊,偶尔也夹杂一些山水画。"①

1941年12月10日凌晨5时,宋庆龄在日本飞机轰炸九龙启德机场的前几分钟搭乘最后一班飞往重庆的飞机,顺利脱险,在重庆继续领导"保盟"的工作。廖梦醒随后也接受周恩来的指示迅速从澳门回到重庆,继续在宋庆龄身边协助她开展"保盟"的工作。

可是,廖承志在完成了在港文化精英和爱国民主人士的营救工作后,却因叛徒告密,于1942年5月30日在广东韶关被捕,辗转江西泰和、重庆等多地,被关了近四年。监狱成了他新的战斗岗位,面对敌人的种种威逼利诱,廖承志始终不为所动,他在狱中写下的很多诗句都显示出他的坚强意志和坚定立场:"半生教养非徒劳,未辱双亲自足豪,碧痕他夕留播众,不负今晨血溅刀。"②"胡说识时为俊杰,我偏洗颈待刀环;临刑莞尔能无憾,是即天公大奖颁。"③直到1946年1月才获释。

何香凝则由东江游击队护送,1942年1月从香港经七天七夜航行到达广东海丰,然后,从海丰辗转到达韶关,当得知廖承志被捕的消息后,她逗留韶关多方营救,营救无果,她辗转到广西,在桂林、贺州一带流亡,并与转移到那里的爱国民主人士一起继续做抗日民主救亡的工作。

就这样,她们被迫分隔各地,在不同的岗位和战线上,为了共同的民族抗战大业继续奋斗。

---

① 廖承志:《我的母亲和她的画》,载《廖承志文集》下卷,第569页。
② 廖承志:《拜别慈母》,载《廖承志文集》下卷,第802页。
③ 廖承志:《狱中有感》,载《廖承志文集》下卷,第807页。

# 第五章

# 反对分裂投降　继续抗战救亡

## 第一节　廖梦醒到重庆继续帮助宋庆龄
　　　　　做"保盟"工作

　　由于"保盟"不仅丧失了在香港的基地，连在菲律宾、马来亚和荷属东印度（印度尼西亚）等地，支持"保盟"的爱国、进步华侨组织，也都落入敌手。回到重庆的宋庆龄认为必须立即在此恢复"保盟"工作。最先只有两个人帮忙：一是王安娜，二是廖梦醒。王安娜原来就是"保盟"驻重庆的通讯员，廖梦醒则是随后迁回的。

　　在周恩来和中共代表团的帮助下，宋庆龄在重庆迅速开展重建"保盟"的工作，但遇到了相当困难。"皖南事变"后，国统区笼罩在白色恐怖下，进步力量常常遭到国民党方面的残酷迫害。宋庆龄回到重庆后，蒋介石把她安置在宋霭龄家，表面是关心，实际是方便监视她的活动。她没有出入的自由，也没有会客的自由。后来她依靠弟弟宋子文的帮助，在敌机轰炸过的"黄山"残垣断壁间的一栋楼里安居下来。但亦只得到"一楼之中的自由"，因宋庆龄寓所周围，常常有特务监视，不仅在宋庆龄家里办公的"保盟"工作人员，一出她的住宅便会遭到国民党特务的盯梢和刁难，而且蒋介石甚至有对宋庆龄除之而后快的想法，只是由于宋美龄、宋子文的保护，他们特别警告特务头子戴笠"不准在阿姊那里胡来"！"如果让我听到有什么，我是决不答应的"，他们才不敢对宋庆龄动手。因为底下人都知道，闹出乱子来吃罪不起。"戴老板对此非常为难，很伤脑筋，照委员长的意旨办嘛，夫人不答应，闹出乱子来,委员长还是拗不过夫人,大家都有所顾忌。"① 因为这样的顾忌,特务们始终不敢对宋庆龄动手。

但是,要做事情、开展工作就遇到了很大的困难!

周恩来紧急致电避居澳门的廖梦醒一家,敦促她尽快到重庆来,协助宋庆龄恢复"保盟"工作,李少石则暂时留在港澳工作。接到周恩来的指示电,1942年5月,廖梦醒携带女儿李湄,与叶挺夫人李秀文等一起,从澳门起程,经肇庆、桂林、贵阳,于8月3日抵达重庆。同时,王安娜,加上爱泼斯坦等原"保盟"中央的一些成员,也通过各种方式从沦陷的香港辗转到了重庆,并迅速地使多个外国援华机构和人士与"保盟"恢复了联系,工作得以逐渐地恢复。1942年8月,"保盟"中央重新建立,办事处设在重庆两路口新村3号的宋庆龄寓所内,宋庆龄续续担任"保盟"主席。廖梦醒继续任"保盟"中文秘书兼办公室主任,在宋庆龄的寓所里办公。

1943年,在重庆化龙桥报馆操场上举行《新华日报》创刊五周年庆祝活动上。宋庆龄(左四)与邓颖超(左三)、廖梦醒(左五)等在一起

---

① 王正元:《听宋美龄和宋庆龄通话》,上海市孙中山宋庆龄文物管理委员会、上海宋庆龄研究会编《回忆宋庆龄》,第802页。

另外，廖梦醒负责担任周恩来与宋庆龄之间的联络员，使宋庆龄能与周恩来及其领导下的中共南方局的同志们保持经常和顺畅的联系，被誉为"红色交通员"。廖梦醒回忆到：

> 那时保卫中国同盟的办事处就设在庆龄同志家里，房子周围有国民党特务监视，家里也有国民党派来的"听差"，庆龄同志实际上并没有与人交往的自由。但是她一直与周恩来同志保持着密切的联系，由我充当他们之间的联络员，自己则总是深居简出。①

因为一直在宋庆龄身边工作，廖梦醒的党员身份是秘密的。她刚回到重庆时，周恩来就要曾家岩50号的同志们称呼她为"李太太"。周恩来嘱咐她："要打扮得适合太太的身份。发现有人盯梢的话，也不要紧张，也不要看他，若无其事……反正你的户口是公开的，就是跟你到家门口也不要紧。"②

廖梦醒常常出入曾家岩50号，自然成为特务严密盯梢的对象。从军统局渝特区的记录中，常常可见关于她的行踪："2日上午9时，廖梦醒去美新闻处会华籍女职员朱先梅，密谈约2小时始出。3日上午10时又与一女子步往犹庄晤史良"；"3月28日下午4时20分，廖梦醒赴美新闻处会陈烟桥（奸伪分子，广东人，在该处担任绘图员）。于5时10分二人同出"；"4月2日上午10时廖梦醒访外国记者弥纳，约半小时，去枣子南垭良庄（作者注：王炳南、沈钧儒都住在那里）"；"8日上午7时50分廖梦醒由美新闻处后门来会陈桥烟、金仲华，谈约一小时去"；"10月31日上午11时来50号，下午2时离去"。③

廖梦醒对于这段时间如何在白色恐怖下担任宋庆龄和周恩来等人的"红色交通员"，如何穿过特务的层层监视，甩掉一个个跟踪的"尾巴"，有过生动的记述：

> 1943年的一个夏天，有一封密件。（孙夫人）要我交给周总

---

① 廖梦醒：《我所认识的宋庆龄》，载《宋庆龄纪念集》，第138页。
② 李湄：《梦醒——回忆我的母亲廖梦醒》，第178页。
③ 同上书，第178—179页。

理，不可丢失。我很快到了曾家岩，上二楼推开房门，我看见总理伏案书写。我说："阿哥，我带来一个密件，等回信。"总理说："拿来我看。你在藤椅上休息休息吧，看你满脸的汗"。他一说，我才觉得是很热了，拿出手绢擦汗。然后我从手袋里取出一卷麻绳，我早就想给总理修理他的藤椅，椅子上的藤皮都松了卷，一条一条地垂下来了。我刚修好了这藤椅的前面部分，总理已写好了回信。他站到我的后面，就看见他双眼在看我修好的地方。我说："阿哥，用剩的麻绳别扔了，下回我还要修理后面坏掉的地方。"

总理慈祥地点点头，把信交给我，并说："收藏得好一些。"我说："我走了，保证送到。"

那天天气很热。我来时很急，去时就毫不匆忙了。悠悠闲闲地通过那条小巷，到了马路边的汽车站，我上公共汽车时就感到有人跟我上来了。我很快下了这辆车，上了后面的车子，他又跟了上来，而且占着下车的门口那个位子。那特务是有名的长脚高个子儿，诨号"火车头"（50号同志给他取的诨号）。我盘算了一下，故意坐在车前面的第一个位子上。车过了孙夫人家的重庆新村，我不下车。过了观音岩一站就是七星岗了。我瞄了瞄那个特务，他似乎肯定我已逃不出他的手掌了，因此东张西望，不再注意我。那时重庆的公共汽车行左侧，从前面上，后门下。他守在后门出口处，我下车非经过他不可。我的高跟鞋有三寸高。重庆的公共汽车外面没有门，只有门框，我趁车子快进《新华日报》门市部这一站时，没站起身来已放下了左脚。瞧他不注意，一刹那跳了下去，正好停稳在月营茶室门口。车子倏然飞过我身边。我钻进月营茶室，坐进了有门帘的座位间隔里。这家咖啡店，进店要从马路边上，走下几步石阶，它是靠路边的天窗取光的。特务"火车头"飞跑的长脚从天窗上闪过。我要了一杯咖啡，喝了一大口，就从店侧的一个小斜坡向下跑去。转了一个大弯到了临江门，又换乘一辆公共汽车。这次平安无恙，我把总理的密件妥善送到了。[①]

---

[①] 廖梦醒：《恩情》，《人民文学》1980年第1期。

**1945 年，李少石（左二）、廖梦醒（右一）、李湄（右二）等在重庆合影。左一为蔡荇洲**

  这段时期是中国抗日战争最艰苦最困难的时期，同时由于1939年欧战、1941年年底美国太平洋战争相继爆发，要争取欧美对华援助又越来越困难了。另外，由于政治封锁、经济困难、人员缺乏等原因，原来的宣传和联系的通道就中断了。但宋庆龄在重庆领导"保卫中国同盟"，继续广泛地动员国内外热爱和平、主持正义的友好人士，从道义和物质上支持中国人民的抗日斗争，主要靠她自己的声明、信函和文章，还是争取到了不少援助物资，运送到中共领导的抗日武装根据地等最需要的地方。国民党政府当局却不断地追究捐款的数目、分配和用途，甚至截留和为难。甚至宋美龄也参与阻挠，宋庆龄1942年8月在给王安娜的信中这样说："……就在不久前一天晚上，我听到蒋夫人抱怨说，美国援华会利用战争孤儿的宣传捐钱，但不是为了她的协会，而是为了保卫中国同盟。当时我正好在另一张桌子上，因此未能进行驳斥。"①

  为了摆脱他们的干预和特务的破坏，宋庆龄与大家一起想尽种种办

---

① 《致王安娜》，《宋庆龄书信集》上册，第210页。

法绕过国民党的关卡。很重要的办法之一就是"保盟"请外国朋友帮助，向银行直接提取国外汇来的捐款。廖梦醒负责去银行取钱。为了使用方便会把捐赠的外币换成当时的"法币"现金，因为"法币"币值低，所以有时一取就有二三麻袋的钞票，然后直接把这些钞票交给重庆中共南方局办事处。

平准基金委员会的美方代表艾德勒曾不止一次地帮助廖梦醒在银行提取巨额现款。他是管理美、英援华款项的平准基金会代表，又是孔祥熙的财务顾问。时任平准基金委员会秘书长的冀朝鼎，也是孔祥熙手下的红人，实际是打入孔祥熙身边的地下党员，与艾德勒巧妙合作。在他们的帮助下，廖梦醒得以顺利地提取现金，把大批现金顺利地取出来。每次提款时，往往是事先约定好时间让办事处的车开到银行附近等，取款后办事处的人很快地把现金装进麻袋里。汽车看见人走出银行才开过来，接了人和麻袋就立刻开走。廖梦醒再自己走回家。这样的事情发生过很多次。①

张执一回忆："当时，上海的地下党在经济上也得到了宋庆龄同志很多帮助。一次，她让廖梦醒同志亲手交我三万美元，我随即交到刘晓、刘长胜同志处，以便党的需要。中国福利基金会运往解放区的衣物，数量很大，次数较多。"②

如今在北京宋庆龄故居的展览中，仍然陈列着宋庆龄当时援助陕北根据地的第一台大型 X 光机。为了把这台 X 光机送到延安，廖梦醒协助宋庆龄做了大量的工作。1944 年，海外捐献了一台 X 光机，宋庆龄决定要把它送给中国共产党的根据地延安，以帮助医疗诊断。它是怎样冲破国民党的重重封锁，历经艰难险阻，抵达陕北的呢？

那时要给敌后根据地运送物资，是一件非常不容易的事，不仅要经过长途跋涉，还要通过国民党的严密军事封锁线。这些物资包括给医院用于外科手术的用具和药品，给前线将士的军毯、衣物等，给孩子们的鱼肝油和奶粉。为了安全地把这些物资运送过去，宋庆龄想尽办法、运用一切可以利用的资源和交通工具，包括利用美国军机，请国际友人帮

---

① 李湄：《梦醒——回忆我的母亲廖梦醒》，第 190 页。
② 张执一：《"争取他们应得的一份"》，载《宋庆龄纪念集》，第 127 页。

助押运，并常常在运送的物资外盖上自己的印章，所以这些物件上常常有"孙夫人寄"的字样。任何一个机会她都不会放过，比如："包瑞德上校和一个有二十人的集体（其中包括谢伟思）将在近日出发去延安等处。他们将为我带去二百磅医疗供应品。"①

不仅如此，宋庆龄还要经常进行公开的斗争。即便是这样，也出现过许多无法平安送达的情况。

1940年冬发生过一次很严重的事件。当时日本在华北残酷扫荡，战事频繁，斗争艰苦，八路军伤兵很多。由白求恩主持的国际和平医院及所属医疗队医药和器械极其匮乏。白求恩对被宋庆龄派去现场了解情况的王安娜说："我们缺少最必要的器材……医药用品也少得可怜……"为此，宋庆龄把"保盟"筹集积累了几个月的足够医院用一年的重要药品、游击区得不到的手术器械和研究用的仪器，总共六吨重的物品，准备运送给国际和平医院。

为了防止国民党阻挠，宋庆龄采取了一系列措施：物品装载在国际红十字会的卡车里，请英国援华救济会的成员依法特·马杰尔和菲利浦·莱特护送，并争取到了蒋介石签发的许可证。但是，最后还是在陕西的三原国民党军队包围陕甘宁边区的封锁线上受到了阻挠，以必须把物品交给国民党中央军医署的名义截留，后来却在西安的私人药房里以黑市的价格在售卖！② 情况如此恶劣，实在让人无可奈何。

廖梦醒说：

　　保卫中国同盟常把一卡车一卡车的医疗器材和药品托外国友好人士送往延安。但这些宝贵物资常被国民党军警无理没收。有一次国民党在陕西三原没收了我们募捐的三卡车医疗器材，包括外科手术用的胶手套，X光机等。多年来我一直在想，假使白求恩大夫及时收到这些胶手套，也许不至于感染破伤风死去。③

所以，为了运送这台大型X光机，廖梦醒先去请示周恩来。周恩来

---

① 盛永华主编：《宋庆龄年谱》上册，第782页。
② 尚明轩、唐宝林：《宋庆龄传》，第441—442页。
③ 廖梦醒：《我所认识的宋庆龄》，载《宋庆龄纪念集》，第137—138页。

要她与宋庆龄商量,看能否请中缅战区司令史迪威将军帮忙。他是少数能承认八路军抗日战绩的美军将领,他一直允许美军运输机运送救济物资到延安。廖梦醒说:

> 当时胡宗南部队封锁陕甘宁边区,边区缺医少药。有一次,国外捐来一架大型 X 光机。那时能飞到延安去的只有美国军用机。可是这部 X 光机体积很大,搬不进舱门。我请示恩来同志,他叫我去跟庆龄同志商量。庆龄同志让我去找史迪威将军的杨副官。那是一个夏威夷华侨,深得史迪威信任。我把情况说明后,他立刻报告史迪威将军。史迪威将军向来钦佩孙夫人,一口答应帮忙。他怕夜长梦多,下令马上改建一架军用飞机的舱门,把 X 光机装进去就飞往延安。①

X 光机运抵延安时引起了很大的轰动,这是延安第一台 X 光机。据说,在延安的领导人立即挨着个去照了一遍。②

在宋庆龄和"保盟"全体人员的努力下,在第二次世界大战爆发后,争取国际援助更为困难的情况下,中国人民的抗日斗争仍然获得了海外华侨和国际社会广泛的同情和支持,1944 年,"保盟"共资助抗日根据地医疗工作 110135 美元,188996 元法币;国际和平医院 12500 美元,4710978.50 元法币;儿童工作 179430.52 美元,1808460.87 元法币。③

总之,"保盟"的工作顺利开展,七年时间里国际援助始终源源不断地运往最需要的地区——敌后抗日根据地和解放区,支持中国人民抗战和战区人民的生活,宋庆龄就是在何香凝及廖梦醒、廖承志和何香凝的侄女婿邓文钊、邓文田兄弟等人的帮助和合作下开展的。据詹姆斯·贝特兰描述,他与周恩来 1938 年年初在武汉谈话后,到香港向宋庆龄汇报根据地缺医少药的严峻形势,酝酿创办"保盟"的时候,生动地说明了宋庆龄与何香凝一家紧密合作、并肩战斗的情形。贝特兰这

---

① 廖梦醒:《我所认识的宋庆龄》,载《宋庆龄纪念集》,第 138 页。
② 李湄:《梦醒——回忆我的母亲廖梦醒》,第 190—192 页。
③ 盛永华主编:《宋庆龄年谱》上册,第 793 页。

样说：

> 我被告知，到香港后去嘉林边道那栋公寓 2A11 号找一位孤孀林太太。电话里传来了林太太秘书的声音，听得出那是廖梦醒，她跟我约定了会见的时间。一年前我在延安遇见过她的弟弟廖承志，一个矮壮的红军老战士，高明的语言学家（除了北京话和英语，他还会说流利的日语、法语和德语）。他们是孙中山的政治经济顾问廖仲恺的子女。他们的母亲是著名的花卉动物画画家，当时也在香港。宋廖两家都是革命家庭，也是"保盟"的重要中国成员。
> ……四月初的一个夜晚，应廖氏姐弟邀请，一伙有趣的中国人和外国人，在一位剑桥大学毕业的、年轻的银行家邓文钊家里聚会。廖承志，我们都管他叫"肥仔"，谈到在西北建立国际和平医院的迫切性以及如何进行后援的问题。直到很晚的时候，他才说出孙夫人的名字，说也许要建立一个新的由她来领导的机构。"保卫中国同盟"这个名称被提出来并得到通过。这仅是一次酝酿会议，类似探测气球，会上并没有选出委员来，但我们已经有了足够组成一个机构的人员。①

正是由于"保卫中国同盟"在它活动期间的巨大贡献，宋庆龄和"保盟"的工作得到了极高的评价。"几十年来，孙夫人坚定地站在人民一边，不管是风雨飘摇的处境中，也不管是特务环立的险地中，她不知疲倦地把中国革命的真理介绍给世界，为中国的革命事业争取国际援助。"② 这既充分体现出宋庆龄的重要功绩和伟大品格，也体现出包括何香凝、廖承志、廖梦醒及邓文钊、邓文田等人的一起努力和卓有成效的工作，许多亲历者都非常感动。

1944 年 9 月，因伤在"保盟"支持建立的白求恩国际和平医院休养的刘伯承、陈赓等八路军将领、休养人员和工作人员 148 人，一起在一块白绢上亲笔签名写下了一封情深意厚的信，对宋庆龄表示感谢：

---

① 李湄：《梦醒——回忆我的母亲廖梦醒》，第 151 页。
② 连贯：《女中豪杰，华侨学习的光辉榜样》，载《宋庆龄纪念集》，第 167 页。

"先生继总理之遗志,鹤立堪风,忠言数起,予爱国者以声援;医药频输,给抗战者物助。秉持正义,四海同钦。敬先生者爱先生者固不仅我院工休人员全体也。"①

《新华日报》称赞宋庆龄"先生对于救亡抗战,不但主张坚决,而且领导有力,素为中外人士所钦敬"②。

抗战胜利后,毛泽东赴渝参加重庆谈判,到达的第三天,在周恩来的陪同下,专程到宋庆龄的寓所拜访。一个星期后,宋庆龄以保卫中国同盟主席的名义,宴请毛泽东和周恩来等中共领导。隔了一天,9月8日,毛泽东、周恩来招待各国在重庆的援华团体负责人,感谢各界人士8年来"对边区及解放区的诸多帮助",在桂园举行茶话会。参加茶话会的有英国援华负责人、美国联合援华会、国际救济委员会等众多国际救济机构,而这些机构主要都是通过"保盟"向解放区提供援助的。宋庆龄到会时,毛泽东走出客厅迎接。会议结束后,毛泽东又亲自将她送到大门外,一直看她上了车才目送她离开。毛泽东对宋庆龄说:"边区人民让我转达他们对您的问候和谢意!在抗日战争最艰苦的年代里,您为边区、为八路军和新四军提供了最急需的药品和物资。我无法告诉您,这一切对我们的帮助有多大!"③在毛泽东到重庆短短的11天时间里,宋庆龄就和毛泽东会面了6次,这充分说明他们之间的革命情谊多么真挚和深厚。④毛泽东的这些话,也代表了中国共产党对宋庆龄为八路军和新四军的抗战,为取得抗战的最后胜利做出的历史性贡献,给予了充分肯定,这也是保卫中国同盟全体工作人员不懈努力获得的最高荣誉。

廖承志对宋庆龄这段时期的艰苦斗争更是深切了解和钦敬,她在艰苦战斗中所表现出来的勇气,由于她纤弱、美丽的外表和谦逊的态度而百倍地显现,极具震撼力和感染力,她从创办中国民权保障同盟,发起救国入狱运动以及创建保卫中国同盟,发挥了不可替代的作用,是一段

---

① 尚明轩主编:《宋庆龄年谱长编》(上)(1893—1948),第472页。
② 盛永华主编:《宋庆龄年谱》(上册),第662页。
③ 尚明轩主编:《宋庆龄年谱长编》(上)(1893—1948),第481页。文中指宋庆龄"在上海寓所会见"毛泽东等,有误,实为重庆的寓所。
④ 中国福利会编:《往事回眸 中国福利会史料荟萃》(下),中国福利会出版社2012年版,第336页。

最为出色的战斗。廖承志用诗一般的语言赞美宋庆龄：

她的革命的一生，尤其是风雨飘摇的三十年代，她艰苦奋战，如千丈巨岩，顶住一浪高似一浪的冲击，在狂风暴雨中巍然屹立。①

宋庆龄却谦虚地说："抗日战争时期，曾为解放区的医药物资作过一些支援，那是微不足道的。"这正是："谦逊基于力量，高傲基于无能！"

## 第二节　何香凝流亡广西

太平洋战争爆发后，中共中央书记处和中共南方局紧急指示廖承志，开展对在港文化精英和爱国民主人士的营救工作，安全转移到东江抗日游击区，然后转送内地。廖承志负责具体指挥，廖承志、连贯和乔冠华三人先行突围离港，沿着东江纵队打通的秘密交通线，他们一路检查和布置接待、转送工作，仔细研究从九龙到东江抗日根据地的路线、警戒等情况，然后确定了从九龙撤出的两条路线，结果分批将他们及其家属、国际友人800多人安全转移，创造了无一人受伤或被捕的奇迹，胜利完成了被茅盾称为"抗战以来最伟大的抢救工作"。可是，他却因叛徒告密于1942年5月30日在广东韶关被捕。

宋庆龄听到廖承志被捕的消息非常着急，既担忧廖承志的安危，也担心老战友何香凝不堪打击而影响健康，她多方设法营救，甚至恳求她政见不同的妹妹宋美龄帮忙，可是，宋美龄并没有理睬她，宋庆龄在给友人的信中这样说："我恳求释放的理由是廖夫人的健康。至于说到廖搞了什么活动，他当时正在来重庆的路上，不可能在别的地方工作。但蒋夫人只回答说她一无所知，并说要把此事报告蒋大元帅。"②

为了营救儿子，何香凝利用各种关系四处奔走，另外也准备去重庆争取当面向蒋介石要人，所以早早地告诉女儿她的赴渝打算，廖梦醒早

---

① 廖承志：《我的回忆》，载《廖承志文集》下卷，第650页。
② 《致王安娜》，《宋庆龄书信集》（续编），人民出版社2004年版，第43—44页。

**廖承志被囚禁在江西泰和时的画作**
**《男儿自古谁无死，留得芳名照汗青》**

早先租好房子并买好家具等待母亲一行，周恩来也很担心何香凝，她带着媳妇和两个年幼的孙儿，要廖梦醒尽快接何香凝来重庆，以便照应。

但是，因为蒋介石千方百计地阻挠，何香凝赴渝营救廖承志的计划受阻。蒋介石怕她到了重庆找自己的麻烦，何香凝滞留韶关一年，在营救无果、赴渝受阻的情况下，直到1943年春才决定到桂林。她在中共地下党员的护送下到达桂林，直到1944年9月上旬桂林沦陷前夕，何香凝与儿媳带着两个年幼的孙儿在那儿生活了约一年半。桂林聚集了许多好友、爱国民主人士，如柳亚子、李济深、李章达、蔡廷锴、陈此生等。这时候，因为日军空袭频繁，为安全计，中共党组织把她一家安顿在桂林郊区居住。她就在观音山脚开辟一小农场养鸡种菜自给，靠卖画度日，生活艰苦。蔡廷锴则种茉莉花出售。被蒋介石囚禁的新四军军长叶挺正好住在她家附近，本来有许多人想访问叶挺，但因国民党特务监视得紧，没有办法。何香凝来后，为避开国民党特务的监视，叶挺就常常到何香凝家中会客，特务们怕何香凝斥责，对她无可奈何，不敢造次。此间何香凝与那些抗日将领和民主人士时相往来，聚会畅谈，关注国事，宣传孙中山的三大政策，在一次聚会中她挥毫写下了"坚决实行三大政策，每饭不忘"的句子。

因为蒋介石根本不想释放廖承志，而何香凝如到重庆，必会当面向他要人，严厉地斥责他，他怕难以招架。一开始何香凝以为难买机票才是问题，所以早在韶关之时就打算就算没有机票，搭汽车也要去，她说："吾来渝已决定，因曲江之家已散，重庆新居亦已预备，如在桂林再租屋，则觉麻烦。数日后如无飞机座位，则乘车来渝也。"① 事后才知道，根本是蒋介石从中作梗。有一天终于买好了机票，打电报给廖梦醒，确定好了到重庆的日期，廖梦醒十分高兴，立即拿着电报去八路军驻渝办事处报告，邓颖超知道消息也很高兴，与李德全、倪斐君、刘清扬、罗叔章，以及重庆妇女联谊会会员几十人，早早就到珊瑚坝机场接机。结果飞机抵达，在到达乘客中却见不到何香凝和经普椿母子。最后，从飞机上下来的胡木兰交给廖梦醒一张纸条，是吴铁城写的："廖夫人害怕重庆轰炸，决定暂缓赴重庆。"原来，何香凝拿着机票要登机，蒋介石派人阻挡，以"重庆现在正被轰炸，很危险"为由不让她登机。

何香凝对此非常生气，加上物价飞涨，生活困难，她感到无可奈何，在给女儿的信中说："来函已收到了。7000元之款早已收用。现在桂林生活比较重庆高。肉一斤价40元，而布百元方能买一尺。物价如再涨，吾或迁往湖南居住。四川之行恐难成事，因有人挡驾。但情势如此，来渝亦无用。"真是：

> 漂泊天涯隐桂林，国仇家恨两相侵。
> 难行蜀道知何故？事出无因却有因。
> 戎马关山欲暮天，怕登楼见月团圆。
> 思乡更痛山河碎，劫后余生又两年。②

---

① 尚明轩、余炎光编：《双清文集》下卷，第389页。
② 同上书，第395页。

就在自己处境这样困难的情况下，何香凝常常挂念着战友宋庆龄，在给廖梦醒的信中，常常叮嘱她问候"叔婆"宋庆龄、"代候叔婆安"，询问"叔婆身体及近况如何？""闻叔婆有微恙，见面时代我问候"，等等。宋庆龄更是时时关心着何香凝的安全和动态。

另一方面，蒋介石又派人送10万元支票①给她做生活费，生活拮据的何香凝，却只在信封批上两句诗"画幅岁寒图易米，不用人间造孽钱"，原封退回，表示了她对蒋介石的极端失望！并坚决地说："重庆方面，若十三年国民党之政策实现，我当来渝，否则饿死亦听其自然而已。"②

由于战局动荡，何香凝在广西的几年里不得不多次流亡，带着孙儿辗转桂东，先后住过阳朔、平乐、昭平、八步等地。后来时任国民党军队副总参谋长的白崇禧，得悉当时许多著名人士疏散到了广西昭平后生活困难，便派副官送去20万元，列了九位的名字，第一位就是何香凝，注明奉上5万元，其余三两万不等。何香凝见到来人正色地询问："这钱确实是白副总长送来的吗？若真是白先生的好意，我可以收下。若是蒋介石的钱，我饿死也不要的。"

她在昭平居住了短短两个多月，积极参加各项抗日工作，支持群众的抗日斗争。在县长韦瑞霖的帮助下，以张锡昌领导的工会职工500多人为骨干，成立了昭平县民众抗日自卫委员会，何香凝担任主任委员，并为自卫队募集军饷寒衣，为此招致了当局的忌恨。时任广西桂东行署主任、广西民团副总指挥的蒋如荃，在横征暴敛、鱼肉乡民的行径遭到何香凝谴责后，他对何香凝百般刁难，以部队缺乏营房为由，迫使她从暂时栖身的国民中学搬出。她失去了居所，不得不再次流浪……

1944年11月27日，昭平人民为何香凝举行了热闹的欢送会。诗人严直云赋诗称誉何香凝："老干经风硬如铁"，赞颂她疾恶如仇的精神和为民造福的热忱。

---

① 也有人认为是100万元支票，如尚明轩："……派人持函并附100万元的支票"，《何香凝传》（增订本），团结出版社2004年版，第275页；蒙光励："蒋介石出于某种需要，派人给她送来了100万元的支票"，《廖家两代人》，暨南大学出版社2007年版，第287页。这里采用李湄的回忆："蒋介石一方面阻挠外婆去重庆，一方面又假惺惺地派人给她送去10万元。"《梦醒——回忆我的母亲廖梦醒》，中国工人出版社2006年版，第187页。

② 尚明轩、余炎光编：《双清文集》下卷，第400页。

1944年12月，何香凝（第一排左七）
参加广西大学八步校友会会址落成典礼

艺术家欧阳予倩在欢送时写了一首新诗《祝福、盼望——敬送何香凝先生》，盛赞她"革命的慈母""铁一般的信念"：

革命的慈母，
怎么
你又要走了？
自己偌大的家园，
就劫余一寸，
也应有容足之地吧！
快七十岁的高龄，
带着两个有父有母的孤儿——
她的孙子——一个五岁，一个两岁。
冷雨凄风里，蚕丛鸟道，
崎岖无尽的山程啊！
豺狼在暗中窥伺，
狐狸要咬你的脚跟。
二十年的漂泊，

> 变不了铁一般的信念，
> 火一般的热情。
> 送你的一群，迎接你的一群，
> 尽管，各有各的愿望。
> 在遥远的地方，
> 不，在窒息的烟雾里，
> 还有一群群天真的孩子
> 为你祝福，
> 盼望你播散福音。

当时八步区的专员李新俊，是黄埔军校五期的毕业生，写信给何香凝，邀请师母迁往八步。何香凝到八步安居下来，不少老朋友已在八步，如陈劭先、梁漱溟、陈此生，她一如既往参加一些政治活动，与老朋友会面，参与抗日救亡宣传。

1945年端午节，在八步举行诗人节集会活动，何香凝出席并在致辞中勉励大家学习屈原的伟大爱国精神，在各自的岗位上积极参加抗日救亡工作，争取早日收复失地，并即席朗读了自己的诗作：

> 诗人流放楚江皋，
> 丹心如火□□□，
> 中华儿女多英杰，
> 收复河山思故都。

当天，她还参加了八步"广东困难同乡救济会"，虽无现款捐助，但将自己的《墨梅》和《水墨苍松》两幅画捐作义卖，用于救济同乡。①

在八步生活期间，何香凝并不得安定，先是发生叛匪袭击八步，为了避匪，疏散到贺街，然后到信都。一个月后返回时，家中衣物行李等

---

① 刘嘉伟：《抗战时期何香凝在广西》，政协广州市委会文史资料研究委员会编《广州文史资料》，第17辑（1979年）。

已被盗去一空。但是，奈它何！从1944年12月上旬到达八步，她们一直住到抗战胜利。

何香凝战乱中在广西多处流亡，历尽艰苦、危险与磨难，但所到之处都积极参与抗战救亡宣传活动，通过参与集会发表演说、咏诗、绘画等方式，动员民众，鼓舞士气，呼吁团结，留下了种种关于她"先开早具冲天志""敢将勇气战时穷"的天生硬骨和"烂船漂泊也风流"的豪迈气度的佳话。

## 第三节 坚持团结抗战 反对分裂

抗日战争爆发后，宋庆龄、何香凝，一直以各种方式表达同样的主张。她们高举孙中山新三民主义的旗帜，坚决执行联俄、联共、扶助农工的政策，反复解释孙中山三大政策是国民党与共产党再度合作的政治基础，为团结抗战，反对分裂，巩固抗日民族统一战线而努力奔走。

1937年7月15日中国共产党向全国同胞公布国共合作宣言："孙中山先生的三民主义为中国今日之必需，本党愿为其彻底的实现而奋斗！"9月，蒋介石终于发表了承认中共合法地位及两党合作抗日的谈话。宋庆龄异常兴奋地表示："中共宣言和蒋委员长谈话都郑重地指出两党精诚团结的必要。我听到这消息，感动得几乎要下泪。"① 11月，她发表声明称："共产党是一个代表工农劳动阶级利益的政党。孙中山知道没有这些劳动阶级热烈支持与合作，就不可能顺利完成国民革命的使命。……国难当头，应该尽弃前嫌。必须举国上下团结一致，抵抗日本，争取最后胜利。"②

何香凝同样非常高兴，她长期为之呼吁奔走努力，团结一致抗击日本侵略者、挽救中华民族的主张终于实现，她马上发电报给刚联系上不久的儿子廖承志，要他在此良机，努力为抗日救国大业做出贡献，她在短短的电文中这样说："来电悉。吾等幸安，可毋念。国共团结抗战，

---

① 尚明轩主编：《宋庆龄年谱长编》，第345—346页。
② 宋庆龄：《关于国共合作的声明》，载《为新中国奋斗》，第109页。

对于汝父十三年改组国民党,执行三大政策之主张实现,为之安慰。汝须努力奋斗御敌,勉为政府抗战后援,以竟汝父遗志。"9月27日的《救亡日报》全文刊载了此电文,编者田汉加跋说:"寥寥数语,爱国之情,溢于言表,不特为中国民众之光,亦为世界母性之楷模。……廖夫人献身神圣之救国事业,垂数十年,今已垂垂老矣。而革命之志,老而弥坚,其热烈少壮之精神,犹如青春泼辣之少年。光威所播,令人感奋!""感奋兴起之中,使人肃然生敬虔之念","有母性如此,中国不可亡也"。廖承志早在6月给母亲的信中也强调:"据近来情形看,要重新实现民国十三年时的局面,还须得好好努力。……希望你能好好地团结一些赞成合作的人士共同前进,这是中华民族极需要的。"①

1938年1月23日,国际反侵略运动大会中国分会在汉口成立,宋庆龄、何香凝和毛泽东、蔡元培、冯玉祥、宋子文等72人被推为名誉主席团成员,共同为国际反侵略运动贡献力量。② 3月29日至4月1日,国民党在武汉举行临时全国代表大会,通过宣言和《抗战建国纲领》等文件,明确全国抗战力量在国民党和蒋介石的领导下共同抗战,蒋介石发表联合抗日的声明。

宋庆龄和何香凝闻讯后非常高兴,即于4月14日联名在香港《救亡日报》发表了声明《拥护抗战建国的纲领,实行抗战到底》,表示拥护国民党临时全国代表大会所发表的"宣言"和《抗战建国纲领》:

> 捧读本党临时代表大会之宣言与抗战建国纲领后,不感觉[觉感]奋交集,实有不能已于言者。自抗战以来,我党内同志暨国内同胞,一致忠勇,为民族国家作壮烈之牺牲奋斗,以鲜血头颅争我中华民族之生存,造成光荣历史之一页。今代表大会复群订抗战救[建]国纲领,以示本党领导抗战之目的,甚为适当与必需,除向领导代表大会之蒋中正同志致以敬意外,并为我全党贺!
>
> 本党临时代表大会,总结自九月以来抗战之经验教训,订立今后抗战建国方针,如大会宣言及大纲所昭示全党全国者,确定为保

---

① 《廖承志文集》下卷,第710页。
② 盛永华主编:《宋庆龄年谱》上册,第607—608页。

证抗战彻底胜利之先声,亦即为本党今后矢志完成总理遗志之宣誓。

声明还郑重地强调:"能否最后完成任务与达到最终之目的,不在空言,而在力行,不仅号召,而重实现,希望全党同胞,一致努力为建国纲领奋斗到底!"然后就如何真正实现临时代表大会"宣言"与《抗战建国纲领》,争取抗战最后胜利和实现孙中山的遗志,她们向国民党中央和全党同志提出了七点建议:

一、重振党纪,严厉制裁一切偷生怕死,贪污舞弊,欺民枉法之负责党员,务使我党恢复民众先导之地位。

二、尊重民意,实现民权,彻底取消一切有形或无形压制民意、妨碍民权之法令。

三、以民族国家利益为先,排除一切不利民族国家之私见,停止任何方式之党派斗争,务使全国人民一致精诚团结。

四、时刻不忘当前民族国家之耻辱,胜固不骄,败亦不馁,贯彻抗战建国之目的,切勿中途易辙。凡稍得胜利,忘冀和平,实为屈辱之主张,尤应坚决反对,勿使我民族国家,重陷万劫不复之地。

五、严防敌寇阴谋,勿中其一切挑拨利诱之伎俩,务使其不战亦能灭亡中国之毒计无从实现。

六、严厉执行褫夺从事傀儡汉奸者之公民权,没收其全部财产;如身为"党政"负责人员,尤应加以严峻之刑律,以振党国纲纪。

七、勿忘全国同胞在被占区域或作战区域,因战事影响,或遭暴敌惨杀奸淫,或过奴隶生活,或家破人亡,或流离失所,或遭死难……种种惨痛,当铭刻吾人脑际勿忘,党政当局,贵能牺牲少数人之安荣利禄,而以解除全国人民生活苦痛为前提,抗战期间,凡与抗战利益不相矛盾,而能改善民生之计,如救济难民,抚慰流亡,优恤阵亡将士死难同胞,取消与禁止一切苛捐杂税及高利贷,斟酌情形豁免赋税或减低租税……当努力实行,务使全国同胞乐于追随吾党,抗战到底。①

她们看到团结抗战的局面,不约而同地为国民党领导抗战取得的进步高兴,并寄予厚望。

宋庆龄在她的《抗战的一周年》一文中说:希望国民党这次以联合共产党及各民主党派、依靠民众进行抗日为契机,真正走向民主的前途。她把在爱国、民主基础上建立的新的国共合作,视为孙中山信仰的复兴,她欢呼国共合作的初步成就。宋庆龄提出:"伟大的一年,[是]再次显示中华民族光荣历史的一年!"但这只是个开始,要争取我中华民族解放、独立的最后胜利,"还需要同志们踏着先烈的血迹继续努力前进!"②

何香凝在《抗战一周年感言》一文中,同样为一年来民族团结抗战所体现出来的东方大国"有这样的伟大反抗精神"而激动,并为一年来英勇抗战所取得的成就而自豪!对于"政令上军令上都归于一致,全国国军的指挥卒归于统一;全国进步的,抗日的民众都在抗日的共同目标下一致团结起来;国共两党关系也在日渐改善中……"等进步,而感到高兴。③并强调这一年抗战成果,说明了"过去曾一度抛弃过总理的三大政策"而搞分裂,民族和民众都吃了不少苦头,所以她再次强调坚持孙中山联俄、联共、扶助农工三大政策的重要性。

1941年1月14日,还不知道发生"皖南事变"的宋庆龄,联合何香凝、柳亚子、彭泽民,致函蒋介石及国民党中央,为"最近讨伐共军之声竟甚嚣尘上,中外视听为之一变",严厉劝谏他们:"倘不幸而构成剿共之事实,岂仅过去所历惨痛又将重演,实足使抗战已成之基础,隳于一旦",因而,"应以国共和平合作团结互助为重心","慎守总理遗训,力行我党国策,撤销剿共部署,解决联共方案,发展各种抗日实力,保障各种抗日党派……"

话音未落,就惊悉已经发生了"皖南事变"!18日,宋庆龄和何香

---

① 《宋庆龄选集》上卷,第223—226页;尚明轩、余炎光编:《双清文集》下卷,第261—263页。
② 盛永华主编:《宋庆龄年谱》上册,第619页。
③ 尚明轩、余炎光编:《双清文集》下卷,第267—269页。

凝、陈友仁再次挺身而出，立即联名致电蒋介石，痛斥其实行反共、破坏抗战的倒行逆施，要求他立即停止弹压共产党，她们严正地指出："今后必须绝对停止以武力攻击共产党，必须停止弹压共产党的行动。"2月9日，延安《新中华报》以《国母宋庆龄先生致电国民党中央——要求停止剿共部署，发展抗日实力》的醒目标题，全文发表了14日的联名信。①

1月19日，"保盟"召开中央委员会会议，廖承志向会议作了关于"皖南事变"情况及延安方面的抗议的报告，详细介绍事变的真实情况。会后，"保盟"向英美援华团体电告了事变的真实情况。同时，时任新四军政治委员的刘少奇和代军长陈毅，决定派新四军卫生部部长沈其震到香港，当面向宋庆龄介绍事变真相，宋庆龄会见了他，听取了介绍。她很担心新四军的损失，在很短的时间内为其筹集了一批物资，通过各种渠道，送给了新四军，以解燃眉之急。

直到蒋介石做出"今后决无'剿共'的军事行动"的承诺后，她们才平复了愤懑的心情。

**1941年1月，宋庆龄、何香凝、柳亚子、彭泽民
联名致函蒋介石及国民党中央，愤怒谴责"皖南事变"**

中共中央对宋庆龄和何香凝等人的严正立场给予了高度评价。3月8日，延安各界召开纪念妇女节大会，会上通过了给宋庆龄和何香凝的

---

① 盛永华主编：《宋庆龄年谱》上册，第693页。

致敬信,对于她们在"皖南事变"后的严正立场给予高度赞扬:"号召停止反共,一致对敌,仗义执言。"① 任弼时也在一份内部报告中赞扬他们:"国民党中委宋庆龄(孙中山夫人)、何香凝、柳亚子及参政员张一麐,老国民党员彭泽民等在香港发起抗议运动,曾三次致书蒋介石,不顾国民党之压迫,极力宣传正义。同情我党主张,且在报上发表对国民党之批驳。"②

宋庆龄和何香凝一样,长期以坚定的勇气捍卫自己的原则立场。她们坚信"第一能团结一致,只有团结抗战,才可以自卫,才可以图存……第二解决民众疾苦,唤起民众,动员民众",这样,"胜利前途,必有把握,中国的富强,也必能实现"。③ 7月,宋庆龄再次严厉批评"皖南事变"制造者,干出"破坏内部团结主张妥协或投降"的勾当,再次强调团结抗战的重要性:"我们必须抗战到底,而唯一使我们继续抵抗的条件也就是使抗战得以开始的同一条件,这就是:全民族的抗日团结。"④

1944年蒋介石政府对游击区采取封锁政策,破坏团结抗战的局面,宋庆龄直言不讳地指出他为"中国的反动派",抨击他背叛孙中山的联共政策。她鲜明地指出:

> 中国的反动派和法西斯主义势力很强……下述事实可以证明这一点……我们的军队中的一部分被转用于封锁和紧盯游击区;一些人仍置私利于国家公益之上,镇压农民;缺乏真正的劳工运动……中国的反动分子正在准备(内战)以便消灭我们斗争中的民主部分,这一部分是陕北和敌后游击区……⑤

为此美国《时代》周刊发表评论说:"纤小、温雅的孙中山夫人很少说话。但是,一旦为其丈夫的自由民主方案直言时,她的话却如浓茶

---

① 盛永华主编:《宋庆龄年谱》上册,第701页。
② 同上书,第699页。
③ 尚明轩、余炎光编:《双清文集》下卷,第405页。
④ 盛永华主编:《宋庆龄年谱》上册,第707页。
⑤ 同上书,第770页。

一样强劲有力。"并说:"这一声明是对蒋介石对中国共产党政策的直接抨击,并要求美国像供给重庆国军那样供给共产党。在重庆,除了委员长这位反叛的大姨子外,没有人敢用这种口气提出中国最具爆炸性的问题。至于孙夫人,她肯定是感到不得不这样讲的迫切性。"① 宋庆龄"如挺拔的大树,岿然屹立于雾都重庆,为民族的独立和人民的解放而竭尽全力、奋发工作。"②

3月4日,宋庆龄约见美国大使谢伟思谈及国民党当局常抓捕人的问题,还提到因为她不断发表团结抗日、揭露蒋介石封锁游击区,呼吁解除封锁、维护共产党的言论时,宋庆龄这样告诉谢伟思:孔祥熙曾忧虑地跟她说:"如果你继续乱说一通,他们把你关起来怎么办?"宋庆龄坦然地答道:欢迎!她还提到,廖承志正被国民党特务关在集中营里。③ 宋庆龄的意思很明显,就是没什么好怕的!

实际情况正如她给友人的信中所说:"我写了几篇争取支援救济工作的文章,其中给美国劳工的一篇惹得这里的大官们火冒三丈,为之掀起一场轩然大波。"宋庆龄曾致电美国一些团体,叙述国民党对共产党领导的陕甘宁边区和抗日根据地搞封锁的实际情况,并要求取消这些封锁,以使医药和其他急需物资能运送到那里去。可是,"他们闭眼不看事实,只是一个劲儿地责备我呼吁解除对游击区的封锁"。他们先派吴铁城,后又派何应钦的代表来围攻她,指责她"家丑外扬"。国民党当局还因此禁止了宋庆龄准备接受几个美国团体邀请、定于3月初的访问美国之行。宋庆龄感到非常无奈:"我如果现在是在前线参加战斗一定会好受得多。……没有什么比干坐在这里,对这场为一切值得活下去的东西而进行的严酷斗争作壁上观,更令人泄气的了",为此希望别人为她"多打几个日本鬼子",④ 并且充满抗争地说:"他们所能做的只是不让我旅行。"

实际上,人人都清楚这是她的看法,她的组织——保卫中国同盟主要关注于向共产党控制地区运送救济品。这就是宋庆龄的一贯立场。至

---

① 盛永华主编:《宋庆龄年谱》上册,第770页。
② 邓颖超:《向宋庆龄同志致崇高的敬礼》,载《宋庆龄纪念集》,第59页。
③ 盛永华主编:《宋庆龄年谱》上册,第774页。
④ 《致杨孟东》,载《宋庆龄书信集》上册,第258页。

于在保盟《通讯》中公布了一些事实，发表了一些观点，只是因为她觉得必须让海外朋友了解事实，"作出他们自己的判断"。

早在1941年宋庆龄以"保盟"中央委员会名义发表的文章就明确地指出过：虽然饥饿与伤痛是无党派的，但"保盟"的工作是"有政治立场的"，"我们的立场就是抗日统一战线的立场"。"保盟"根据"帮助需要最迫切的地方"的救济方针，重点支援的是抗日游击队。因为"我们知道，在中国所有的地区中，游击作战区得到的基金和医疗物资最少"，而且"游击战和动员战区的中国人民是中国抗战的重要因素"，所以，重点援助抗日游击队和敌后抗日根据地，"这不只是我们自己的想法，中国的许多海外友人也明确表示希望他们的捐助能用于这些地区"，并谴责国民政府对华北游击队设置"政治封锁线"。她明确地说："我们将继续呼吁恢复中国的统一战线，巩固中国的团结。"①

3月12日，宋庆龄为美国有关团体举行的孙中山逝世19周年纪念活动发表了题为《孙中山与中国的民主》的广播演说。在演说中，她对美国民众阐述了孙中山三民主义思想的真谛，明确民族或国家间的"自由"与"平等"的联系、"唤起民众"与"联合世界上以平等待我之民族，共同奋斗"的联系，说明国家之间是平等的，每一个国家内部也有一个建立在人民的利益和自由表达意志的基础上的政府，以增进中美人民间的理解和友谊，并再一次呼吁希望全国人民为孙中山的三民主义的实现而奋斗，团结抗战并取得建国的胜利！②

1944年11月11日，《广西日报》昭平版正式发行，何香凝为发刊题词"团结抗战，抗战必胜"。她在孙中山逝世20周年之际，接受《广西日报》记者的提问时又指出：纪念孙中山，主要的不是天天读他的遗嘱，而是照着他遗嘱所指示的原则进行革命工作。

正如田汉所说："廖夫人何香凝女士与孙夫人宋庆龄女士，在巨星陨落之后，仍不坠其万丈之光芒，于爱国救亡及一切为自由与光明而战斗之举，两夫人常为其最忠诚热心之赞助者，推动振励，不遗余力，亦不知老之将至，真女中之瑞也。"

---

① 盛永华主编：《宋庆龄年谱》上册，第705页。
② 同上书，第775—776页。

总之，她们始终坚持孙中山的三大政策，坚决站在中国人民根本利益一边。为抗日民族统一战线的建立和巩固而奔走呼号，非常明确地认识到，并反复强调，要完成抗战任务，实现中华民族的彻底解放，有赖于本党和全国同胞、民众，一心一德，团结一致，共同努力才能完成！她们是孙中山思想和事业的真正继承者和捍卫者！她们如此苦口婆心，反复强调，不断奋斗，无非是"我爱国民党，我更爱中华民国，我希望中国能强盛地站立起来"。①

她们为了维护国共合作的局面，对国共团结抗战的真诚支持，不仅得到了广大爱国民主人士的广泛响应，也与中国共产党团结抗战的主张完全一致，中国共产党领导人都非常重视她们的意见。中共"南方局领导人把宋庆龄、何香凝、柳亚子、谭平山等国民党左派视为知己，经常征询他们的意见，和他们一起反对国民党顽固派"。②

## 第四节　坚持正义必胜　反对投降

面对日本侵略者大举进攻上海，企图用三个月灭亡中国的狂妄野心，一时间"亡国论""失败论"的悲观论调在国内流传，为此许多人甚至主张对日妥协。在这种形势下，宋庆龄、何香凝为中华民族的前途深感忧虑，对日本侵略者的本质进行了深入的分析，针对各种悲观论调发表旗帜鲜明的观点，反对各种失败论、投降论，立场坚定，强调正义必胜，表达树立抗战到底的信心和决心。

1937年8月，宋庆龄看见成百本书成千篇文章中的大多数作者，都有过高估计日本力量而过低估计中国抗战力量的论调，写下了她针锋相对的政论文章《中国是不可征服的》，深入对比分析中国和日本的力量，得出"中国是不可征服的"结论！她说："我坚决地相信，中国不但能够抵抗日本的任何侵略，并且能够而且必须准备收复失地。中国最大的力量在于中国人民大众已经觉醒起来了。"因为看一个国家的力量必须从它的经济潜力和社会结构来判断。她分析了日本的工业、农业、

---

① 尚明轩、余炎光编：《双清文集》下卷，第405页。
② 中共中央党史研究室：《中国共产党历史》第一卷（1921—1949）下册，第601页。

资源、资金等的状态，判断出"在经济上，日本是一个弱国"，战争"将使日本已经很脆弱的社会经济结构面临新的困难，更加捉襟见肘"。因此，日本"不过成为一只纸老虎"，根本经不起"长期战争"。而中国地大、资源丰富、人口四万万七千一百万，蒋介石已经停止了内战，与共产党讲和，"携手共赴国难"，"国共合作是绝对必要的。所有的力量必须团结在一起"。① 所以，中国完全有力量打败日本侵略者，对此充满信心。当"随着苏州和厦门的相继沦陷，失败主义者又刮起了'和谈'风"时，宋庆龄清醒地强调"我们中国人民是要坚持抗战到底的"。1938年7月5日，在《抗战的一周年》中，宋庆龄再次痛斥"怯于对外、勇于对内"的投降派之流、"失败主义"的论调，严正指出为了坚持抗战，就"要斩断敌寇侵略的另一只魔手——政治诱和的阴谋"，因为敌寇诱和包含着瓦解中国人民抗战意志的祸心，稍一放松，产生取巧心理，就有危险，"实为可虑"。②

何香凝坚信"正义一定会胜利"，但她又认为，必须切记总理遗嘱"为达此目的，必须唤醒民众"的教诲，只要国民党与共产党，不再分彼此，"一同努力做唤起民众的工作"，就可以坚决地相信"中华民族的前途是光辉灿烂的"。③ 因为，抗战局势危急，这固然是日人恣其野心，灭绝公理的缘故，但我们不争气，也太长人家威风，以致让国家"丧失如许锦绣河山，演出这么多悲惨流离的场面"。假若我们遵循孙中山先生的三大政策，执行孙先生的遗嘱，"当不至弄到今天如此局面"。

早在"九一八"事变发生后，从巴黎回国的何香凝，对坚决抵抗日本就有着明确的态度。1931年11月29日和12月1日，刚刚回到上海，她连续接见上海《民国日报》和国闻社等媒体记者，发表谈话时就表明了坚决抗日救亡的主张。她说，日本侵占东三省，国家大难临头，救国"是我中国四万万同胞所同具责"，人人都应担当。并且针对国民政府主张依靠"国联"达到干涉日本的幻想，大声疾呼只能由国人"自救"，何香凝十分清醒地认识到"除自救外，别无他策"，因为"国联

---

① 宋庆龄：《中国是不可征服的》，载《宋庆龄选集》，第115—120页。
② 宋庆龄：《抗战的一周年》，载《宋庆龄选集》，第129—130页。
③ 尚明轩、余炎光编：《双清文集》下卷，第255—256页。

实为一个大国宰割小国及分赃之集团"。

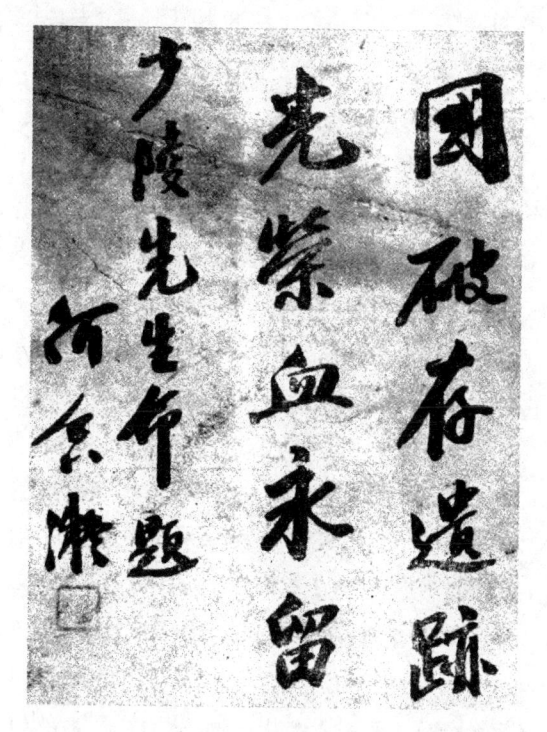

**1935 年，何香凝题："国破存遗迹　光荣血永留"**

何香凝在她的《抗战一周年感言》中，除了赞美中国人民表现出来的"伟大反抗精神"外，对极少数人在会上提出勾结侵略者的"德意路线"，即意图与日本侵略者的"把兄弟""希特勒、墨索里尼讲老交情"的"先生们"，极为反感，认为他们是"认贼作父"，希望他们"及时猛醒"，抛弃这种幻想，认清敌人的真面目，坚决彻底地抗击日本侵略者，才是正道，否则，就是"将中国国运开玩笑"！① 当然，对于日本侵略者，除了必须态度坚决彻底地进行抵抗，既要斗智，又要斗勇，更要坚持，一样都不能少！我们必然能得到最后胜利，"最重要的是坚持抗战，如其不能坚持，中华民族将沦于万劫不复的地步"。

何香凝跟宋庆龄一样清醒：抗战"胜利不会从天外飞来，而是我们

---

① 尚明轩、余炎光编：《双清文集》下卷，第 276—278 页。

不断地去努力去争取的!"①

　　汪精卫发出通敌"艳电"后,1938年10月28日,宋庆龄、何香凝与陈友仁、徐谦、彭泽民、罗翼群六人,一起致函林森、蒋介石、孙科及国民政府各委员,斥责汪精卫停止抗战、消极妥协的投降言论,抨击他混淆视听,主张政府发动全民抗战,表明抗战决心,并提出四点抗战方针,争取抗战最后胜利。她们说:"……汪精卫先生忽对路透社记者发表公开言和言论,举国惶惑。今我政府既宣布抗战决策,则对于淆乱人心、影响抗战之言论,必当明令制止,并向国际否认;而主和分子,必当摒弃。抑尤有陈者,抗战已十五阅月,而大政方针尚未为国民所明了,庆龄等认为应立即施行者:一、加强中枢政治机构;二、遵守总理所定外交政策;三、发动全国民众力量;四、迅速起用知兵宿将,保卫广东。凡此四端,必须政治与军事配合,实行民主集权,始能挽回颓势,转败为攻,内得人民之拥护,外得友邦之援助。国事日危,不敢再安缄默,迫切陈词,伏希采择。"②

　　1939年11月,宋庆龄发表《真正实现中国的独立》一文,再次痛斥汪精卫之流曲解孙中山的学说,不了解孙中山民族民权民生三个主义是救国目标中不可分离的部分。她尖锐地指出:"无论何人,对三民主义没有适当的认识,便不配算孙中山先生的真正信徒。这些一知半解的信徒们,随着时代潮流的变化,遇到了真正为国家从事革命的时候,随时有思想发生动摇的危险,甚而至变成卖国的汉奸。""孙中山先生在南京任临时大总统的时候,曾告其信徒曰,我们为欲抵抗外来的侵略,惟有在社会上经济上求强盛。间有对此点表示怀疑者,孙先生说:'如对此点发生怀疑,不如不参加革命。'""目下背叛国民革命的汉奸汪精卫,即对此点不了解,而思想发生动摇者之一",并痛斥他"竟敢曲解孙先生的学说"。最后充满信心地表示:"我们只要对动员全国工作,更加几分努力,最后胜利,总是属于我们的。进一步,我们要晓得,抵抗侵略,提高民权,改善民生,有同样的重要性,应该同时并进的。孙

---

① 尚明轩、余炎光编:《双清文集》下卷,第351页。
② 《至林森、蒋介石等》,载《宋庆龄书信集》上集,第116页;尚明轩、余炎光编:《双清文集》下卷,第304—305页。

中山先生的主义，全部实现之日，也便是国家独立的真正实现之时。"①

**1939 年，宋庆龄在《妇女文献》杂志上题词："抗战到底"**

  何香凝也撰文痛斥汪精卫的投敌汉奸行径，又出于与汪氏夫妇的几十年交情，她苦口婆心又严厉地劝说汪精卫回头是岸，要他"闭门思过，以谢国人"。但何香凝也认为，通过对这种动摇、妥协甚至投敌行径的斗争，把这样的投敌败类从队伍中清除出去，就可以达到更加严密自身的队伍，更有利于坚持抗战到底的目标，有助于争取最后的胜利。②

  宋庆龄和何香凝的政治思想都具有彻底的、鲜明的反帝特征，对投降主义的斗争一直都没有停止过，这在漫长的抗日战争时期是很重要的。正如毛泽东为纪念抗战二周年撰写的《反对投降活动》指出的那样，投降是当前最主要的危险，呼吁全国一切爱国党派和同胞"反对投降和分裂"！

  宋庆龄和何香凝不论身在何处，遭遇怎样的困难，她们都用行动参与这个艰苦的斗争过程，做宣传、动员、慈善募捐、统一战线工作……从日本入侵东北发动"九一八"事变后她们即刻采取行动，直到抗战胜利，十四年里与中国人民一直站在一起，在战胜日本法西斯侵略者的

---

  ① 宋庆龄：《真正实现中国的独立》，载《宋庆龄选集》，第 145 页。
  ② 尚明轩、余炎光编：《双清文集》下卷，第 312—315 页。

过程中，发挥着不可替代的作用。《救亡日报》曾在一篇"特讯"中这样评价宋庆龄与何香凝：

> 当此中华民族处困苦颠连之境，趋向自由独立之途中，其能皎然如寒夜双星，以其艰苦卓绝之精神，从事于民族解放斗争，为我新中国之历史，挥洒其光辉无限之笔者，在妇女界中，为孙夫人宋庆龄，廖仲恺夫人何香凝。①

---

① 《救亡日报》1937年9月27日。

# 第六章

# 为新中国成立而奋斗

## 第一节　争取和平民主建国

　　1945年抗日战争取得了胜利，宋庆龄、何香凝等和全国人民一道沉浸在无比的激动和欢乐之中，庆祝历经十四年苦难，经过伟大抗战的中国人民，取得了最终的胜利！憧憬着和平、民主建国，人民获得真正的彻底的解放，从此就能过上安宁幸福的生活。但是，事情并没有她们希望的那么顺利，她们还要为争取和平民主建国而进行不懈的奋斗。

　　1945年年底，宋庆龄回到了上海，继续她的工作，把"保卫中国同盟"改为"中国福利基金会"。廖梦醒和王安娜等"保盟"工作人员，随她到了上海，开展中国福利基金会的工作，工作重点转为医治战争创伤，继续争取国际援助。宋庆龄在上海领导"中国福利基金会"，她坚定地与人民站在一起，三年多的时间里给予中国共产党及中国人民解放军以巨大的物资、财力的帮助，还帮助解放区开办了制药厂、医疗队，开展儿童教育和文化项目。

　　何香凝10月从广西八步起程，经梧州到达广州，12月底带着孙儿迁居香港，寓居港岛坚尼地道25号、她的侄女何捷书婆家的产业、一间200多平方米的大房子。这段时期她的寓所成为拥共反蒋人士的聚会场所。她利用这个大房子，与许多爱国民主人士重聚，共同为反对专制独裁，争取和平、民主建国而努力。这个时期何香凝政治活动异常活跃，她的思想也与时俱进，实现了巨大的飞跃。直至1949年4月，她受中共中央之邀北上参加新政协，寓居香港三年多。

　　廖承志则于1946年1月在重庆出狱，先作为中共代表回到广州，与国民党代表张发奎，谈判东江纵队北撤山东的问题；5月随周恩来到南京在梅园新村协助他开展工作；9月，赴延安就任新华通讯社社长职，主持新华社工作，后兼任中共中央宣传部副部长等职，十分出色地开展宣传、广播工作，在1945年中国共产党第七次全国代表大会上被选为中央委员会候补委员后，于1949年3月在中共七届二中全会上递补为中央委员，进入中共中央的领导行列。

就这样，她们南北呼应，异口同声，反内战、反独裁，共同为争取和平、民主建国做出了巨大努力。经过三年多的奋战，终于迎来了最终胜利，建立了新中国，重聚于新中国首都北平。

1945年8月，应蒋介石之邀，以毛泽东为首的中国共产党代表团到重庆谈判。其间，宋庆龄多次会见毛泽东、周恩来，为中共拥有众多杰出领导人而鼓舞，毛泽东等中共中央领导人，则对她忠诚不渝地坚守孙中山三大政策，不顾个人安危而与蒋介石进行不懈斗争，为中华民族解放事业所作的巨大贡献表示由衷的敬意。宋庆龄很受鼓舞，也表示对边区和解放区在今后进行和平建设时期，"仍将继续予以帮助"。[1]

何香凝在八步得悉毛泽东赴渝谈判、共商建国大计这个消息，十分欣慰，特致电蒋介石和毛泽东，对谈判成功寄予厚望："顷闻毛先生到渝商议和平建国民主合作，不胜欣慰！务恳依照总理北上宣言及临终遗训，即行召集各党派代表、各界贤达共商国是，并明令许可人民集会、结社、言论、出版自由，释放一切爱国政治犯，以正中外视听，安慰总理在天之灵，仲恺泉下有知，亦当庆幸不置也。"何香凝也努力团结发动国民党民主派。早在日本投降后不久，她即在广西与陈此生等草拟出"中国国民党民主促进会"的章程（草案），"并第一个在上面签了名"。不久，她要陈此生将该章程送抵广州征得了李章达、李济深、蔡廷锴等人的同意。她回到广州后又当面向蔡廷锴等强调："要搞就要与共产党合作，如再搞分裂，我就不干了。"该会宣布忠诚于孙中山革命的三民主义和三大政策，要求蒋介石立即停止内战、结束独裁专制，成立各党派的联合政府，为建立新中国目标而共同奋斗。

但让何香凝感到痛心和担忧的是，没过几天就听说蒋介石置《双十协定》于不顾，不断向共产党领导的武装力量和根据地进行挑衅，制造

---

[1] 盛永华主编：《宋庆龄年谱》上册，第805页。

流血惨案，国共双方又将陷入内战。得此消息，她立即与宋庆龄联络、商讨，于11月1日从广州托梁漱溟赴重庆时转交一封致宋庆龄、孙科、宋子文函，一开头就说"最近从报上看到国共有冲突的倾向，我们非常之痛心与恐惧"，希望他们三人能苦劝蒋介石，停止内战，一切以政治协商求得合理的解决，因为"抗战八年，将士和民众的痛苦与牺牲已经太大了，再经不得流血破坏了，团结和平是全国民众的一致要求。我们不要因为党派的利害问题而破坏国际的友好与和平，我们要宝贵青年和民众的血，留作建国之用"。强调"我们四人都是亲受孙中山先生的临终嘱言的人。……我不能到重庆去，希望你们三位向蒋先生苦言力劝停止内战……"，恳切期望他能深切了解中国人民的痛苦，消灭内战，真正"向民主，团结，进步的途上走"。①

1946年年初，国民党政府发动内战的阴云密布，宋庆龄和何香凝，同全国人民一道投入了反内战、反独裁，争取和平民主团结联合建国的斗争之中。

1月5日，何香凝为刚复刊的《华商报》题词："和平团结是中国的唯一出路"，呼吁和平、民主、团结。2月18日，她与彭泽民等21人联名致电郭沫若、李公朴等人，对国民党制造"较场口事件"表示"深同愤慨"，要求政府"严惩暴徒及主使人物"，表示"民主前途虽荆棘尚多，同人等当誓为后盾"。她还多次接见《华商报》记者，发表"和平团结"和"政治民主"的主张，向他们重新口述中山先生的三大政策，强调"现在，中国到了和平建国的新阶段，仍要实行孙先生的三大政策，并应把三大政策发扬光大"，"使中国走上富强康乐的大道"！②她利用孙科来港探望之机，谈话中要求他回重庆后使政府能迅速解决东北问题，停止进攻解放军，以免政治协商的良好收获付诸东流。

就在内战爆发前三天的6月23日，她还竭力呼吁和平，与彭泽民、蔡廷锴等98人联名，同时发出三份电报，分别致电相关各方，坚决反对内战，呼吁阻止中国内战、为谋中国和平出力！在致蒋介石、毛泽东暨民主同盟、青年党无党派贤达电中，指出"全国人民渴望和平，咸盼

---

① 尚明轩、余炎光编：《双清文集》下卷，第415页。
② 同上书，第424—425页。

国共两党相忍为国,其他党派与社会贤达,竭力斡旋,共底谈判于成,以慰民望而固国本";在致美国杜鲁门等电中,指明"中国人民盼望贵国政府的援助,也就是促进一个和平民主与现代化的新中国",要求美国"停止一切足以助长中国内战的措施";致国内外所有新闻通讯社的电文则明确指出:中国一旦爆发内战,必然危害世界和平,恳切地要求全世界爱好和平之人士,"本人类互爱,基督博爱普救众生之精神,秉大公无私的主旨,立即联合向国共两党呼吁和平,永远停止内战,无论任何争执,均应以和平谈判解决,勿以干戈相见"!①

6月26日,蒋介石集团大举进攻中共领导的中原解放区、全面挑起内战。身在香港的何香凝,立即挺身而出,在《华商报》发表了《坚决反对内战》的谈话,愤怒谴责蒋介石破坏和平、挑起内战、涂炭生灵的罪行,苦口婆心地告诫他"内战实在打不得,要打起来,无论士农工商都没好日子过,都要遭受兵燹的祸害。中国老百姓实在再不堪战争的蹂躏了!"另外,仍对蒋介石政府停止内战抱有一线希望,力促各方相互忍让,回归政治协商轨道。30日她再次与彭泽民等100多人联名发出三份电报,分别致电蒋介石、毛泽东和美国大使马歇尔,要求蒋介石"立颁永久停战之令,国内党争以政治协商方式解决";对毛泽东则"务恳先生和平为怀,相忍为国,尽最大与最后之努力,谋永久和平之实现";对马歇尔则希望"贵国的对华政策有更贤明有远见的措施!"

何香凝等人的努力,受到了中共中央的极大关注和高度肯定。毛泽东在接到她们6月23日电后,于7月7日复电给何香凝、徐傅霖、彭泽民、李章达、蔡廷锴等表示感谢:"诸先生呼吁和平,语重心长,至为感佩!"

宋庆龄与何香凝遥相呼应、异口同声。

7月22日,宋庆龄发表了著名的《关于促成组织联合政府并呼吁美国人民制止他们的政府在军事上援助国民党的声明》。她在声明中说:"最近几年来,我一直从事战时救济工作,给中国的抗战增加一分力量。我避免参加政治方面的争论,以免影响工作。我的沉默是为了集中全部精力来争取战争的胜利。""今天我们的国土已经没有外来敌人的威胁。

---

① 尚明轩、余炎光编:《双清文集》下卷,第432—435页。

但威胁却起自国内，起自内战。"而内战带给中国人民的只是混乱、饥饿和破坏；也会"将美国卷进我国的内战，从而将全世界都卷入这个战争"。因此，"这个灾难必须趁它一开始的时候就加以阻止。凡是具有人性的人都必须发言。"

宋庆龄明确指出：

> 目前的危机并不是那一边——国民党还是共产党——胜利的问题，而是中国人民的问题，他们的团结、自由、生活的问题。
>
> ……
>
> 解决的办法虽然困难，却是明显的，那就是正确地理解孙中山的三民主义——民族主义、民权主义、民生主义，并且在今天正确地应用它。
>
> ……
>
> 国民党必须通过联合政府、人民民主和土地改革来执行它的历史任务，领导中国人民走向全面解放。如果国民党做到这一点，它无疑地将成为任何联合政府的领导者，并且会得到许多党派的人士的拥护，包括那些没有军队因而得不到谈判资格的党派在内。自由批评必须代替腐化、恐怖和政治暗杀，国民党应该立即执行这些任务，否则就要担负掀起内战的责任。

最后她呼吁：

> 美国人民是中国人民的盟友和老友，我们必须告诉他们，这是一条灾难的道路。必须告诉他们，美国的反动分子正在与中国的反动分子互相勾结，狼狈为奸。必须告诉他们，目前在中国境内的美国军队并不在加强中国人民的安宁。必须忠告他们，所有的借款只能借给人民所承认的真正代表人民的政府。必须告诉他们，如果美国能明白表示不再给军火和军事援助，那么中国的内战就决不会扩大。
>
> 世界规模的战火已经在我们国土内燃起了第一个火焰。我们必须扑灭它。否则，它会将全世界毁灭的。我特向中国两大党的领袖们和其他党派的领袖们呼吁，立刻将联合政府组织起来！

我向美国朋友们呼吁，你们应当阻止所有的军事援助，并帮助一个属于中国人民的政府，来推动这样一个运动。①

宋庆龄的声明发出后，一方面，何香凝与李章达等 100 多人于 7 月 26 日联名致电美国参众两院和美国人民，重申孙夫人声明的内容，要求他们能"本着美国人民优良传统的独立和民主精神，督促你们的政府，立即实行撤退驻华美军，停止对华军事援助"②，以加速中国和平民主统一的进程。另一方面，何香凝与彭泽民等 44 人 28 日通电全国，响应《声明》，呼吁制止内战，实现民主联合政府。电文中说：

> 遥听孙夫人宋庆龄先生为民救死，为国求存之号召，义正词严，同深感奋。……固今日之急，莫急于内求团结，外伸正义。和平则首在全国一致之联合政府，正义则有赖于美国友邦之基督博爱精神，勿再增加中国人民流血惨事，即予停止援华军事。孙夫人远识慈言，实亿万民心同此理。望全国同胞，一致督促政府，本中山先生之遗教，遵政治协商之决议，立化干戈，与民休息，国家幸甚。临电神驰，不胜切祷！③

8 月 22 日，何香凝与蔡廷锴、彭泽民、李朗如联名写信给宋庆龄，再次表示拥护她的声明，希望她以通电形式或者发表谈话反对伪国民大会，并恳切地提出希望她出面直接领导群众："您是真正的三民主义的旗帜，是革命的旗帜，是民主的旗帜，凡是明白事理的人，无分党内党外都对您尊重信赖。因而我们恳切地盼望您毅然决然出来领导群众，团结一切民主分子，以挽救国家民族的危亡。"④

何香凝在 8 月 20 日《为纪念廖仲恺先烈告黄埔军官同学书》中，又全面地重申孙中山改组国民党、确定三大政策，发展三民主义的遗教，再次向黄埔军官同学强调，一定要支持宋庆龄的声明："孙夫人最近所发表

---

① 《宋庆龄选集》上卷，第 415—419 页。
② 尚明轩、余炎光编：《双清文集》下卷，第 444 页。
③ 同上书，第 445 页。
④ 盛永华主编：《宋庆龄年谱》上册，第 858—859 页。

的意见，足以代表国民党，并代表全国人民，指示出和平民主救中国的道路。孙夫人一生追随总理，深知总理志愿之所向，她是确能遵奉总理遗教的最崇高伟大的一人。"我们今天怀念廖仲恺，怀念他秉承孙中山意旨创办的黄埔军校，目的就是培养革命的军事干部。何香凝赞扬黄埔同学确实不辱使命，在北伐、抗日战争中取得成功，屡立战功。如今，不忍心看着黄埔同学供内战牺牲、流血，她告诫同学们要谨记总理意旨，做三民主义的忠实信徒，做人民爱护的军人，顺从全国民意，"要民主和平，要安居乐业，要建设三民主义自由独立富强的新中国"，要求他们"一切以民主和平建国为目的"，凡是相反相背的，必须一概拒绝！①

宋庆龄的声明向海外广播后，在国际社会也引起了强烈反响和高度关注，美联社报道："孙夫人建议成立联合政府，停止美国军事供给，预料此一声明将加强中共及民盟之地位，因为他们坚持要求同样的东西。夫人在华有很大之影响与地位。……美国各报，俱以首页刊登孙中山夫人的声明，并强调其论点谓：'中美反动派的确企图经过中国内战，将美国与苏联卷入新的世界战争'。"有的给予很高的评价和广泛赞誉。在华盛顿对时局的评论中，认为孙夫人的声明，是除了军事对峙的紧张局面外，另一件能"引起美国人的关注"的重大事件，可见她的声明的分量。《纽约时报》则称她为"中国的良心"；纽约《先驱论坛报》说"孙夫人之言论，诚足引起吾人之注意；同时，吾人亦难忽视或否认伊所称中国反动派企图发动内战之事实"。②

周恩来由衷地对宋庆龄说："我们很钦佩您的努力，尤其愿意分担您在这一历史困难时期所遭遇的困难。我们相信您的努力绝不会徒然的。不仅解放区，全中国人民都会感到骄傲，因为有您这样一个永远为人民服务的领导者。"③

## 第二节 领导中国福利基金会

抗战胜利后，宋庆龄于1945年11月离开重庆，12月在重庆发表了

---

① 尚明轩、余炎光编：《双清文集》下卷，第446—449页。
② 盛永华主编：《宋庆龄年谱》上册，第851—857页。
③ 同上书，第879页。

《保卫中国同盟声明》，宣布"保盟"由于战争结束，任务改变，即日起改名为"中国福利基金会"，宗旨从"保盟"时期支持八路军、新四军的抗战，改为支持战后的进步组织、民主力量、文化发展项目，救济孤儿和支持儿童教育，建和平医院改善医疗条件，在灾区设立种子库和肥料厂，帮助恢复生产自救，为人民医治战争的创伤。而这个声明却是由李少石执笔起草的。李少石遇难是1945年10月8日，由此推断，《声明》起草时间是在8月15日日本投降到10月8日，应该是作为办事处秘书在周恩来授意下起草的。① 宋庆龄回到上海继续领导中国福利基金会的工作，廖梦醒虽然因为李少石在重庆牺牲很不情愿离开重庆，但还是按照宋庆龄的工作需要和周恩来的指示迁到了上海，继续在宋庆龄身边工作。

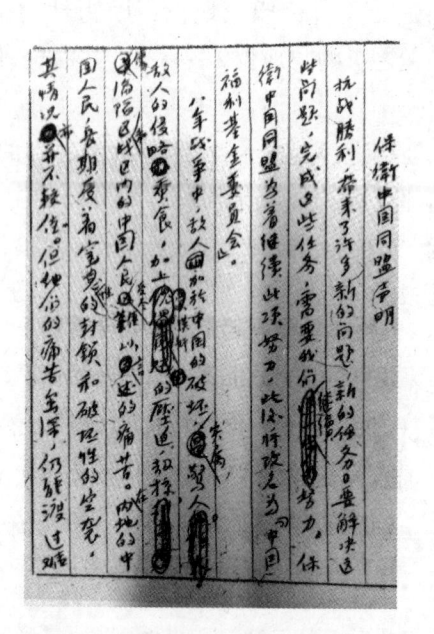

**李少石起草的《保卫中国同盟声明》手稿**

宋庆龄在《中国福利基金会简介》一文中这样说明在新的历史阶段基金会的宗旨、性质和任务：

---

① 李湄：《梦醒——回忆我的母亲廖梦醒》，第225页。

中国的战后重建时期，带来了许多问题和新的任务，要解决这些问题和完成这些任务，可以利用社会团体的力量，中国福利基金会正是这样的一个组织。

中国需要一个相当长的时期，来医治战争创伤。中国人民，特别是华北和其他敌占区的人民，曾在敌人的铁蹄下度过了绝望的悲惨生活，身心受到了严重的摧残，他们更易遭到饥荒和疾病的侵袭，尤其是苦难深重的中国作家、艺术家，更需要各种援助，因为只有通过他们才能恢复和发展中国的教育和文化事业。

中国福利基金会在开展各项救济工作中，积累了丰富的经验，作为你们的代表，它可以起到无可估量的作用。它的前身是保卫中国同盟，……它曾把募集到的款项、药品和其他物资，援助给最迫切需要援助的人们。

中国福利基金会将一如既往地继续发挥它的作用，我们将继续保持同国际救济和福利机构紧密的联系和可靠的合作，为援助中国提供帮助。①

宋庆龄一如既往地努力工作，直接向海外朋友呼吁，她对国际友人说："中国现万分需要精神、物质和技术的支持，以度过战后这一段困苦的期间"，"中国所受到的创伤，还要一段长的时间才能痊愈，……还需要外国友人进一步的援助。"② 她也常常以举办音乐、舞蹈、戏剧表演、电影放映会等慈善义演、义映会，足球义赛等方式筹款募捐。著名演员梅兰芳、程砚秋、马连良等都曾应邀参加义演。收到捐赠，她常常亲笔回函，感谢捐赠，并告知捐赠的物品如何分配、使用，并呼吁继续捐助，或者征求对方意见，如能继续捐助，将提供所需物品的清单等，以使所捐物品确为急需。

1946年3月27日，宋庆龄邀请中国歌舞剧社在上海兰心大戏院义演音乐剧《孟姜女》，筹备发起设立作家、艺术家"文化福利基金"。她非常重视这次义演，正是在《义演特刊》卷首撰写了《中国福利基

---

① 《中国福利基金会简介》，《宋庆龄选集》上册，第406—407页。
② 盛永华主编：《宋庆龄年谱》上册，第818页。

**1948年，宋庆龄亲自检查中国福利基金会即将运往解放区的药品**

金会简介》。义演当天，她亲自主持，并邀请宋美龄、孔祥熙和驻沪美军司令魏德迈等观看演出。出席观看的还有各国驻华使领馆的外交官和各界名流。两场演出共收入8000美元，全部作为文化福利基金，用于救济贫困文化人。① 有一次她非常高兴地对美国援华救济会的友人说："我们的慈善义演很成功，我们还不知道确切数字，但相信能够向艺术家及作家福利基金会提供至少一千五百万元。"②

中国福利基金会在儿童福利方面，按计划办起了识字班和营养保健站，建起了儿童剧团，以"助人自助"原则在上海举办扫盲班，义务识字班，购买纸张、铅笔、黑板、粉笔及其他上课用品，创建儿童图书馆。这个项目是面向全中国的。

战争创伤范围很大，又不断有新的水灾、旱灾等灾情报告，战后救济的需求量很大，1946年4月解放区救济总会主席董必武曾去信宋庆龄，告以山东的灾情并请求援助。他说："……受灾严重地区鲁中、鲁

---

① 盛永华主编：《宋庆龄年谱》上册，第828—829页。
② 同上书，第831页。

**1946年10月12日，中国福利基金会在上海胶州路725号晋元中学内举办的儿童图书阅览室开幕。**

**宋庆龄与孔祥熙（前右一）参加开幕式。左一为廖梦醒**

南、胶东各有二十余县，渤海区十三个县，滨海区四个县，共计九十余县之多，灾民约近二千万。……灾情太重，力有未逮，故特再烦夫人代向国内外正义人士呼吁救济。"[1] 此后的半年时间里，延安、山东不断收到中国福利基金会寄去的救济物资，有食品、儿童保健品和衣物、被褥等。1947年，董必武代表延安陕甘宁边区第一保育院致函，感谢宋庆龄从1938年建院以来给予的精神和物质的各种热情援助，对她为全国儿童福利事业暨其他各种社会救济事业不遗余力的伟大精神，表示崇高的敬礼，他还说："所获中国福利基金会之捐款，遂悉数用于改善儿童营养及营养设备等。经几月摄心调养，今全部儿童已恢复健康，心身均又获得迅速发展，此即最大告先生之关切者。"[2]

宋庆龄为领导中国福利基金会的事业做出了极大的努力，她所有的

---

[1] 盛永华主编：《宋庆龄年谱》上册，第832页。

[2] 同上书，第915页。

活动都围绕着为中国人民医治战争创伤,救济和援助、帮助中国人民度过难关、走上和平民主的道路而奔走。她不断地想办法筹款、物资,把全部的精力都用于帮助人民重建。她为收到捐款和物资而高兴,另外也为如何把物资送到最迫切最急需的地方而周详考虑。她还认识到通过确实的途径寻求医疗等技术人员前来帮助也是当前的需要。正如她在写给抗战时期开始在美国援华会任执行秘书帮助她、战后继续担任中国战灾和儿童福利美国委员会执行主任的米尔德里德·普赖斯小姐的信所说的:

> ……他们正在制定计划,准备把全部"联总"救济物资的百分之二十五至百分之三十三给解放区。他们还主张中国解放区救济总会的代表应包括在各地区"联总"——"行总"委员会的名单之内。因此,事情看来还是有进展的。当然,每前进一步都需要战胜重重阻碍和严重的文牍主义。
>
> 运输问题是向这些地区提供食品和医疗物资这个总问题密切相关的。新的道路正在开辟之中。……为此,我们还是坚持我们原来的建议,即不论你们送来什么物资,都要先送到上海。从这里,我们就能想办法用"救总"的轮船或军用飞机把这些物资送到目前最需要的地区。
>
> 春季要用二亿五千万。由于物价不断飞涨和重建的费用,这个数字是绝对需要的。又说:……在这个时候制定一个精确计划是很困难的;只有一件事是肯定无疑的,那就是,需要更多的资金来应付不断飞涨的物价,以及由于改组医院和学校以适应和平时期的需要而开支的费用。
>
> 从我们寄给你的所有报告中,可明显看出的一个问题是,非常需要医疗和技术人员。我们将向"联总"和"行总"呼吁,要求他们派这样的人员到我们的国际和平医院来。[①]

中国福利基金会在解放战争中,给予中国共产党及其领导下的中国

---

[①] 《致普赖斯》,《宋庆龄书信集》上册,第368—370页。

人民解放军以很大的物质帮助。① 据当时的亲历者回忆："日本投降后，宋庆龄同志还一直利用她领导的保卫中国同盟（后改名为中国福利基金会）继续为各个解放区募集大量的物资。直到解放战争结束，她秘密地为解放区募集药品和物资，其数量之大，一时难以统计清楚。只记得，仅华东军区一次转移中，就用五百多名民工搬运了一天多。"② 宋庆龄1946年1月在一封给普赖斯的信中提到："几天前，我们收到了你的电报。你在电报上说，一个不肯说出姓名的人捐赠了三十二万八千美元，这笔钱给美国援华救济联合会的，已汇到。我们建议把这笔钱用来购买药品和医疗器材。在买了这个拥有二百五十张病床的医院之后，还需要买些什么东西，我们已在电报上详细告诉你了。"③

中国福利基金会援建的邯郸国际和平医院

---

① 《宋庆龄同志伟大光荣的一生》，载《宋庆龄纪念集》，第46页。
② 沈其震：《许国以身长画卷——回忆宋庆龄同志》，载《宋庆龄纪念集》，第133页。
③ 宋庆龄：《致普赖斯》，载《宋庆龄书信集》上册，第318页。

从宋庆龄访美计划未能成行这一件事，就可以看出她把全部精力都用于福利基金会的工作。抗日战争胜利后，一直有许多美国朋友、各领域的著名人士、各种团体出面，反复邀请她访问美国，她却始终因事缠身没能成行。

美国援华工业合作促进委员会理事会主席马克斯韦尔·S. 斯图尔特的邀请函说："援华工合理事会热情地邀请您来美国访问。我们知道您的到来将大大有助于鼓励人们真正关心中国的需求"；美国妇女协会主席在邀请函中非常恳切地说："……保障我们自己和下一代的和平与安全，是文明社会的人民今天所共同关注的问题，我们正为此而不懈努力。我们知道，必须相互依靠才能使我们从法西斯主义和战争的危险阴影中摆脱出来。而您在建立一个统一的中国去抵御这些危险方面所具有的坚定信念，对我们将是一个鼓舞。"[①]

老朋友斯诺也来函劝说，力促宋庆龄访美，并且认为她访美越快越好，相信她的访问可能起到使美国正确地把它的对华政策具体化的作用，还强调"现在必须有人站出来讲话，你是所有中国人中唯一可以担任此项工作的人。""今日世界没有几个激励人心的知名人物，美国人民将热情地张开双臂欢迎你，还不说对中国问题本身的浓厚兴趣。其他人能够就中国内战的一方或另一方发表意见，但只有你能够体现孙逸仙开创的长期的传统。"甚至还鼓动她说："我相信，这次访问也许会为你多年来震撼人心的努力取得巨大的政治上的成功。除了来访的政治重要性外，你也应该得到世界公众的承认。"

宋庆龄却不为所动，不得不多次推迟计划，她并不关心个人的"巨大的政治上的成功"和"世界公众的承认"，只纠结于怎样才能更有利于自己的国家和人民，正如她给美国友人的信中说的：

> 我多么希望现在就能实现访美计划。但我想你知道决定这样一次旅行牵涉到很多事情。我国很大一片地区遭受饥荒的威胁，传染病和其他疾病也要防治。因此我留在国内是必要的，即使只是为了提醒人们，灾荒和传染病是隔离不开的。当然我也知道我对美的访

---

[①] 盛永华主编：《宋庆龄年谱》上册，第843页。

问除了将激励美国人民对中国事业的支持外，会为救济工作募来成千上万的美元，并将加强我们两国之间的友谊。有时我自己也不知道这两件事哪件对我们国家更有利，留在这里，还是访问美国。[①]

**1948年，廖梦醒在上海**

另外，由于香港"保盟"已不存在，也没有相类的机构。为此，回到香港的何香凝，于1946年年底致函宋庆龄，建议在香港设立中国福利基金会华南分会，以便恢复开展工作，进一步支持援助解放区最急需的物资。1947年1月2日，宋庆龄写信给何香凝等人，支持她在华南设立"中国福利基金会"分会的提议，并希望邓文钊参与该项工作。宋庆龄复函中这样说："藉悉夫人等以华南迭受战乱影响，灾荒遍地，难胞流落港九，情况极苦，亟待呼吁侨胞共谋救济，具见忧国爱民之热忱，至深钦佩！中国福利基金会如在华南设立分会，由夫人等号召主持必能扩大工作，庆龄自极赞同。敝会在港原有会员邓文钊等，希共策进行。"[②]

---

① 宋庆龄：《致阿莉》，载《宋庆龄书信集》上册，第372—373页。
② 宋庆龄：《致何香凝》，载《宋庆龄书信集》上册，第451页。

2月，宋庆龄又致函何香凝、郑坤廉①、陈其瑷，对他们关心组建中国福利基金会分会深表感激，表示会派中国福利基金会执行委员会委员金仲华去香港"亲自和你们讨论所附的建议"。② 2月5日邓文钊写给宋庆龄的信中，赞同在华南设立"中国福利基金会"分会的提议，认为香港币值稳定，方便接收来自世界各地及英联邦的华人捐款，是个理想的地方。3月宋庆龄再致何香凝、张坤廉一函，为分会组建计划的实施表示高兴和支持，并授权由邓文钊负责在香港开立新账户以接受捐款。此后再多次为此事致函何香凝、张夫人③、邓文钊等，进一步告知具体推进安排，派金仲华赴港帮助建立分会，与她们商讨具体细节，并谈到请香港足球协会举行义赛为中国灾荒救济基金会募捐的工作项目，明确"我们一定要联合起来工作，帮助我国人民。"④ 虽然后来不知何故并没有真正付诸实施，但他们一起为医治中国人民的战争创伤，救济孤儿，支持解放区和东江纵队游击区人民的远见、用心与行动，则是相通的。

1946年4月8日，叶挺、王若飞、秦邦宪、邓发等因空难牺牲。4月30日，宋庆龄出席上海玉佛寺召开的上海各界人士追悼"四八烈士"大会，大会筹备启事与祭文均由宋庆龄领衔，她专门给大会送了两副挽联，一挽"四八"被难烈士："和平大业犹赊，贤劳正赖，何意中道捐弃，碧血长天永留恨；和平曙光初吐，瞻望方殷，难堪噩耗惊传，苍生土地尽含悲！"⑤ 二挽遇难美籍机师。何香凝则与彭泽民、丘哲联名，从香港致电周恩来，致唁叶挺等"四八烈士"；廖承志听到噩耗，悲痛难忍，挥笔写下十分感人的悼文《遥献》，饱含深情地追念叶挺、小扬眉，表达他缅怀叶挺、王若飞、秦邦宪、邓发等烈士，继续烈士遗志、完成未竟事业的决心。⑥

---

① 即张郑坤廉。
② 宋庆龄：《致何香凝等》，载《宋庆龄书信集》上册，第471页。
③ 即张郑坤廉。
④ 宋庆龄：《致何香凝、张夫人、邓文钊》，载《宋庆龄书信集》上册，第496页。
⑤ 《挽"四八"被难烈士》，《宋庆龄选集》上卷，第412页。
⑥ 《廖承志文集》上卷，第106—109页。

## 第三节 创立"民革"

随着形势的变化,蒋介石政府垂死挣扎,国统区的白色恐怖加剧,很多爱国民主人士都撤到香港。怎么样更好地把这些爱国民主力量组织起来,既是中共领导人考虑的重要议题,也摆到了宋庆龄、何香凝和李济深等民主人士的议程上。

伪"国大"的召开和伪宪法的颁布击碎了何香凝对国民党当局的幻想。1947年1月1日,国民党颁布伪宪法,何香凝与彭泽民等9人致电宋庆龄、毛泽东、张澜、李济深、马叙伦、陈嘉庚等人,并通电全国同胞,厉声指斥"所谓'行宪办法'十条,乃预为中国之内战独裁作张本",指责国民党当局颁布宪法是"粉饰其一党专政之面目,假行宪美名,混淆国际之视听,以图骗取美国反动派更巨额之借款耳"。

2月,宋庆龄与到上海的李济深秘密会面,与他在新雅酒家约见,李济深向她介绍了关于筹建国民党革命委员会组织的设想,宋庆龄从建立广泛的人民民主统一战线、废除国民党一党专政、促成联合政府建立的战略高度,对他们的行动,热情地表示支持,并嘱咐他"多发挥作用"。①

3月,李济深在《华商报》公开发表《对时局的意见》,揭露国民党"被独裁专制气氛所笼罩","革命精神完全丧失,由为民服务一变而为奴役人民",谴责蒋介石已成为"反动派之领袖",提出包括重开政协、重开国民大会在内的七点挽救时局的意见,成为"国民党民主派与蒋介石南京政府决裂的先声"。香港各报刊很快都报道了李济深"反对内战,呼吁和平"的意见。

何香凝仔细分析李济深的声明,认真研读了各个报纸的报道后,对《华商报》记者发表谈话,肯定"李将军发表他的意见正合时宜",值此危机严重时刻,希望他"为中国死去的和平尽起死回生之力"。蒋介石恼羞成怒,以"背叛党国"的罪名将李济深开除出党,并对他发出了通缉令,何香凝坚决支持李济深的正义行动。她在答《华商报》记

---

① 盛永华主编:《宋庆龄年谱》上册,第893页。

者问时,严厉斥责蒋介石此举是"妒功害能,排除异己"。她不无讽刺地评论说:"到今天,全国人民,全国知'廉耻'之士,都与蒋先生意见相左,背道而驰,岂特李先生一人而已。"至于为独裁好战者开除党籍这样的"惩处",对于"主张民主和平"的李先生则更是"丝毫无损"。① 说明何香凝、李济深等国民党民主人士对蒋介石已经绝望。

为此,他们在香港酝酿组织成立以"倒蒋"为目标的国民党民主派组织。他们在组建"中国民主和平运动联盟"发起函中明确指出:"吾人过去希望独裁派回心转意,与各党派合作,至此已悉成泡影。"这就是后来定名为"民革"的组织,成为第一个提出以推翻蒋介石政权为目标的民主党派。一个月后,李济深在朱学范陪同下到何香凝寓所,开始"正式商谈国民党民主派联合的问题"。他们一致认为:"必须把国民党内的爱国分子组织起来,推翻蒋政权,这就需要成立一个组织,以便名正言顺地进行号召。"

同时,中共领导人对时局的变化及在香港的国民党民主派、爱国民主人士的活动也给予高度关注。当时领导香港工作的潘汉年,提出请廖梦醒回香港一次,理由是给她母亲做"七十大寿",结果廖梦醒请了假从上海飞回香港。实际上,何香凝生日是农历五月二十七日,1947年并不是70岁。连贯和龚澎则负责说服何香凝做七十大寿,这都是为了创造一个场合,联络民主党派的头面人物。结果,何香凝盛大的"七十寿辰"在她的寓所港岛坚尼地道25号举行,一连两天宾客盈门,上百人轮番前来"贺寿"。②

所以,1949年在北京,中共中央领导人又为她做了一次"七十大寿",说香港那次不算,周恩来、朱德、董必武、林伯渠等领导人,何香凝的好友柳亚子、彭泽民、蔡廷锴等都来贺寿,宴会在庭院里摆了许多桌,欢声笑语,非常热闹。从这年起,直到"文革",何香凝每年过生日,周恩来或邓颖超两人总有一人去向她祝寿。③

何香凝在1947年6—7月,与李济深分别联名发表《致海外同胞同志书》与《告全国军政人员书》等,义正词严地列出蒋介石政府搞独

---

① 尚明轩、余炎光编:《双清文集》下卷,第475—477页。
② 李湄:《梦醒——回忆我的母亲廖梦醒》,第246页。
③ 同上书,第255页。

**1947 年 8 月，在香港的女界代表给何香凝庆祝七十大寿。三排左六为何香凝，二排右五为廖梦醒**

裁、卖国及内战等八大祸国殃民的罪状，强调指出蒋介石独裁"政府今日之种种措施，殆非将中国沦为殖民地不止"，蒋统区之人民正身处"黑暗地狱中"。因此，他们号召海外同志和全体爱国军政人员，应"明是非，别善恶"，去此反动政府以救国民。

下半年，何香凝和李济深、谭平山、蔡廷锴、柳亚子、陈此生等在香港紧锣密鼓地正式筹备工作，具体酝酿成立国民党民主派联合组织。从 10 月底至 12 月，国民党民主派联合代表大会筹委会先后举行过十几次大小会议，讨论组织名称、纲领、领导人选等重大问题。何香凝每次重要会议都参加，并一一发表自己的意见。

关于组织定名，当时柳亚子建议用"中国国民党民主联盟"，但有些人认为，国民党三个字已被蒋介石搞得臭不可闻，应该弃用。10 月，宋庆龄给何香凝捎去口信，建议把酝酿中的中国国民党民主派联合组织定名为"中国国民党革命委员会"，她说："早年我与邓演达、陈友仁以'中国国民党临时行动委员会'名义发表《莫斯科宣言》，以示继承孙中山的革命事业，后来我曾考虑过临时行动委员会之下一步，可以改

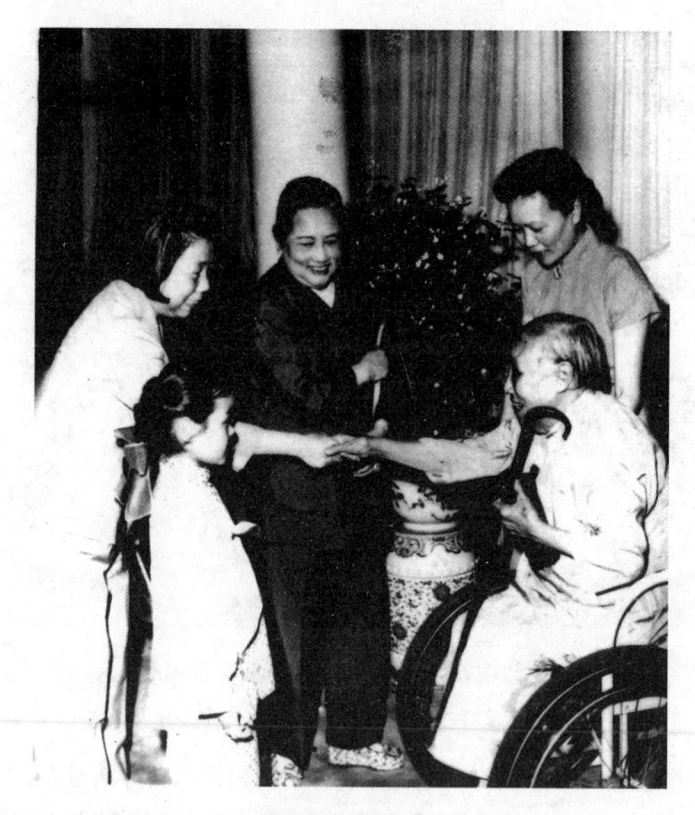

**宋庆龄和邓颖超一起为何香凝祝寿**

为革命委员会……建议考虑。"① 后来,经过何香凝、朱蕴山等人跟大家解释,终于达成共识,一致同意定名为"中国国民党革命委员会",表示继承先总理的革命路线,做孙中山的忠实信徒。12月25日上午,何香凝在代表大会上又强调:"昨日之事譬如昨日死。今日之事有如今日生。大家要继承革命的传统,发挥革命力量来救国、救党、救民";我们只有"恢复总理的革命路线,……才能打倒独裁派。"

那么,"民革"的领袖应该由谁来担负?何香凝认为非宋庆龄莫属!宋庆龄一直捍卫和发展孙中山的革命思想和事业,与中国共产党和爱国民主人士有着密切的合作,与国际进步力量保持着深厚的友谊。20年来,她对国民党反动统治集团作了不妥协的斗争,以其崇高的政治情操和品质在中国和世界获得了普遍的敬仰。由她担任组织领袖是最合适

---

① 朱学范:《我与民革四十年》,团结出版社1990年版,第52页。

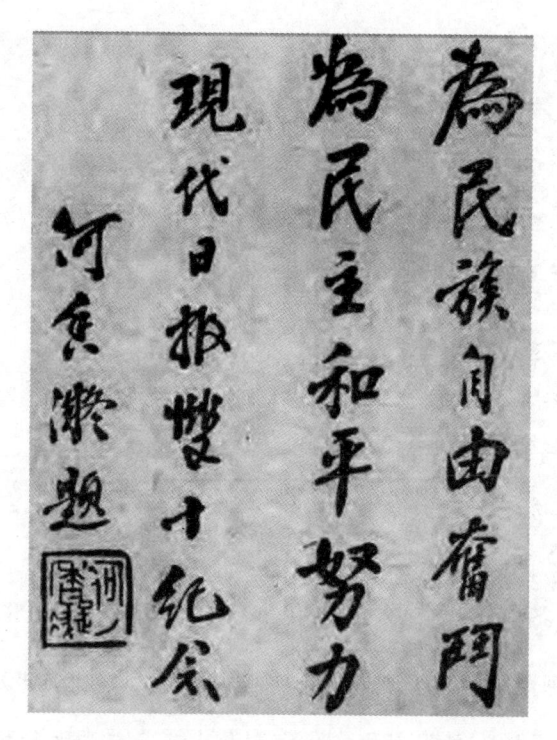

1947年，何香凝为《现代日报》题词："为民族自由奋斗　为民主和平努力"

的。10月26日，李济深、何香凝、谭平山、蔡廷锴、柳亚子、陈此生，在"民革"的筹备会上一致认为宋庆龄如能南下领导，则"民革"更有希望。何香凝在11月12日代表大会开幕式的讲演中明确地说："孙夫人为本会最适当之领袖人物。……现在复兴本党的时候到了，我们要真正的三民主义，我们要实行三大政策。"何香凝的意见得到了大家的认同。何香凝和李济深、柳亚子、李章达等即联名起草了密信《上孙夫人书》。

据廖梦醒回忆：密信是写在一块洁白的绸子上，又将这块绸子缝在她衣服的夹层里带给宋庆龄，敦请她南下主持准备马上成立的"中国国民党革命委员会"中央工作。信中说：

国民党的各级领导机关在反动派把持之下，也变成了背弃总理遗教，甘为独裁者自私和卖国残民之工具。我们应海内外大多数党

**何香凝、李济深、柳亚子、李章达写的《上孙夫人书》**

中同志的要求,特发起于本年十一月十二日总理诞辰纪念日在香港开一党内民主派代表会议,讨论本党新生与实现国内民主和和平等问题。我们以夫人二十余年来一贯之主张为主张:我们认定只有第一、第二两次全国人民代表大会及由此两次代表大会产生的中央执行机关,是本党的合法领导机关;只有此两次代表大会决定的政纲政策,是本党党员真实的奋斗目标。夫人为总理遗志的继承人,负有完成总理救国救民伟大事业的任务,所以我们深切盼望夫人立即命驾南来,主持中央,领导我们,以慰全国人民暨各民主党派民主人士的渴望;外以争取英、美、苏之同情。①

但是,宋庆龄考虑不参加这个组织更有利于革命事业,所以不拟担任领导职务,但对成立这个组织表示赞同,并积极支持这个组织开展的活动。

1948 年 1 月 1 日,中国国民党革命委员会成立大会在香港正式举

---

① 盛永华主编:《宋庆龄年谱》上册,第 938 页。

**1948年1月1日，中国国民党革命委员会在香港成立合影。**
一排前排左起：朱蕴山、柳亚子、李济深、何香凝、王葆真；
二排左起：蔡廷锴、张文、彭泽民

行，会议推举宋庆龄为民革中央名誉主席，李济深为中央主席，何香凝担任中央常务委员会委员。1947年年底，解放军粉碎了国民党军的全面进攻和重点进攻，转入战略反攻阶段，力量进一步壮大。何香凝预感到了中国共产党将在人民民主革命统一战线中发挥领导作用，在讨论民革《成立宣言》时，何香凝力排众议，坚决反对将"'三民主义之理论，仍为今日中国革命之正确指导理论，中国国民党仍为中国革命之领导政党'，'吾人始终认为三民主义为救中国之唯一良方，吾人更深信在目前中国民族民主革命阶段中，坚持两大任务与三大政策的中国国民党，仍不失其革命领导地位'"等文字表述写入宣言中。中国国民党革命委员会在成立宣言中宣布：自此"脱离蒋介石劫持下的反动中央，集中党内忠于总理、忠于革命之同志，为实现革命的三民主义而奋斗"；并发布行动纲领，坚持民革同共产党合作，"愿与全国各民主派、民主人士携手前进，彻底铲除革命障碍，赞成成立联合政府的主张，同意新民主主义纲领的基本原则，建设独立、民主、幸福之新中国。"

1948年5月1日，中共中央发表"五一劳动节号召"，在其中第五项提出："各民主党派，各人民团体，社会贤达，迅速召开新政治协商会议，讨论并实现召集人民代表大会，成立民主联合政府。"5月5日，何香凝、李济深等各民主党派代表12人联名致电毛泽东表示赞同，并通电国内各界暨海外同胞共同策进。6月7日，何香凝还与妇女界人士232人联名发表宣言响应"五一劳动节号召"，公开赞扬了中共领导人民民主运动的贡献。宣言写道："中山先生的友党中共，领导人民，实行'土改'，和'劳资两利'的保护工商业"，"深得广大人民的拥护，奠定了人民胜利的基础"，表示妇女将"同情而且热忱的拥护这一号召"。

总之，宋庆龄"在许多战线上操劳奔忙"，"……在她秀丽文雅的外表下，包容着一颗钢铁般坚强的心。她总是利用自己最熟悉的阵地，来帮助那些为她所坚信的一切而奋斗的人们"。① 不顾种种困难，保持着与延安的联系，始终如一地与人民站在一起，担负着一般人"无法担负的任务"，发挥着无法替代的作用。正如廖梦醒所说：

> 庆龄同志一生支持进步事业，伸张正义，为人民的解放而奋斗。在中山先生去世，蒋介石背叛革命之后，她坚决地站在人民一边。这在国民党反动派骂我党为"匪"，很多人不明真相的历史条件下，其意义是不可磨灭的，其作用是无法替代的。②

1947年10月上旬，宋庆龄很高兴应宋美龄之邀去杭州休息几天，她说"这里好像是期盼已久的隐身之处"，可以恢复已"疲惫不堪"的体力，并以此为借口躲开了与美国大使司徒雷登的见面，不需要回答他的提问，因为他的"目的实际是为了了解中国共产党需要什么条件才会停止日趋凌厉的攻势"。可结果，她发现宋美龄的"盛情"与司徒雷登具有完全同样的目的，因为宋美龄问她："共产党的底牌到底是什么？"她不耐烦地回答："我不是共产党员，不了解。"回到上海后宋庆龄马上把情况告诉了廖梦醒，与中共的联络员，③ 显然要廖梦醒迅速与党组织联系、向党汇报。

张磊评论说：

---

① 路易·艾黎：《一朵永不凋谢的花》，载《宋庆龄纪念集》，第252页。
② 廖梦醒：《我所认识的宋庆龄同志》，载《宋庆龄纪念集》，第141页。
③ 盛永华主编：《宋庆龄年谱》（上册），第928—929页。

宋庆龄不愧为炽烈的爱国者和战斗的民主主义者的楷模,对祖国和人民的义务感使她不断攀登,以矫健的步伐义无反顾地跨越了两个时期、三个阶段,始终站在历史潮流的前面,起着先驱的作用。更为重要的是:作为孙中山的忠实的、亲密的战友、学生和伴侣,她的奋进成为连续贯通不同革命时期的津梁和纽带。她在长期的艰苦岁月中奋力撑持、高举孙中山的旗帜,赋予了孙中山的精神遗产以时代精神,使之在新民主主义革命乃至社会主义革命和建设事业中仍然起着作用,显示了不同革命时期和阶段的不可分割的连续性和贯通性:先前的、初级的革命阶段,是后来的、高级的革命阶段的准备;后来的高级的革命阶段,则是先前的初级的革命阶段的发展。孙中山的未竟事业,为后继者们所推进。他的崇高的理想和宏伟的计划,已经和正在实现。这种连续和贯通具有重大意义:不仅使过去革命斗争的传统、经验和教训为当前革命所吸收,并使更高层次的革命斗争能够比较顺畅地获得广泛的认同。正是在宋庆龄的影响和感召下,许多志士仁人从孙中山的旗帜下出发,走进了新的革命行列,跨入了新的革命斗争时期。①

在解放战争时期,年近古稀的何香凝,虽然自谦年老体弱,不喜作政治活动,认为政治活动是年轻人的事,中国未来的责任也落在青年人身上。实际上,这是何香凝政治活动异常活跃的时期。也正是在这个不断呼吁、奔走、明辨的过程中,她的民主思想与时俱进,实现了巨大的飞跃,她的政治信仰完成了由"革命的三民主义"向新民主主义的转变,坚定了她拥护共产党领导、建立社会主义新中国的信念。她利用一切机会和各种形式,广泛、持久地开展反内战与反独裁斗争,为争取和平、民主建国做出了极大的努力,反复呼吁,不断奔走。据《双清文集》收录的资料,从1945年9月至1948年9月,何香凝就国事发表公私函电、宣言等达33件之多,以各种纪念日、向记者的访谈等32篇。其中,1946年至1947年1月由何香凝与农工民主党主席彭泽民等人领

---

① 张磊:《孙中山与辛亥革命——张磊自选集》,中国社会科学出版社2011年版,第185页。

衔发出的函电、宣言达 16 件，民革成立前后与李济深领衔发出的通电达 11 件。她特别注重团结民主派爱国人士一起努力，她发表的许多通电都是多人、几十人甚至几百人联合署名。这些爱国民主人士的声音，有力地揭露了国民党当局实行专制独裁统治，蓄意挑起内战的罪行，让国内外舆论对其本质有更加清楚的了解，支援了中共、民主党派、无党派人士和人民群众的民主斗争。

## 第四节　廖梦醒陪邓颖超赴沪迎接宋庆龄北上

1949 年 1 月，宋庆龄收到一封来自西柏坡的电报：

> 庆龄先生：
> 　　中国革命胜利的形势已使反动派濒临死亡的末日，沪上环境如何，至所系念。新的政治协商会议将在华北召开，中国人民革命历尽艰辛，中山先生遗志迄今始告实现，至祈先生命驾北来，参加此人民历史伟大的事业，并对于如何建设新中国予以指导。至于如何由沪北上，已告梦醒和汉年、仲华熟商，总期以安全为第一，谨电致意，伫盼回音。
>
> 　　　　　　　　　　　　　　　毛泽东　周恩来
> 　　　　　　　　　　　　　　　　　　子皓

周恩来在发出这封电报时给中共南方局的指示电指出："兹发去毛周致宋电，望由梦醒译成英文并附信，派孙夫人最信任又可靠的人如金仲华送去并当面致意。万一金不能去，可否调现在上海与孙夫人联络的人来港面商。"这份电报附在中共中央发给在香港的中共中央华南局负责人的指示电后，周恩来审定这两份电报时，强调执行这个任务："第一必须秘密，而且不能冒失。第二必须孙夫人完全同意，不能稍涉勉强。如有危险，宁可不动。你们及梦醒、仲华意见如何，望告。"

华南局领导人方方、潘汉年、刘晓，接到中央指示电后，经仔细研究，决定派地下工作尖兵华克之执行这个任务，他们计划先把宋庆龄接到香港，然后把她同何香凝一起护送北上。

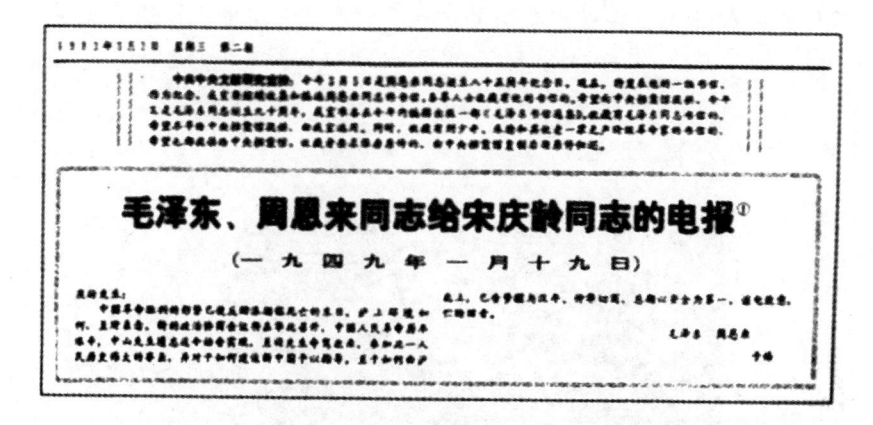

《人民日报》1983年3月2日刊登的毛泽东、周恩来给宋庆龄的电报

宋庆龄接到电报，非常感谢中共中央邀请的深情厚谊，很快就给毛泽东等中共领导人写了复信："请接受我对你们极友善的来信之深厚的感谢。我非常抱歉，由于有炎症及血压高，正在诊治中，不克即时成行"，"但我的精神是永远跟随着你们的事业。"① 不久她还写信给在香港的廖梦醒，再次感谢中共领导人对她的邀请，并特请何香凝到达解放区后代为转达她对中共领导人的致意。

实际情况是宋庆龄经评估情况、研判形势后，决定"一动不如一静"，固然有健康的原因，也因为她认为蒋介石"是无可奈何我的"，不敢对她怎么样。当然，她十分清楚形势的危险性，当时蒋介石政权已摇摇欲坠，更加疯狂地镇压革命人民。对于这点宋庆龄是很警惕的。她本人也存在着被国民党劫持到台湾的危急情势，而她更多的是时刻关注着中国福利基金会工作人员和革命者的安全。在中共上海地下党的帮助下，她安然地住在家中，并继续开展工作。1948年年底的一天，就是宋庆龄得知廖梦醒已被列入国民党特务的黑名单，立即通知廖梦醒，并请一位外国朋友出面为她购买船票，使廖梦醒安全地转移到了香港。② 所以廖梦醒到达香港不久，就接到了中共中央有关接宋庆龄北上的指示。

4月，何香凝受中共中央之邀北上，廖梦醒陪同母亲，带着女儿和

---

① 《致毛泽东、刘少奇、朱德、周恩来》，载《宋庆龄书信集》下册，第62页。
② 廖梦醒：《我所认识的宋庆龄同志》，载《宋庆龄纪念集》，第139页。

侄儿侄女一起北上，在游击队员的护送下，4 月中旬平安到达了北平。

何香凝（前排中）、廖梦醒（后排左）、苏延宾（后排右）
及长孙女廖兼（前右）、长孙廖恺孙（前左）在北上的船上合影

6 月，新政协已在筹备之中，上海也已经解放，宋庆龄北上的安全得到了保障，邀请宋庆龄到北平参加新中国建设的问题再次被提上议事日程。毛泽东、周恩来决定派邓颖超作为特使直赴上海迎接，并指派深为宋庆龄信任的廖梦醒陪同前往。6 月 25 日，邓颖超携带毛泽东、周恩来致宋庆龄的亲笔信，和廖梦醒一起到了上海。

何香凝与蔡畅等也满怀期待地去电宋庆龄，希望老战友能够在如今共同奋斗的理想实现的时候重聚解放了的祖国首都，"我们曾被迫分隔两地，共同为自由民主奋斗，我们对你的钦佩与怀念，无时或已。现在上海已为人民所有，全国胜利即将来到，我们共同的希望不久即可完全实现，谨电慰问，并致敬意"。①

她们到了上海，邓颖超让廖梦醒先去她家向"Aunty"宋庆龄打招呼，她自己过后再去正式拜见。当廖梦醒身穿灰布制服、头戴军帽出现在宋庆龄面前时，还以为来的是一个女兵，直到廖梦醒叫了声"Aunty"，宋庆龄才发现是廖梦醒站到了自己的跟前，高兴地笑了。廖梦醒告诉宋庆龄，周恩来和毛主席派邓颖超来接她到北平，大家都盼着她能北

---

① 尚明轩、余炎光编：《双清文集》下卷，第 510 页。

上，共商建国大计，参加中国人民政治协商会议。但宋庆龄还没有决定北上，因为北京是宋庆龄的伤心地，在那里她失去了孙中山，而且她南方人怕北京天气的冷。①

两天后，廖梦醒再去看宋庆龄，谈话间感觉到宋庆龄对中共领导人有"盛情难却"之意。当晚，宋庆龄设宴请邓颖超到家里来吃饭，邓颖超呈上毛泽东、周恩来的亲笔信，宋庆龄展读北平来信。

毛泽东主席给宋庆龄的信：

庆龄先生：

重庆违教，忽近四年。仰望之诚，与日俱积。兹者全国革命胜利在即，建设大计，亟待商筹。特派邓颖超同志趋前致候，专诚欢迎先生北上。敬希命驾莅平，以便就近请教，至祈勿却为盼！专此，敬颂

大安！

毛泽东

一九四九年六月十九日

周恩来的信是两天后写的，全信如下：

庆龄先生：

沪滨告别，瞬近三年，每当蒋贼肆虐之际，辄以先生安全为念，今幸解放迅速，先生从此永脱险境，诚人民之喜。私心亦为之大慰。现全国胜利在即，新中国建设有待于先生指教者正多。敢藉颖超专诚迎迓之便，谨陈渴望先生北上之情。敬希早日命驾，实为至幸。耑上，敬颂

大安！

周恩来

一九四九．六．二十一

---

① 李湄：《梦醒——回忆我的母亲廖梦醒》，第 255 页。

宋庆龄为他们的殷殷之情所感动,很高兴。邓颖超再次向宋庆龄当面表达了大家都非常希望她到北平参加新政协的迫切心情。宋庆龄有所犹豫,但表示会考虑,说想好了再通知她们。结果,经过几次交谈之后,宋庆龄"果断地、高兴地"同意北上。① 6月30日,宋庆龄正式通知邓颖超同意北上,但因身体健康状况等原因未能确定具体日期。宋庆龄已经由衷地意识到了:"至于对目前中国的情况的总的感觉,无疑是充满了活力,并正向纵深处蔓延,革命精神正在进入社会的各个阶层。""大革命同现在的革命的区别是:这次我们是义无反顾。最高领导强而有力,并且他们正在尽快培养一批年轻的领导人。现在我们知道,多少年来我们为之奋斗的目标就要成为现实,尽管在前进的道路上还有很多障碍需要克服。"②

这样,邓颖超和廖梦醒在上海住了两个月,等待宋庆龄成行的时间。在上海期间,她们一起陪同宋庆龄出席了多场活动。6月30日晚,宋庆龄出席中共中央华东局、中共上海市委举行庆祝中国共产党诞生28周年大会,发表了一篇热情洋溢、充满诗意的祝词《向中国共产党致敬》,表达她对在共产党领导下取得巨大胜利的喜悦和对中国共产党的崇敬之情,由于身体不适,这篇祝词由邓颖超在会上代为宣读。祝词说:

> 这是中国人民生活中的一个最伟大的时期。我们的完全胜利已在眼前。向人民的胜利致敬!
> 
> 这是我们祖国建设和前进的动力,我们的旗帜是"生产",更多的生产。向人民的力量致敬!
> 
> 这是我们祖国的新光明。自由诞生了。它的光辉照耀到反动势力所笼罩的每一个黑暗角落。向人民的自由致敬!
> 
> 这是胜利的高潮,荡漾到每一个口岸。各国的人民运动风起云涌,把我们的力量和他们的合在一起,加强这勇敢的战斗。向全世界民主斗争中的同志致敬!

---

① 邓颖超:《向宋庆龄同志致崇高的敬礼》,载《宋庆龄纪念集》,第60页。
② 《复贝特兰》,《宋庆龄书信集》下册,第195页。

这一次胜利的战士们的力量增强了。他们的英勇，无匹；他们的心，同老百姓的心连在一起。向中国人民解放军致敬！

欢迎我们的领导者——这诞生在上海、生长在江西的丛林里、在二万五千里长征的艰难困苦中百炼成钢、在农村的泥土里成熟的领导者。向中国共产党致敬！

是的，这是一个最伟大的时期——是中国人民革命斗争的里程碑。我们解脱了帝国主义和殖民统治的束缚。我们铲除了封建制度。人民正在走向新的、更光辉的高峰。敬礼！中国人民革命斗争胜利万岁！①

**1949年6月30日，宋庆龄（中）、邓颖超（右）、廖梦醒（左）出席上海市党政军民庆祝中国共产党成立二十八周年大会**

宋庆龄邀请邓颖超、廖梦醒出席中国福利基金会在上海的许多活动，她们参加了上海解放后第一所新型托儿所的开幕典礼，到少年儿童夏令营视察，参观营地，并与孩子们共进晚餐。

宋庆龄同意北上的消息传到北平，毛泽东非常兴奋，表示要亲自到车站迎接，这在毛主席是历史上的第一次。8月26日，她们终于动身

---

① 《向中国共产党致敬》，载《宋庆龄选集》上卷，第461—462页。

北上。28日下午,宋庆龄在邓颖超、廖梦醒的陪同下乘坐专列抵达北平。车站月台上挤满了欢迎的人群。毛泽东登上刚一停稳的火车,到车厢里欢迎宋庆龄,与她握手,并说:"欢迎你,欢迎你,一路上辛苦了。"宋庆龄说:"谢谢你们的邀请,我向你们祝贺。"毛泽东说:"欢迎你来和我们一起筹建新中国的大业。"宋庆龄说:"祝贺中国共产党在你的领导下取得伟大胜利。"① 宋庆龄在毛泽东的陪同下走出车厢,与欢迎的人一一握手,互致问候:朱德、周恩来、林伯渠、廖承志等50多位中共中央和民主党派的最高领导人前来热烈欢迎,月台上充满着欢声笑语,宋庆龄与何香凝这位老战友紧紧地拥抱在一起,心情激动,站在一旁的毛泽东露出欣慰的笑容。

1949年8月28日,宋庆龄与到北平火车站迎候的何香凝在一起

邓颖超与廖梦醒紧随宋庆龄走下车厢,非常高兴。

随后,宋庆龄与何香凝、邓颖超、周恩来同车前往寓所休息。

晚上,毛泽东举行晚宴,欢迎宋庆龄。何香凝和廖梦醒、廖承志等一起作陪,欢聚一堂,畅叙别情。

---

① 盛永华主编:《宋庆龄年谱》上册,第1080页。

第六章 为新中国成立而奋斗

宋庆龄（前中）与邓颖超（左一）、朱德（左二）、廖梦醒（宋庆龄右后）等在火车站月台上

# 第七章

# 为建设新中国而奋斗

## 第一节 一起为新中国欢呼

宋庆龄与何香凝共同奋斗了几十年,自香港分别八年后,终于在人民解放了的土地上重聚。她们都对孙中山的理想和奋斗目标终于实现而感到由衷的高兴,对毛主席和中国共产党的领导充满信心。宋庆龄和何香凝、廖承志、廖梦醒,一起在北平欢呼人民的胜利!

1949年9月20日,宋庆龄和何香凝、廖梦醒欢聚在一起,出席中华全国民主妇女联合会、北平市民主妇联筹委会在北京饭店举行的招待会,此会为招待出席中国人民政治协商会议的妇女代表而举行。

9月21—30日,中国人民政治协商会议第一届全体会议在新中国的首都北平胜利召开!宋庆龄作为特别邀请代表出席会议。何香凝和她的子女廖承志、廖梦醒都成为政协代表,一起出席了会议,为建设新中国献计献策,一家三人同时当选代表,这件事成为第一届全国政协会议中的佳话。

宋庆龄与何香凝、廖承志,都当选为大会89人组成的主席团成员。宋庆龄还当选主席团常务委员,27日担任会议执行主席之一,30日当选为中央人民政府副主席。何香凝当选政府委员,担任华侨事务委员会主任委员,她与廖承志都当选为全国政协委员。

宋庆龄作为特邀代表在中国人民政治协商会议第一届全体会议上发表讲话,她高兴地指出:"今天,中国是一个巨大的动力,中国的人民在前进,在革命的动力中前进。这是一个历史的跃进,一个建设的巨力,一个新中国的诞生!我们达到今天的历史地位,是由于中国共产党的领导。这是唯一拥有人民大众力量的政党。孙中山的民族、民权、民

**1949 年 9 月，全国政协第一届全体会议期间，何香凝（前排左六）与宋庆龄（前排左五）、邓颖超（前排左二）、廖梦醒（前排右二）等妇女代表合影**

生三大主义的胜利实现，因此得到了最可靠的保证。"并且强调："今天参加这个人民政治协商会议的，就包括各民主派、人民团体，少数民族，国外华侨以及民主进步人士的代表。在中国历史上，这是第一次有这样一个广大代表性的人民的集会，形成一个真正的统一战线，以执行共同纲领和组织一个真正的人民民主政府。"最后号召："同志们，让我们现在就着手工作，建立一个独立、民主、和平与富强的新中国……"[1]

何香凝代表民主党派在会上的讲话也指出："我预祝在我们中央人民政府宣告成立，全国上下在它的领导下，一致实现共同纲领之后，我们的政治将走上光明的道路，好像太阳初升似的光辉灿烂，照遍全世界。"强调"孙中山先生的遗嘱中曾说过他致力于革命四十年，对内要唤起民众，为了实现国家的自由平等，节制资本与实行耕者有其田，对外联合世界上以平等待我之民族，共同奋斗，这是孙先生革命的目的。……所有这些中国革命的目的，在毛主席的领导下得到了实现，我

---

[1] 《在中国人民政治协商会议第一届全体会议上的讲话》，载《宋庆龄选集》上卷，第 468—471 页。

们可以告慰在九泉之下的孙先生了!"并号召说:"我们信仰孙中山先生的革命的三民主义信徒,今天,要来做一个模范的新民主主义工作者。我们要全心全意地拥护中央人民政府,我们各民主派的党员及负责人,尤其应该要实行政府的法令、政令,勤俭节约,临事而惧,实事求是,这才能对得住全国的人民,对得起无数死难的烈士。"①

廖承志作为中华全国民主青年联合总会主席,也代表全国青年在会上发言,欢呼中国人民政治协商会议的开幕,欢庆"中国人民和中国青年数十年来流血牺牲争取其实现的目的,今天终于达到了"!并代表全国青年表态:"我们青年必将继承'五四'以来的光荣传统,全力实现我们的共同纲领,跟党走,跟着毛主席走,努力学习努力工作,在各自的岗位上完成自己的任务!"②

**1949 年 9 月,廖承志在中国人民政治协商会议第一届全体会议上发言**

10月1日,宋庆龄与毛泽东、朱德、周恩来等一起登上天安门城楼,参加新中国成立大典,站在毛主席身边,亲耳听到毛泽东庄严地向世界宣告:"中华人民共和国中央人民政府成立了!中国人民从此站起来了!"亲眼看到毛泽东主席把第一面五星红旗升起来,激动得热泪盈眶。何香凝和廖承志、廖梦醒,都作为代表一起登上天安门城楼观礼,共同见证了这一庄严、神圣、激动人心的伟大时刻。廖梦醒兴奋地想:为了这一天,付出一生也值得!

---

① 尚明轩、余炎光编:《双清文集》下卷,第513—514页。
② 《廖承志文集》上卷,第165页。

新中国的成立，使宋庆龄和何香凝欣喜万分，她们可以"更紧密地携手为实现世界的持久和平而奋斗"，她们都带着一颗与人民民主共和国一起跳动、与全国人民一起喜悦的心，投入到新中国的革命和建设之中，感到无比的幸福和自豪。因为，她们都是从早年开始追随孙中山并投身民主革命事业。何香凝与丈夫廖仲恺一起，于1903年初识孙中山，"佩服道理"，走上追随孙中山革命的道路。宋庆龄1913年秋到孙中山身边工作，崇敬他、全身心地投身于他领导的民主革命事业，并结成终身伴侣。在孙中山逝世后，廖仲恺、宋庆龄、何香凝是孙中山三大政策的最坚定支持者和捍卫者，推进了国民革命高潮和广东革命政权的巩固，并为北伐准备了良好的条件，廖仲恺为此献出了宝贵的生命。

此后，宋庆龄继续高举孙中山的旗帜，何香凝更是以身负孙中山的临终嘱托和廖仲恺的未竟之志"两大重责"，一起为捍卫和继续坚持联俄、联共、扶助农工三大政策而不懈努力，立场坚定，成为国民党最著名的左派代表、中国共产党的挚友。在几十年时间里，她们经历了民主革命的两个历史阶段，进行了艰苦卓绝的斗争，舍生忘死为之奔走呼号，最后认识到中国共产党才是真正能领导中华民族走向复兴、解放之路的希望所在。

在中国共产党领导下，中国人民终于挣脱了殖民主义和封建主义的双重枷锁，站了起来！孙中山毕生为之奋斗的理想都得到了实现，历史掀开了崭新的光辉篇章，此刻，她们怎能不感到欣喜和无比的欢愉呢！正如宋庆龄的外国友人对她说的："您的梦想终于实现了，您肯定是这个麻烦不断的世界上最高兴的人之一了。我很欣慰您现在可以自由的和人们一起锻造一个新的中国。"①

历史的影像留下了宋庆龄当时佩戴墨镜登上天安门城楼、参加国庆盛典的镜头，实际上是因为她总是抑制不住悲喜交集的泪水，她追忆道：

> 这是一个非常庄严的典礼。但是在我的内心，却有一种难以抑

---

① 尚明轩主编：《宋庆龄年谱长编》（下）（1949—1981），第695页。

制的欢欣。回忆像潮水般在我的心里涌起来，我想起许多同志们牺牲自己的生命换得了今日的光荣。连年的伟大奋斗和艰苦的事迹，又在我眼前出现。但是另一个念头紧抓住我的心，我知道，这一次不会再回头了，不会再倒退了。这一次，孙中山的努力终于结了果实，而且这果实显得这样美丽。①

何香凝则说：

> 孙中山先生是聪明伟大的一个领袖，他由兴中会而同盟会而国民党，他的见解都是光明伟大的。一九二四年的改组国民党，他更看准了中国的出路，他曾说过民生主义就是共产主义的理想，主张的联俄、联共、扶助农工三大政策，今天都一一地实现了。②

> 中国的自由平等，节制资本，耕者有其田，联合世界上以平等待我之民族，所有这些中国革命的目的，在毛主席的领导下得到了实现，我们可以告慰在九泉之下的孙先生了！

在社会主义革命和建设事业中，宋庆龄继续高举孙中山的旗帜，以孙中山的旗帜团结国内各阶层的爱国人士参加新中国的革命事业，并争取了广泛的国际支持。何香凝也不断地告诫民革党员要继续坚持做孙中山的忠实信徒，在毛主席领导下前进，坚信："只要我们能实现共同纲领，保持和加强我们的团结，共同向帝国主义作斗争，遵守孙中山先生的亲苏政策与毛主席建国方针，在毛主席的领导下团结奋斗，那么，我们国家的前途是无限光明的，我们人民的前途是无限幸福的。"③

从此，宋庆龄与何香凝、廖承志、廖梦醒，开始了一起为建设社会主义新中国而奋斗的新征程！

---

① 《宋庆龄选集》下卷，第476—477页。
② 尚明轩、余炎光编：《双清文集》下卷，第541页。
③ 同上书，第515页。

## 第二节　何香凝：宋庆龄的亲密战友

宋庆龄与何香凝，几十年来本是同生死、共患难的亲密战友，如今她们都身担要职，政务繁忙，各有自己的工作领域，但都一直保持着亲密的关系。她们互相关心，一如既往，心心相印。宋庆龄是新中国国家的主要领导人之一，何香凝也先后担任中央人民政府委员、华侨事务委员会主任委员、全国政协副主席、全国人民代表大会常务委员会副委员长、全国妇联名誉主席、中国国民党革命委员会中央委员会主席和中国美术家协会主席等职务。为建设新中国而共同奋斗，息息相通。她们时常在会议场所、政务活动中晤面、商谈、交流，工作之余、节日、过生日，她们也会互致问候，赠送礼物，表达祝贺、牵挂和安慰之意。

1957年12月7日，宋庆龄到何香凝家中看望

对于新中国建设的艰巨任务，宋庆龄和何香凝都有清醒的认识以及必须为此持续地付出努力的远见，她们保持艰苦奋斗的作风继续在新的

岗位上为建设社会主义新中国而努力工作。她们都是中华人民共和国宪法草案起草委员会的成员,参与制定国家宪法。

宋庆龄在1950年元旦的题词指出:"我们已实现了新民主主义,使今年的新岁愈加显得喜气洋溢,但仍应拿刻苦耐劳的新精神,从事新中国的建设。"

宋庆龄继续领导中国福利基金会的工作,唯一的希望就是"必须提高我们的工作实效,更加注意自我批评并不断寻找为新中国作出更多贡献的途径",她相信"我们今后将由于在我们伟大的革命中支持广大工农兵而承担更大的任务",并号召:"让我们把全部注意力放在我们的工作上。让我们作为个人和一个集体全力以赴地努力实现中国福利基金会的目标。让我们记住,每一天的艰苦劳动都将使我们更加接近我们的光明的前途。"① 正如毛泽东所说的:革命的胜利,"只是一出长剧的一个短小的序幕。……中国的革命是伟大的,但革命以后的路程更长,工作更伟大、更艰苦。"②

1950年8月中国福利基金会改名为中国福利会,其最高权力机构为执行委员会,宋庆龄继续担任主席。工作重点在妇幼保健卫生、少年儿童文化教育福利方面进行实验性、示范性工作,加强科学研究,开展对外交往与合作。

1952年宋庆龄主持创刊英文版《中国建设》杂志,是向国际社会及华侨介绍中华人民共和国的建设成就与人民生活的综合性月刊,"继承并发扬它的前身保卫中国同盟所建立的、向世界各地传播中国的真实情况的优良传统"。这个刊物从创刊伊始,就一直致力于宣传"我国劳动人民、知识分子和文艺工作者的成就,并且通过具体事实和形象化的报道来阐明人民政府的政策","忠诚地为真理效劳",宋庆龄还常常亲笔为它撰文。正是由于宋庆龄的努力以及世界性的崇高声望,很好地向世界传播了新中国的真实情况和建设发展成就。

宋庆龄和何香凝都是中国最早期的妇女运动的领袖,一直从事妇女解放运动,领导各种妇女工作,进行妇女解放运动的理论探索。新中国

---

① 盛永华主编:《宋庆龄年谱》下册,第1094页。
② 《毛泽东选集》第四卷,人民出版社1960年版,第1440页。

时期她们继续关心妇女工作，1953年在全国民主妇女联合会第二届执委会首次会议上，宋庆龄和何香凝一起被推选为名誉主席。廖梦醒新中国成立后则在全国妇联就职，担任国际司副司长兼秘书，先后当选全国妇联执委会理事、常务理事。有一次宋庆龄已经因不断接待各种来访的代表团、活动太多而忙得不可开交时，仍然迫切地期待妇女代表团的到来，"因为那是我最感兴趣的代表团"。①

1949年12月11日，亚洲妇女代表会议正式召开，宋庆龄在贺信中热情洋溢地向亚洲妇女宣传妇女解放、妇女要不断努力争取男女平等的思想，认为妇女的完全解放，需要"两个朋友"：第一是"国家的真正独立"，就像新中国就是个实例；第二是世界无产阶级运动。号召亚洲妇女起来斗争，增强妇女的责任，既为许多具体的权利而奋斗，也强调要提高妇女的政治觉悟、工业生产和团体工作的知识和能力，总之，"我们必须努力提高妇女的政治水平。……'解放'不会是别人装在银盘子里给我们送上来的。我们必须自己争取解放，而没有政治觉悟就不可能得到解放"。②

1956年4月，国际民主妇女联合会理事会北京会议召开，宋庆龄为大会发去贺信，祝贺来自70多个国家的妇女们在发挥争取民族自由与复兴的运动中所发挥的作用，对她们为争取妇女解放和儿童权利的斗争表示支持。并在上海寓所举行茶会，分多次招待部分参加会议后到上海参观的各国妇女朋友，分享经验，畅叙友谊。

何香凝作为大会主席团成员出席了亚洲妇女代表会议。她在周恩来总理设宴欢迎参会的亚洲各国妇女代表时，作了演说，庆祝中国妇女在中国人民革命的胜利中得到了解放，也感谢亚洲各国妇女的团结奋斗，并以母性反对战争的角度，强调我们亚洲妇女们，要为保卫世界和平这个中心任务而团结起来，继续与帝国主义做斗争。③

1953年，何香凝在祝贺中国第二次全国妇女代表大会的贺信中，鼓励新中国妇女不断努力，并要求妇女们要正确理解妇女的自由与平等权利，自觉加强"劳动与责任的平等"；广大妇女要在"劳动、生产、

---

① 盛永华主编：《宋庆龄年谱》下册，第1107页。
② 同上书，第1109—1110页。
③ 尚明轩、余炎光编：《双清文集》下卷，第518—519页。

学习，保育后代，建设新中国"等方面，尽"应负的责任"；发挥妇女在生产战线上的潜力，只要"多贡献于国家，地位就会不断提高"①。

1953年年底，宋庆龄参观武汉东湖无名烈士"九女墩"，为太平天国女战士的英勇事迹，以及乡人敬慕、纪念女英雄的义举所感动，她写下了一首诗《无名烈士——为九女墩题》，歌唱英雄，歌唱妇女：

> 在这里，我们伟大祖国的中心，
> 在过去很久的日子里，
> 九个无名的中国妇女，不肯屈膝，不肯低头。
> 她们反抗，为了人民，
> 她们献出一切，为了人民。
>
> 在这里，我们伟大祖国的中心，
> 在她们之后的年代里，
> 更有千千万万像她们似的继承者，
> 燃烧着革命的火焰，
> 裹扎起战斗的创伤，
> 在人类新时代的歌声中向前迈进。
> 许多人献出了一切，为了人民。
>
> 在这里，我们伟大祖国的中心，
> 在人民当家做主的时代，
> 我们为那九个无名的妇女树立起碑石，
> 为了敬仰她们，也为了敬仰所有的中国妇女。
>
> 我们今天纪念过去，但也展望将来；
> 我们今天正在建设着明天，
> 为了所有的人民。②

---

① 尚明轩、余炎光编：《双清文集》下卷，第646—648页。
② 《无名烈士》，《宋庆龄选集》下卷，第14—15页。

后来宋庆龄这首诗由何香凝亲笔书写刻在碑上，树立在武汉东湖边。

**树立在武汉东湖，由何香凝书写的宋庆龄《无名烈士》诗碑**

后来，何香凝也写了一首《题太平天国九女英雄》诗：

鄂中巾帼九英雄，
壮烈牺牲后世风。
辛亥革命前后起，
推翻帝制古今崇。①

宋庆龄一直非常关心儿童的健康成长，关于儿童养育、教育的问题，她在抗日战争胜利后就如何医治战争创伤，重点着手关注儿童、战争孤儿的问题，在中国福利基金会成立后，就成立了两个基金项目，即"儿童福利基金"和"文化福利基金"。新中国成立后，她在中国福利会中，更加强了儿童的项目。宋庆龄把妇幼保健卫生、少年儿童文化教育作为中国福利会工作的重点内容，在儿童保健、营养、教育、托儿所、少年宫、儿童图书馆、儿童剧团、医院、孤儿救济等全面开展儿童项目，惠及全中国的少年儿童。

宋庆龄在新中国成立后第一个国际"六一"儿童节，发表题词，说

---

① 尚明轩、余炎光编：《双清文集》下卷，第676页。

明重视儿童事业的重要意义："今天是解放后第一个儿童节,我们要使他们得到温暖的保育,俾养成健全的体格,成为革命的生力军,肩负建设新中国的伟大任务。""保护儿童的权利,是建立人民民主政权的必要条件。"她对儿童事业做出了很大的贡献,正如上海《解放日报》刊发的《中国福利基金会为儿童服务 十二年来成绩卓著》的报道:"由中央人民政府宋庆龄副主席直接领导的中国福利基金会,十二年来,在全国各地包括过去的老解放区和蒋管区,对于儿童的福利及一般社会福利事业,是做得很有成绩的。……他们的工作,比较主要的,有国际和平医院、医学院、老解放区儿童工作组、试验农场、制药厂、上海儿童工作组、儿童剧团、保健组、中国战灾儿童义养会以及文艺工作者福利会等。"①

**1956 年,宋庆龄与何香凝等在北京方巾巷寓所的合影。**
**左起:居若文、经普椿、何香凝、宋庆龄、邓文钊、廖梦醒**

尽管她身负国家主要领导人的责任,政务忙碌,参与新中国建设涉及政治、经济、文化、外交、国际和平事务等许多方面。但她还是花费了许多精力去关心少年儿童工作,为青少年的培养教育发展事业,作了

---

① 尚明轩主编:《宋庆龄年谱长编》,第 740 页。

不懈的努力。她亲自策划实施少儿教育、福利、健康项目，"为了使儿童在母亲怀里香甜的睡眠，为了使儿童在学校里安心读书，为了使儿童纯洁的心灵中没有痛苦的记忆，我们必需（须）尽一切力量制止战争，即使要付出极高代价，我们也要把保卫和平的任务担当起来"！"把最宝贵的东西给予儿童"。①

何香凝也有许多相似的观点，同样重视妇女儿童方面的工作。何香凝从20世纪20年代领导妇女运动开始，就把关注妇女和儿童的问题放在一起考虑，她关心妇女问题从建"贫民生产医院"、保障母亲和新生儿的安全与健康开始；开展省港罢工女工的工作，同时就建立"罢工工友子女补习班"，解除女工的后顾之忧。因为"妇"与"幼"的问题本来就分不开。新中国成立后，她除继续关注妇女自身的解放、进步、平等、发展外，也常常关心儿童养育和教育问题。在战争阴霾底下，何香凝号召全社会、全世界"为了健康的第二代"，反对战争，保障母亲与儿童的安全，号召妇女们"让我们用女性、母性的全副尊严站立起来"，对美帝国主义的战争阴谋"提出严重控诉"！并提出在今后的妇运工作中，要开办妇女救伤救急讲习所，以掌握儿童意外伤害的救护措施。1955年妇女节，她再向妇女们提出要求要"做好两件事"，首先以"慈悲为怀"的母亲，反对战争，使孩子们能"免除战争灾害"、过和平幸福的美好生活；其次妇女们应该掌握医学常识，尽力保护年幼无知的儿童的日常安全，"免受疫病灾害"。②

她们在新的形势下，不断从不同的角度、研究新的工作思路和方法，思考如何更好地服务于新中国的建设与发展。在中国福利会成立20周年时，回顾历史，总结经验，宋庆龄为更好地工作、发挥作用，她提出中国福利会要"在'示范性''实验性'的目标之外，又增加了科学研究这一目标"，使科学研究对社会主义建设做出"最大的、最主要的贡献"。"反过来，科学研究工作又必须会使我们的'示范性''实验性'工作更加巩固"。"更加重要的是科学研究工作使中国福利会得到永久存在的前提，它将成为一个继续长期存在着的机构，对于建设社

---

① 盛永华主编：《宋庆龄年谱》下册，第1443页。
② 尚明轩、余炎光编：《双清文集》下卷，第716—717页。

会主义、共产主义社会贡献出更有价值的、更重大的力量"。① 1960 年，根据上半年的工作情况，宋庆龄又指出她最关心的事，就是要研究两个问题，以迅速改变工作面貌。第一要思想跃进、打破常规，"有重点地进行一些领导工作经验的总结，通过总结，提高领导水平，教育干部"。第二要好好分析存在问题的原因，希望通过"深入细致地研究，并提出解决问题的措施，以便使这两个单位的面貌很快改变，这是我最关心的事"。②

何香凝担任新中国第一任华侨事务委员会主任委员十年间，对华侨事务可以说倾尽心力，对于华侨的各种问题，深入研究，根据不同情况进行分类处理。在侨务工作上，她提出在粤、滇、闽三省创办了一批华侨农场，安置归侨、侨眷，解决华侨的实际困难，为华侨的安身立命创造条件，让侨胞更好地融入祖国大家庭又考虑到了他们的实际状况。根据宪法精神，侨委制定了保护华侨权益的各种政策，保护侨汇、侨产。从为祖国培养人才的角度开展华侨教育，创办多所、多层次的华侨学校，立足于把华侨子弟培养成社会主义事业的建设者和接班人，又可以发挥他们在新中国与侨居国之间进行经济、文化交流的桥梁作用，解决华侨的后顾之忧。在党中央、国务院的领导下，制定了新中国"同等对待、考虑特殊、适当照顾"的华侨政策。在新中国成立几年间，华侨事务取得了长足的进展，得到了广大华侨、归侨、侨眷的拥护，何香凝成为"华侨慈祥的贴心人"。"许多爱国华侨听到何香老被任命为侨委主任，都欢欣鼓舞，认为这是国家对华侨的重视"。为了进一步做好服务和联络华侨的工作，1956 年何香凝呈请中央批准，成立了以爱国华侨陈嘉庚为主任委员的"中华全国归国华侨联合会"，作为归侨、侨属的人民团体。至今它仍在发挥着爱国统一战线组织的作用。此间廖承志则担任侨委副主任委员，一直协助母亲工作。1959 年，何香凝以年事已高卸任，中央决定由廖承志继任何香凝的职务，一直到他 1983 年逝世。中央又决定任命廖承志的长子廖晖为国务院侨办副主任、主任。廖家祖孙三代为新中国的华侨、港澳事务服务了 61 年，传为佳话。

---

① 盛永华主编：《宋庆龄年谱》下册，第 1588 页。
② 同上书，第 1597 页。

第七章 为建设新中国而奋斗　　207

　　1958 年 6 月 14 日，是中国福利会成立 20 周年的纪念日。由上海各界 1000 多人举行盛大集会，隆重庆祝中国福利会成立 20 周年。宋庆龄发表《永远和党在一起》的讲话，很高兴回顾了它的历程，认为"当初成立并为之奋斗的目的：建立一个自由、独立、由人民治理的国家的理想，已经实现了"。强调"我们的成就应该直接归功于中国共产党和毛泽东主席的领导"。"中国福利会从创立那天起，就和中国共产党站在一起，将来也是这样"。还在讲话中特别提出感谢远道而来参加庆典的"何（香凝）主任"。① 何香凝给庆祝会送去的国画，与周恩来、邓颖超、柯庆施等领导人送来的花篮一起，摆在会场的显要位置。会议前一天，宋庆龄举行便宴，招待由京赴沪参加纪念活动的领导和各界人士，何香凝、廖承志和以全国人民代表大会代表身份出席的廖梦醒，一起出席了招待会，欢聚在一起，度过了愉快的时光。1963 年 6 月 14 日，举行中国福利会成立 25 周年的酒会，何香凝、廖承志、廖梦醒再次出席庆祝活动，大家齐聚在北京后海北沿 46 号宋庆龄的寓所里，宋庆龄非常高兴，与周恩来、朱德、董必武、陈毅等一起举杯庆祝。

**1963 年 6 月 14 日，宋庆龄与周恩来、何香凝等在庆祝中国福利会成立 25 周年招待会上。左四为宋庆龄、左七为何香凝、左一为廖梦醒**

　　新中国成立后，宋庆龄和何香凝，作为国民党元老、孙中山思想遗产的忠实继承者和捍卫者，一起继续以孙中山为旗帜，在团结海内外爱

---

① 盛永华主编：《宋庆龄年谱》下册，第 1545 页。

国华侨和民主人士方面做了大量工作。宋庆龄和何香凝的友谊,开始就是与孙中山、廖仲恺连在一起的。

1949年11月12日,中国国民党民主派代表会议在北京举行,同时举行孙中山诞辰84周年纪念活动。何香凝和李济深、谭平山、陈铭枢、蔡廷锴、蒋光鼐、张治中、邵力子、贺贵严等60余人出席会议,另有列席党员20余人。在纪念会上,何香凝作为国民党元老做报告,讲述孙中山的革命历史,她指出:"孙中山先生数十年艰苦奋斗,最后的目的是求世界大同,消灭人类的被压迫。国民党民主派本着孙先生的革命意旨,在毛主席领导之下奋斗到底。"大会提议,敦请宋庆龄为大会名誉主席,全场一致通过。①

**1955年8月20日,全国政协举办"纪念廖仲恺逝世30周年大会",宋庆龄、何香凝发表了讲话。正在发言者为何香凝,主席台上坐者右五为宋庆龄**

1955年8月20日,中国人民政治协商会议全国委员会举行了廖仲恺逝世30周年纪念大会。宋庆龄致开幕词,她赞扬廖仲恺是"中山先生的战友":

> 他忠心耿耿,不分昼夜地执行了国民党改组后的联俄、联共、扶助农工三大政策,并在国共两党合作的基础上大力地拥护中国国民党第一次全国人民代表大会所决议的一切政纲。正因为他那样赤诚地爱国,那样为革命努力,国民党右派反革命分子要暗中谋

---

① 盛永华主编:《宋庆龄年谱》下册,第1105页。

害他。

接着她充分赞扬廖仲恺在同盟会、在促成联俄、黄埔创校、革命建军以及平定商团叛乱等不同时期和领域的杰出贡献。① 宋庆龄对廖仲恺能够坚定不移地与孙中山站在一起，坚决地拥护孙中山的勇敢行动和开明思想，由衷地表示赞赏。②

1956年11月12日，举行了大型的孙中山诞辰90周年活动。宋庆龄发表了《孙中山——中国人民伟大的革命的儿子》《回忆孙中山》等文，回顾孙中山一生，从爱国出发，坚持进步，晚年重新解释三民主义，使"革命的国民党与中国共产党结成了反帝国主义和反封建主义的联盟"，"使革命的三民主义同中国共产党的最低纲领——新民主义在若干原则上达到基本上的一致"。最后，她号召人们学习孙中山的"爱国热情""革命毅力"和"奋斗精神"，"在中国共产党和毛主席的领导下，为社会主义建设和世界和平事业继续奋斗"。③

何香凝为这次活动做了大量工作。她先向海外华侨发出回国参加孙中山诞辰90周年纪念活动的号召，邀请孙中山的生前故交、赞助过革命的侨胞、敬仰孙中山的人，无论属于何党何派，都非常欢迎，全世界中华儿女，都可以凝聚在一起。10月，她发表了回忆孙中山的文章，接受记者访问，回忆他四十年革命和思想发展的历程，宣传孙中山坚持革命的精神。在纪念大会上，何香凝又发表了讲话，回忆孙中山并谈对他的主要思想的认识，认为他"坚决反对帝国主义"、反帝"必须动员民众、依靠民众"、解决民生的两个办法"节制资本和平均地权"以及"建设中国的远大计划"等主导思想，都极具远见卓识，产生了深远影响。并号召大家学习他的"简朴清廉的生活"和"刻苦钻研、不断求进步的学习精神"。④

1966年，孙中山100周年诞辰，何香凝、廖承志都担任纪念孙中

---

① 《在政协全国委员会纪念廖仲恺先生逝世三十周年大会上的讲话》，载《宋庆龄选集》下卷，第126—128页。
② 同上。
③ 《回忆孙中山》，载《宋庆龄选集》下卷，第258—263页。
④ 尚明轩、余炎光编：《双清文集》下卷，第777—782页。

1956年11月12日,何香凝在孙中山诞辰90周年纪念会上讲话

山100周年诞辰大会筹备委员会副主任委员,廖承志兼任秘书长,负责具体工作的协调和落实。宋庆龄在会上发表演讲《孙中山——坚定不移、百折不挠的革命家》,她指出:"孙中山一生致力于推动革命","为了使自己在政治上适应当前革命任务的需要,他坚持不懈地进行自我教育。他不停地从理论和实践上进行探索,寻找引向革命胜利、中国获得解放以及使中国在国际上取得平等地位、中国人民得到自由的道路",这两个方面,"今天仍然值得我们学习"。① 何香凝则在讲话中再一次回顾了孙中山的革命历史,赞扬"他的不断进步,坚持革命,越到晚年越坚决"的思想特点。② 这也是年近九十高龄的何香凝发表的最后、最重要的会议讲话。

在纪念会前,宋庆龄、何香凝,同周恩来、董必武、陶铸、陈毅等领导人一起,接见了参加大会的部分外国朋友、华侨代表和港澳人士,共同缅怀孙中山,共叙友情。

---

① 《孙中山——坚定不移、百折不挠的革命家》,载《宋庆龄选集》下卷,第494—495页。
② 尚明轩、余炎光编:《双清文集》下卷,第1004—1007页。

宋庆龄和何香凝都有很高的工作热情，从不知老之将至，一辈子都在努力工作中度过。八十高龄时的宋庆龄在给友人的信中说道："我对于老之将至毫不担心。我努力使我的头脑保持年轻和健全，因为有许多年纪较长的人并未由于'年老'而减少对人民作出值得称道的贡献……只要我能离开医生的治疗，我就要回到我的工作岗位上去。"①在改革开放后，许多人写信或见面询问80多岁的宋庆龄自二三十年代以来发生的一些事情，她依然思维灵活，记忆清晰，总是及时答复，具体、准确，从不拖延。②进入新中国已过古稀之年的何香凝，不仅忙于政务，先后担任华侨事务委员会主任委员、中华全国妇女联合会名誉主席、中国人民政治协商会议全国委员会副主席、全国人民代表大会常务委员会副委员长、中国国民党革命委员会中央代理主席、主席、中国美术家协会主席等多种重要职务。而且在政务之余一直坚持作画，直到九十二岁高龄，长时间作画后工作人员劝她休息一下，但她从不嫌累，还说平生作画，最愉快的时候就是现在，怎么会累着我呢？！

她们都衷心地拥护中国共产党和毛主席的领导，宋庆龄更是在晚年实现了加入中国共产党的夙愿，何香凝作为民主党派领导，以自己坚决拥护中国共产党领导的模范言行，同民主党派和各界爱国人士一起，团结在党中央周围，共同为祖国的社会主义建设事业服务，出谋献策，做出了很大的贡献。对于新中国的伟大成就，和毛泽东主席、中国共产党领导下的社会主义新中国蓬勃发展的新形势，她们都非常欣慰。

宋庆龄看到新中国到处蓬勃的新气象，这样赞叹：

  总的一句，伟大的人民力量，已推动了历史的车轮，通过新民主主义和社会主义革命的两个阶段，把半封建半殖民地的中国一变而为独立自由的社会主义的中国，在国际舞台上成为一个强盛的国家，在每一个角落都可看到蓬勃发展的新生气象，充满着无限的光明前景。不仅把孙中山奋斗一生的理想变成现实，而且远远超过了他的理想。

---

① 伊斯雷尔·爱泼斯坦：《宋庆龄——二十世纪的伟大女性》，第633页。
② 张珏：《"老人年"回忆宋庆龄》，载《往事不是一片云》，中国福利出版社2012年版，第7—9页。

> 尽管我为参与了那个岁月的斗争而感到自豪,但我必须说我现在所看到的一切令我感到更加愉悦。①

对新中国30年的建设成就,宋庆龄在对多年不见的国际友人的信中充满激情地介绍道:

> 在经过差不多三十年音讯杳然之后又收到你的来信,真令我惊异万分!我清楚地记得我们在香港的会晤……
> 如果你能来看看新中国——它同你所知道的那个可怕的旧中国完全不一样——我将非常高兴地重温我们的旧谊。看到有奋斗目标的人能够造成翻天覆地的变化,是会使你心花怒放的。
> ……
> 你一定要来看看人们能如何把地狱变成"天堂"——姑且这么说——尽管我们还有许多事情要做,为人民创造更好的条件。②

宋庆龄和何香凝感情甚笃,在为革命、建设事业共同奔走、奋斗的半个多世纪中,一直坚守着历史进步的方向,相互信赖,相互扶持,始终相互敬重,真诚合作,相互爱护,精诚相交。宋庆龄视何香凝为革命前辈、大姐,非常敬重。而何香凝对宋庆龄的敬重和亲情,则有过之。在革命的重要转折关头,何香凝总是以孙夫人宋庆龄为旗帜,把她作为孙中山的最合适的代言者而敬重。宋庆龄总是以何香凝为最信赖的战友,携手并进。特别是艰难困境的时候,她们志同道合,共同策进,从争取民族解放、改善人民生活状况着手,给"最需要的地方"送去物资和关怀,一桩桩一件件,事无巨细地用心做,心怀共同的家国情怀,在历史上留下了她们坚强刚正的身影和不断奋斗的足迹。

1972年7月何香凝因肺炎住院。4日,宋庆龄亲赴北京西城区复兴门外大街国务院宿舍看望廖梦醒,然后到北京医院探望何香凝。宋庆龄的年龄介于何香凝与廖梦醒母女之间,比何香凝小15岁,比廖梦醒大

---

① 《复海伦·福斯特·斯诺》,载《宋庆龄书信集》下册,第562页。
② 《致劳拉》,载《宋庆龄书信集》下册,第815页。

11 岁,都有很深的情感。9 月 1 日凌晨 3 点,何香凝在北京医院逝世,一直关注着何香凝病情的宋庆龄,听到消息后在凌晨就赶到医院,向这位半个多世纪的老朋友遗体告别,她是第一个向何香凝告别的领导人。5 日,她克服自己的病痛困扰,在何香凝的追悼会上致悼词。在悼词中追述了何香凝革命的一生并给予高度评价。指出:"何香凝是孙中山的革命战友、是廖仲恺的革命伴侣、是中国共产党的亲密朋友、是国民党革命派杰出的代表。她热爱祖国、热爱社会主义制度、热爱中国共产党、热爱伟大领袖毛主席。何香凝女士的一生是革命的一生,战斗的一生。"追悼会后,又因在会上对着已准备好的稿子只能"照念",没有称呼何香凝为"同志"而感到非常的遗憾,因为,"其实她就是同志"。① 紧接着,她亲自撰写了纪念文章《何香凝——一位坚定的革命者》,文中回顾了何香凝革命的一生,认为她是"中国的一位可敬的女革命家","她是孙中山的亲密的革命同志,是国民党前辈廖仲恺的忠实、勇敢的妻子,也是中国共产党的亲密的朋友",把她自己对"同志"的认识都表达出来了,高度评价何香凝和她的丈夫廖仲恺在中国革命中的贡献。宋庆龄指出:

> 何香凝一直忠诚地维护孙中山的三民主义,即民族、民权、民生,重点在民生。1911 年国民党的胜利敲响了两千多年的封建帝制的丧钟,标志着现代中国的开始。何香凝曾参加争取这个胜利。在制定三大政策时(即联俄、联共、扶助农工),何香凝与她的丈夫担负了更多的任务,他们遭到了有些过去曾经是革命的同志的攻击、污蔑。
> 1925 年 8 月 20 日,他们到国民党总部去参加一个重要的会议。在路上,走在他妻子前面的廖仲恺同志遭到枪击,当即与世长辞了。悲痛万分的何香凝痛斥了策划用这种懦夫方式进行谋杀的歹徒。他们想通过这种残暴的行为破坏三大政策,但是终归徒然。何香凝更加努力工作,并把儿女培养成热忱的革命者。
> 后来她到了上海,参加我举办的全部救济工作,为在 1932 年

---

① 《致廖梦醒》,载《宋庆龄书信集》(续编),第 436 页。

初孤军抵抗日本侵略的十九路军伤病员建立医院、募款。蒋介石的不抵抗行为使我们深感耻辱、沉痛。何香凝给蒋介石送去一套女人服装，以谴责他的不抵抗的态度。

她的身体不好，反动派逮捕了她的儿子，她的心情很忧郁。日本占领香港后，何香凝带着孙儿孙女，一大家人到广西桂林避难。

在那些年代里，她不断地提醒人民说：孙中山的"平均地权"的原则一定要付诸实施，以削弱封建主义的基础；他的"节制资本"是要避免走资本主义道路；当孙中山讲到列强时，他指的是要反对帝国主义侵略者。

今天，制止战争的革命力量正在增长，世界绝大多数人民的政治觉悟水平正在提高。但是正如毛主席经常提醒我们的那样，第三次世界大战的危险依然存在。难道超级大国会停止推行扩张主义、争霸世界吗？孙中山关于必须团结国际革命力量的遗嘱，是我们永远不应忘记的告诫。尽管我们人民已经取得了胜利，我们还必须巩固它。何香凝对此是深为了解的。

1949年在中国共产党、毛主席领导下，全国解放了。由于统一战线的关系，何香凝兴高采烈地离开香港到北京去。她知道1949年的胜利，不但是中国人民的胜利，也是全世界人民的胜利。

何香凝的一生是异常丰富和有益于人民的，她将永远活在中国人民的心中。在她担任全国人民代表大会常务委员会副委员长、中国国民党革命委员会主席、华侨事务委员会主任、中国民主妇女联合会名誉主席等职务时，她的确是忠实地为人民服务的。①

**正如何香凝身边的工作人员洪丝丝所说：**

爱国华侨早就普遍敬仰何香老，往往把宋庆龄和何香凝这两个光辉的名字并列。她们早年都在海外进行过革命活动。政治品德堪称冰清玉洁。她们对人民怀着无限真挚的爱，对敌斗争又表现出大

---

① 宋庆龄：《何香凝——一位坚定的革命者》，载《回忆与怀念——纪念革命老人何香凝逝世十周年》，第65—71页。

无畏的革命英雄气概。这样既仁慈又勇敢,使人不禁联想起一句古语:"慈故能勇"。她们为了正义,都蔑视黑暗势力的高压手段,对高官厚禄的诱惑更不屑一顾,很可以比拟凌霜的菊花,漫天雪里的梅花,被誉为"王者香"的兰花,出于污泥而不染的莲花。何香老真无愧于自己的名字,她和宋庆龄名誉主席一样,凝集了这些名花的芬芳。就是因为这样,许多爱国华侨听到何香老被任命为侨委主任,都欢欣鼓舞,认为这是国家对华侨的重视。①

## 第三节 廖承志:宋庆龄最信任的人

廖承志和宋庆龄,虽然身份、地位不同,但在长期公开的、秘密的战线上,时而并肩战斗,时而遥相呼应、心意相通,共同为中国人民的解放事业,为世界的和平事业以及中国人民和世界各国人民的友好关系而努力,做出了重要的贡献,廖承志也成为宋庆龄最为信任的人。

新中国成立后,宋庆龄一如既往,像对待自己的亲子侄一样关爱廖梦醒、廖承志姐弟及其后人。宋庆龄在寓所宴请客人、接待各界友人,也常常让他们一起作陪。廖承志一有空就会去看望她。由于工作与治疗的需要,加上以上海为家的宋庆龄喜欢生活在上海,她常常往返于京沪两地,廖承志就总是偕夫人经普椿一起到机场迎、送。每逢宋庆龄生日,廖承志和姐姐总要一起前往宋庆龄寓所探望,祝贺生日,有时候何香凝也会一起去。

他们共同为世界和平事业、广交朋友、发展和扩大海外统一战线而不断努力奔走。他们一起出席许多外交活动,在工作上廖承志常常协助宋庆龄从事一些推动世界和平的外交活动,一起出席世界和平大会,出访等。

宋庆龄是著名的国际主义者,当选世界人民保卫和平大会主席等职,她总是把反帝斗争、世界和平放在心上,她说:"同全世界一切维

---

① 洪丝丝:《华侨慈祥的贴心人——回忆何香凝老人在侨务战线上》,载《回忆与怀念——纪念革命老人何香凝逝世十周年》,第159—160页。

1977年，在宋庆龄家中合影。前排左起廖承志、廖梦醒、宋庆龄、隋永洁。后排左起经普椿、邓广殷、邓勤

护和平和为实现不同社会制度国家的和平共处而努力的人们携起手来，促进一切被压迫民族反对世界继续侵略和新殖民主义及其反革命集团输出的事业"，反对"帝国主义阵营正在策划的世界战争的计划"，"把这一切看成我们最崇高的国际主义的责任"。①

廖承志在新中国担任外交部的副部长，有周恩来总理的"不管部部长"之称，就是协助总理处理凡是涉外，但不属于外交部或中联部管理的事务。外交部主管与中国建立了外交关系的国家的交往事务，中联部主管与中国共产党有关的共产党事务，其他来自五大洲四大洋的一切对外交往事务，凡是找不到接待单位的，周恩来就统统交给廖承志主管。一开始是个"皮包公司"，后来事务太多，直到1955年11月30日，按照周恩来的指示，廖承志呈上报告，提出：在廖承志处建立一个专门处理世界和平大会、侨务、港澳、日本、当代国际活动等的办公室，"廖承志办公室"才正式挂出招牌，被亲切地简称为"廖办"。②

1952年12月，世界和平大会在维也纳举行，中国组成了以宋庆龄为团长，郭沫若、刘宁一为副团长的各界著名和平人士代表的59人代

---

① 盛永华主编：《宋庆龄年谱》下册，第1608页。
② 铁竹伟：《廖承志传》，第267页。

表团。廖承志也是代表团成员，出席会议。会前在准备宋庆龄的演说稿时，周恩来修改送他审阅的中、英文稿本后，提出了一些中英文对照意思和文字不太相符的地方，并请廖承志负责与金仲华研究，做出修改意见。① 会上，宋庆龄与法国著名科学家约里奥·居里教授被各国2000多名与会代表推选为大会执行主席，反映出宋庆龄在世界和平运动中的地位和声望。宋庆龄在会上作了题为《人民能够扭转局势》的演讲，指出我们是受了世界人民中绝大多数人的委托，来此开会，"我们来到此地，是为了扭转局势，保卫和平"！她的演讲受到代表们的热烈欢迎，也让中国代表团欢欣鼓舞，纷纷向她表示祝贺！廖承志性格开朗，见多识广，会多种外语，在此间做了大量广交朋友、宣传新中国、推动世界和平的具体工作，使中国代表团在世界"和大"上取得了丰硕的成果。

1955年4月，周恩来总理率团出席在印度尼西亚万隆举行的亚非会议，在会上提出著名的"和平共处五项原则"，此会因成果丰硕、影响深远而以"万隆会议"载入史册。廖承志以代表团顾问身份出席。在会议期间联络、交友。宋庆龄撰文盛赞中国提出这个原则是对处理国际关系的新贡献，特别在全亚洲受到欢迎，"万隆会议和会议决议已经大大地巩固了和平的力量"。②

1955年12月16日到次年2月，廖承志、陈翰笙等10人，陪同宋庆龄先后访问了印度、缅甸、巴基斯坦三国，代表团访问多个城市，会见三国政要，广泛接触政治、经济、外交、妇女、大学等各界人士，深入城乡工厂、学校、童子军营等地方访问，历时五十多天。宋庆龄发表了多场演讲，赞扬人民之间的友谊，呼吁一起加强合作，为建设和平亚洲、推进世界和平事业而努力，宣传了新中国的建设成就和真实情况，增进和发展了中国人民同这三国人民之间的了解和友谊，有助于亚洲和世界和平事业，取得了丰硕的外交成果。宋庆龄也以非常美好的个人形象为当地领导和人民所敬佩，印度总理尼赫鲁在欢迎会上说："在中国革命的整个暴风雨的时期中，产生了许多著名人物，但是不论在中国掀起什么样的风暴，在这些漫长的年代中你的形象屹立着，沉着、自信、

---

① 盛永华主编：《宋庆龄年谱》下册，第1297页。
② 尚明轩主编：《宋庆龄年谱长编》（下）（1949—1981），第910页。

1955年年底,廖承志陪同宋庆龄访问了印度、缅甸、巴基斯坦三国。这是宋庆龄(左一)由廖承志(右一)等陪同拜会印度总理尼赫鲁(左三)

意志坚定、从不动摇,给予中国人民和其他国家人民带来光明"。① 缅甸总理吴努则称赞她"同她的卓越的丈夫一样,是一位伟大的爱国者,一位为她的祖国的进步和中国人民的繁荣而不倦工作的人。在那个伟大的国家的许多变动中,她都发挥了重大的作用"。②

1956年2月5日下午,胜利结束访问行程的代表团回到北京,周恩来总理等1000多人到机场迎接。刘少奇高度赞扬宋庆龄的访问成果,认为她为开展国际友好活动做出了独特贡献。他说:"宋副委员长继承孙中山先生的革命传统,反对殖民主义,主张独立民主,在长期革命斗争中具有崇高的历史地位。她到这些国家去,做了很好的工作,起了别人不能起的作用,今后人大常委会要更多地开展国际友好活动。"③

正因为宋庆龄频频出访,宣传新中国的成就,在外交上明显的国际影响力,以致引起了一些对中国共产党不怀好意的西方人的忌恨,美国《时代》周刊的评论文章这样挖苦道:"现已六十一岁的孙夫人是一个胖胖的、冷眼看人的到处兜售红色中国的共产党路线的贩子……"

---

① 尚明轩主编:《宋庆龄年谱长编》(下)(1949—1981),第902页。
② 同上书,第911页。
③ 盛永华主编:《宋庆龄年谱》下册,第1435页。

从 20 世纪 50 年代开始,廖承志 30 年致力于中日友好民间交往,最后促进了中日邦交正常化。宋庆龄非常支持廖承志的工作,经常与他一起会见日本客人,推动对日本的民间友好交往交流活动,共同努力推进中日人民友好关系的发展。一般一起会见日本朋友时,前半段时间的会谈、寒暄,往往都是由廖承志亲自为宋庆龄担任翻译,会谈气氛融洽。1978 年,廖承志以顾问身份陪同邓小平访问日本之际,宋庆龄也应廖承志和孙中山的日本友人梅屋庄吉的女儿国方千势子夫妇的要求,题写了"中日两国人民世世代代友好下去",并附赠礼品,共同为中日人民的友好事业而努力。①

**1966 年 4 月,廖承志陪同宋庆龄会见日本友人**

1955 年 10 月 15 日,以林山荣吉为首的日本代表团来访,宋庆龄、廖承志和刘少奇、周恩来、陈毅等一起,陪同毛泽东主席在北京接见他们,在友好的气氛中,双方谈话达三小时,就中日两国有关问题和国际问题交换了意见。1960 年 8 月 14 日,宋庆龄与周恩来一起接见朝中友好代表团来访,廖承志在座陪同,促进新中国外交工作。

"文化大革命"结束后,他们继续共同为国际和平和发展事业奋斗,1979 年 3 月,宋庆龄当选保卫儿童全国委员会主席,廖承志和史良、康克清等担任副主席。4 月 5 日,由联合国儿童基金会的官员和亚洲 6 国代表组成的考察团来访,全国人民代表大会常务委员会副委员长

---

① 盛永华主编:《宋庆龄年谱》下册,第 1883 页。

廖承志会见考察团一行，并代表中国人民保卫儿童委员会主席宋庆龄欢迎各国朋友来中国交流儿童工作经验。①

"文化大革命"中，廖承志被"监护"，失去自由五年多，过着牢狱般的日子，宋庆龄十分同情，非常关心，经常派人打听他的消息，也对无法见到她最为信任的人而感到十分郁闷和无奈。

"文化大革命"后，当廖承志重新能做工作的时候，已接近古稀之年，他用了全部力气投入工作，他的光彩充分发挥出来了，他的责任心、使命感叫他不能丝毫忘怀国家民族的命运。他的天赋与阅历、独特的身份与地位使他对许多问题的认识，都具有批判性和前瞻性。他拼了命似地为经济开放发展、民主法治在中国的土地上生根成长而努力，工作领域涉及港澳台侨外事等，经济、民主法治、体制改革与特区的设立、香港回归等方方面面……正因为廖承志不顾一切地努力工作的个性，宋庆龄很担心大量的工作会对本来心脏不好的廖承志的健康造成伤害，多次提到"肥仔"的身体问题，除了见面时关心、询问之外，有时在廖梦醒那里，有时在邓广殷夫妇的面谈或书信中，不时提及"肥仔"弟弟或"肥舅父"，"担心他太累了，身体吃不消"。有一次她在给廖梦醒的信中有点愤愤地写道："真是没有想到，所有麻烦的事情都要承志处理！与日本的谈判已经够难的了，现在又要处理头痛的越南问题。"②"文革"后，对于刚恢复自由"赋闲"在家的廖承志，外甥女李湄问邓颖超为什么不给舅舅一些工作，同样了解廖承志的邓颖超就曾讲过，不给他工作，才可以让他"多活几年"。廖承志却对这种"活神仙"的日子甚为煎熬。③ 所以，"文革"后面对"百废待兴"的港澳、台、侨、外事等领域的工作，紧迫的任务很多，廖承志工作起来常常没日没夜，极大地透支了他的健康。

由于廖承志与宋庆龄的特殊关系，在周恩来总理逝世后，中共中央决定由廖承志和宋庆龄建立直线联系，凡有关宋庆龄的事情，除重大的需要请示中央决定外，都由廖承志负责处理。本来，宋庆龄自黄埔军校时期就结识了时任军校政治部主任的周恩来。后来，周恩来又是长期在

---

① 盛永华主编：《宋庆龄年谱》下册，第1897—1898页。
② 《致廖梦醒》，载《宋庆龄书信》（续编），第589—590页。
③ 李湄：《梦醒——回忆我的母亲廖梦醒》，第350页。

国统区公开活动的中共领导人,与宋庆龄有许多直接接触,在那段艰苦、形势复杂的岁月,宋庆龄与周恩来、邓颖超夫妇结下了深厚的信任和情感,宋庆龄曾说:"我最好的朋友就是周恩来,还有邓颖超。""你们只要说是周恩来说的,我一定照办。"① 所以,新中国成立后,有关宋庆龄的事情,无论大小,生活、工作方面的,都是周恩来总理亲自关心,考虑周详、安排妥帖。

宋庆龄最后加入了中国共产党,终于实现了她几十年的夙愿。早在1928年在给杨杏佛的信中,她就认识到:"既然你已最终认清了国民党已不再是一个革命组织,那你与它越快断绝关系越好。可能共产党员是对的——只有他们的党能实行孙博士的主义。"② 并对廖梦醒已与党员青年结婚,廖承志等国民党后代有一半已加入中国共产党的事情表示欣慰,她说:"廖夫人的儿子现在也是一个共产党员,她的女儿已回中国和一个青年党员结婚。有趣的是,南京政府官员的后代已有一半投入共产主义的怀抱。"③ 1933年她以共产国际代表的身份向廖承志了解上海方面共产党组织的情况。④ 宋庆龄还曾向协助她工作的共产党人李云询问过:"我算不算党员"?当得到"你同共产党员一样"这样肯定的答复时,她微笑地点点头。⑤ 新中国成立后,她1957年4月曾正式向刘少奇主席提出过入党要求:"我希望参加共产党。"刘少奇认为事关重大,要报中共中央研究,后来,刘少奇和周恩来亲自去看望她,把毛主席、党中央的意见告诉她,认为她早已是大家心目中的同志,但目前留在党外更有利于工作,她表示完全服从中央决定。当时王光美陪同刘少奇到宋庆龄在上海的寓所看望她,交谈中宋庆龄提出她的入党要求。所以,1981年5月宋庆龄病重期间,王光美提出探望病中的宋庆龄的要求,说有重要的事情要跟她谈。14日,到了宋庆龄的病床前,王光美就询问宋庆龄:"记得你曾经提出要求入党,不知现在是否还是这样的想法?"重复地问了三次,宋庆龄都做出了非常明确的肯定回答。⑥ 于是,

---

① 盛永华主编:《宋庆龄年谱》上册,第897页。
② 《致杨杏佛》,载《宋庆龄书信集》上册,第58页。
③ 同上书,第69页。
④ 《廖承志文集》下卷,第650—652页。
⑤ 李云:《三十年代在庆龄同志身边工作两年》,载《宋庆龄纪念集》,第207页。
⑥ 盛永华主编:《宋庆龄年谱》下册,第2010页。

王光美立即把这个情况报告胡耀邦。胡耀邦表示:"我这就处理此事。"① 当天下午,邓小平主持召开政治局紧急会议,一致决定接受宋庆龄为中共正式党员。会后,廖承志受中央委托,与中共中央书记处书记、中央组织部长宋任穷一起向她通报中央这一决定。她听到这个决定,连连点头,微笑着,眼里闪着泪花。但高烧中的她,说不出话来。邓颖超称呼她为"副委员长"时,她明确阻止,称"庆龄同志"时,她含笑点头同意。她加入中国共产党后,邓小平有极高的评价,说:"这是宋庆龄同志的光荣,也是中国共产党的光荣。"②

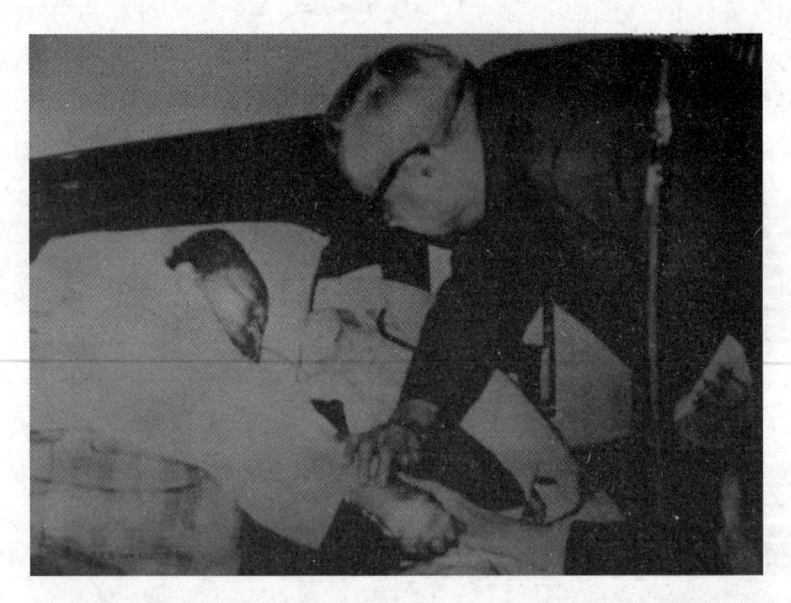

1981年5月20日,宋庆龄与廖承志作了生前最后的长时间谈话

在宋庆龄病重期间,廖承志是宋庆龄治疗小组的领导人之一,他每天都去病榻前守侍,或徘徊在楼下的走廊里,探询病情,研究治疗方案,发布病情公告,具体到输液点滴的快慢,都一一细致过问。

5月20日,廖承志与宋庆龄作了长时间的谈话,那是她人生最后一次长时间的谈话。廖承志照他们的谈话习惯,使用英语,先叫她"Aunty"!她一句话带两声喘地谈,谈,谈了足足20分钟。当她说"如

---

① 王光美:《永远的纪念》,载《宋庆龄纪念集》,第187页。
② 盛永华:《宋庆龄研究丛稿》,广东人民出版社2013年版,"序一"第1页。

果我发生什么问题的话"，廖承志为了不让她太辛苦，他表态说"我们将按照您的盼咐去做"，因为他完全理解她的"话中之话"，即按她的意愿把她埋在父母亲的墓地，而她则完全信任他："她心中想的，我明白。我所说的，她十分清楚。"因为他们六十五年来的密切交往，既是世交又是亲人，他说过："叔婆，这是在上海进行地下工作，在香港组织保卫中国大同盟以来，我姐姐和我尊称她的专用语。"①

宋庆龄病逝后，廖承志遵照中央委托，执行宋庆龄的遗嘱，与邓颖超大姐等中央领导人一起，亲自把宋庆龄的骨灰护送到上海，安葬在她父母身边。

之后，廖承志在为弘扬宋庆龄的革命精神和高尚情操，纪念宋庆龄、研究宋庆龄方面，做了大量工作。他亲自撰文、作诗怀念孙夫人，缅怀她光辉的一生，体现了他对"叔婆"宋庆龄的深情。

**1981 年 6 月 5 日，廖承志与邓颖超在瞻仰上海宋庆龄故居时小憩**

廖承志直接领导宋庆龄故居纪念馆的建设、宋庆龄生平展览制作，体现出了他对宋庆龄波澜壮阔的一生及世界性影响力的深切了解，使得许多珍贵的第一手材料得以收集、抢救、保存。对故居如何修整、加固、翻新，一一检查、周详交代，亲自签发向国内外征集孙中山和宋庆

---

① 廖承志：《我的吊唁》，载《宋庆龄纪念集》，第 63—65 页。

龄文物、文稿的通知。廖承志对于宋庆龄展览、编撰图录等具体事项，更是亲自过问、审查和修改。当时参与展览制作的工作人员说："为了配合纪念辛亥革命七十周年，廖公又领导我们在宋庆龄故居筹办孙中山、宋庆龄生平展览。这个展览，从指导思想到具体内容、表现形式，可以说都出自于廖公。他多次审查和修改方案，并且独具胆识地运用历史唯物主义的观点，选定了一些过去很少发表或者未曾发表过的历史文照和图片，使这个展览更具有历史的完整性、真实性，而且更加生动。一些外国朋友和辛亥老人看了展览都十分激动。特别是辛亥老人，更感到应为实现第三次国共合作作出加倍的贡献。"[1] 在故居做展览期间，廖承志常常每天去现场检查布展进度，对于文物、图片展览的细节亲自过问，有时甚至上午、下午都去查看。"当时，中共中央为了缅怀和让人们更多地了解这位对中国革命做出了独特贡献的伟大的女性，决定由廖承志副委员长主持，在北京宋庆龄故居举办宋庆龄生平展览，故居同时对国内外人士开放，供大家瞻仰。第一个介绍宋庆龄生平事迹的展览在1982年5月29日宋庆龄逝世一周年时，于北京宋庆龄故居由邓颖超大姐和廖公主持开幕，首次以文物、文献和历史照片向国内外较为系统地介绍宋庆龄的生平及她的伟大业绩和思想。同时出版了《纪念宋庆龄同志》——国内外第一本以历史文物和文献资料的宋庆龄的图传。廖公亲自审查了图传并题写了书名。进行这两项工作时，文物工作者和史学工作者对宋庆龄生平史迹进行了最初的梳理和介绍。"[2]

廖承志积极推动宋庆龄研究工作的进行，一开始他就向学术界强调，要重视宋庆龄的研究，推进宋庆龄的研究。他多次指示："宋庆龄是一位有着特殊的地位，对中国革命做出了特殊贡献的伟大女性。"[3] 宋庆龄研究的初始，是由中共中央推动，由廖承志副委员长亲自组织、指导进行的。廖承志还非常有远见卓识地意识到，要做好宋庆龄的研究，就要把宋庆龄研究与孙中山的研究结合在一起进行，他指示将来要在故居建立一个"孙中山、宋庆龄研究中心"，因为这个研究和宣传，对于凝聚港澳台同胞和海外华侨、中华民族的伟大复兴和实现国共第三

---

[1] 汪志敏、刘生：《廖公和宋庆龄》，载《廖公在人间》，第121页。
[2] 盛永华：《宋庆龄研究丛稿》，广东人民出版社2013年版，第336页。
[3] 同上书，第341页。

# 纪念宋庆龄同志

廖承志题

**1982年，廖承志为宋庆龄纪念图册题写书名**

次合作都具有重要意义，以致在宋庆龄展览展出后，廖承志还向工作人员做"检讨"，他说：有件事我要检讨，过去我们没有重视宋庆龄的展览，"现在我们总算有了一个比较整齐的宋庆龄展览"，可是在全国，"还没有一个完整的孙中山展览馆或博物馆。这件事一定要办，一定要好好办。"①

廖承志的这些高瞻远瞩的意见和具体指导，对此后宋庆龄研究、孙中山研究起了重要的推动作用。因为这个最初的推动，收集到许多第一手材料，有与宋庆龄共事过的前辈、被她营救过的革命者，也有在她的关怀下成长起来的同志、在她身边工作过的同志，以及与她直接交往过的各界人士、国内外友人……提供的极珍贵的第一手材料，而文物工作者、史学工作者，都在第一时间开展对宋庆龄研究，出版了丰硕成果。

宋庆龄的亲属也把廖承志当作宋庆龄的子侄。宋庆龄病重期间，廖承志曾经写信给住在美国长岛的宋美龄，希望她能回国探望自己的亲姐姐，可是宋美龄因故未能回来。1981年6月2日，宋子文长女给廖承志发来电报，对宋庆龄的逝世"深感哀痛"。回国参加宋庆龄葬礼的亲属孙科的女儿孙穗英、孙穗华等，为了让宋庆龄的遗爱长留人间，准备设立宋庆龄基金会，为宋庆龄生前最关心的青少年儿童的文化教育事业服务。他们先征求廖承志的意见，廖承志非常高兴地表示完全支持，同时希望基金会能够加强大陆同胞与广大海外华侨、港澳同胞的联络、中国人民与世界人民的友好方面的工作，因为宋庆龄生前也一直从事并开拓

---

① 汪志敏、刘生：《廖公和宋庆龄》，载《廖公在人间》，第122页。

这些方面的工作。因此,宋庆龄基金会成立后,廖承志欣然担任宋庆龄国家名誉主席基金会的顾问,亲自审阅和修改基金会的章程(草案),听取基金会的工作汇报,抱着病体多次接见国内外朋友。并告诫工作人员对待各界朋友,无论是外国朋友,还是海外侨胞,都要热情接待、热心帮助。正是由于他的远见和努力,给宋庆龄基金会的事业打下了一个良好的、扎实的基础。

**1981年6月2日,廖承志、廖梦醒一起接见孙中山、宋庆龄的亲属。
前排左起:孙穗英、孙穗华、廖承志、廖梦醒**

廖承志的一生,从他的童年开始直到最后,几乎每个时期都同宋庆龄的名字联系在一起。他热爱、尊敬和无微不至地关心宋庆龄,亲热地称呼她为"Aunty"。廖承志一生风趣幽默,待人亲切,喜欢开玩笑,嘻嘻哈哈。但对"Aunty"宋庆龄特别敬重,总是恭恭敬敬。正如他的回忆:"回想起来,回忆真有一大堆。儿童时代的,欧洲时代的,香港时代的,解放以后的……从她一生革命的长河中每一个阶段都可以看到,她一生是革命家,是斗士,以共产党员自许,而最后获得党证,是我们伟大的中华人民共和国的名誉主席。"① 廖承志是中国共产党的优秀党员,无产阶级革命家,杰出的社会活动家,党和国家的优秀领导人。

总之,在宋庆龄逝世后,廖承志继续为宋庆龄生前所关心的事业服

---

① 《廖承志文集》下卷,第652页。

务，为所有纪念宋庆龄、弘扬宋庆龄光辉业绩和人格精神的事业奔忙，直至自己生命的最后。

## 第四节　廖梦醒：宋庆龄的真挚朋友

新中国时期，廖梦醒再也不能像以前一样跟在宋庆龄身边工作，所以直接见面接触就很少了。客观上由于工作关系和地位上的悬殊，交通等条件不好，接触起来并不方便，主观上，宋庆龄是个喜欢清静的人，写信是她喜欢的方式。所以她们通过书信的方式一直保持着密切的关系，不曾疏远，相反感情越发真挚和亲密。

虽然由于廖梦醒多次搬家、清理东西，她对朋友一视同仁的个性，把之前的旧信包括宋庆龄的信也一起烧掉了。经她女儿李湄的整理，廖梦醒只保留下来1971年搬家后，宋庆龄在20世纪70年代以后10年间写给她的信，也有160封之多。[①] 从她们的交往、来往书信中，可以看出她们之间的真挚情感，宋庆龄常常与廖梦醒分享自己的心情，她们之间是真正能使"痛苦减半，幸福倍增"的永恒友谊。从中也可以感受到宋庆龄的情怀和待人亲切、真诚、周到的人格魅力，非常感人。

新中国成立初期，宋庆龄提出想去张家口、秦皇岛等地参观，因为那里有孙中山未竟的理想。于是政府安排她于1950年10月下旬到11月下旬去东北考察，中央政府秘书长林伯渠陪同前往，她带着廖梦醒等一起去。[②] 廖梦醒觉得自己很需要了解社会，听取情况非常认真，虽然冒着严寒的冬季，但走遍了东三省，访问工厂、农村、部队，做了深入的调查，感到收获很大。

宋庆龄事无巨细地关心廖梦醒及其家人，在同一封信中，宋庆龄既提及她的外孙女晓燕："你的晓燕自从当了赤脚医生，变得那么消瘦。哪天你把她带来与我共进午餐吧。我希望能派一辆车去接你们，但我又得违反规定了！"又关心她的母亲："你母亲生日那天你有没有与她在医院里共进晚餐？他们准备了什么饭菜？但重要的是让你亲爱的母亲高

---

[①] 李湄：《梦醒——回忆我的母亲廖梦醒》，第296页。
[②] 尚明轩主编：《宋庆龄年谱长编》（下）（1949—1981），第765页。

1955年,廖梦醒(左四)陪同宋庆龄(左六)到东北等地视察

兴。"她还常常探望或询问何香凝的健康状况,并赠款为何香凝买营养品。① "听说你妈妈现在身体好多了,我很高兴,我希望她活到一百岁。"

1972年9月1日。何香凝凌晨3时在北京医院逝世,宋庆龄天不亮就第一个赶到医院告别,悼念逝者。并马上致信廖梦醒,安慰她道:"你亲爱的母亲虽然早愈古稀之年,但我们对她的去世深感悲痛。她不会再有任何痛苦和失望了,所以请你不要过于哀伤,影响你的病体。"② "虽然我不能同你一道去南京,可心里老是想着你。"③ 周恩来总理请宋庆龄在会上为何香凝追悼会致悼词时,她说:"因为我患风湿性关节炎……我现在即使站立十分钟以上也感困难。但我将尽我所能,站着读悼念你母亲的祭文。"追悼会上,宋庆龄与廖梦醒及其女儿李湄握手,安慰她们。④ 几天后,她再次致信廖梦醒表达她无法抑制的悲痛:

---

① 盛永华主编:《宋庆龄年谱》下册,第1759页。
② 《致廖梦醒》,载《宋庆龄书信集》(续编),第434页。
③ 同上书,第436页。
④ 同上书,第435页。

在追悼会上，我分辨不清那些家属，我的两眼已是热泪盈眶。虽然你母亲寿终天年，她的离去仍使我深感悲恸。如果我两膝能够支撑住，我是一定要给她送行的。①

过后宋庆龄又提醒廖梦醒要为母亲写一些文章，表示自己也要写，以纪念和缅怀何香凝，留下宝贵的历史史料："希望你很快康复，能写一点关于你母亲的东西。我在找关于她的材料或她自己写的文章，但没有找到。"② 后来得知廖梦醒做了一些这方面的工作，宋庆龄感到很高兴。廖梦醒应《人民中国》杂志的约稿，收集资料，用日文写出了《我的母亲何香凝》，从1973年第一期开始连载，分五期才载完，全文约4万字，成为第一本何香凝的传记，也是后来何香凝研究的重要基础。③ 宋庆龄在信中鼓励她说："你把你亲爱的母亲年轻时的经历录音下来，我以为你做了一件有益的工作。这些是重要的史实，而不是那些捣乱分子杜撰出来的。我也尽力对她做出公正的评价。我这篇文章将在《中国建设》明年一月号上发表……在同期发表的还有路易·艾黎奉献给她的诗。"④

宋庆龄的许多心里话也向廖梦醒说，特别在"文化大革命"时期，她对当时的许多事情、许多变化都看不惯、无法理解，感到很困扰，这些都会对她讲。有时会谈论她们共同的朋友，也常常一起怀念。有次她沉重地向廖梦醒倾诉："……对此我既不能理解，也不喜欢。"1973年，当廖梦醒告诉她爱泼斯坦等外国朋友也出席了"三八"国际劳动妇女节招待会，并受到周总理的热情慰问时，宋庆龄不仅为朋友们高兴，而且也敏锐地感觉到了政治气候些微的变化，她把内心的这种感受向廖梦醒提出来："难道政策大变了，我真搞不懂。也许你知道更多的情况，因为你在北京，党内的同志会向你做解释。请你告诉我，我是否应该像爱泼斯坦夫妇入狱之前那样看待他们？"⑤

---

① 《致廖梦醒》，载《宋庆龄书信集》（续编），第438页。
② 同上书，第440页。
③ 李湄：《梦醒——回忆我的母亲廖梦醒》，第317页。
④ 宋庆龄：《致廖梦醒》，载《宋庆龄书信集》（续编），第443页。
⑤ 同上书，第452—453页。

有一次有个老朋友逝世了，宋庆龄"寄给你几张我们的老朋友黎沛华同志的追悼会的照片。……今年噩耗一个接着一个。三个月内五位好朋友相继去世。"在致共同的友人信中，宋庆龄会经常提及廖梦醒的情况，时时都牵挂着她的各种状况，如"廖梦醒患了脊椎炎，已经在华东医院住了一年多，打牵引治疗"。① 一次在给爱泼斯坦的信中宋庆龄提到廖梦醒："辛西娅现在看起来好多了。我们两人对各自的'增长的'（老的）病痛都有许多话要相互诉说。"② 1961 年，陈赓的逝世，使宋庆龄非常悲痛，除了致函慰问陈赓的家属外，她专门在给廖梦醒的信中，把她悲痛难抑的心情表达出来，她为失去这位为"中国人民的解放事业献出了毕生的精力，立下了卓越功勋"的"共产党人的楷模"而"悲伤至极""难过万分"，为失去她们共同的"好同志和伟大的朋友"而互相安慰。③

周恩来的逝世，令宋庆龄和廖梦醒都非常伤心难过。廖梦醒在她缅怀周恩来的文章《恩情》里对听到周恩来逝世那天的悲痛情形这样描述：

> 1976 年的新年过得最黯淡。我因腿部骨折在北京医院住院。8 日晚上，不知怎的，我一整夜都这里痛那里痛，总睡不着。9 日早晨，听见一个病房里的病人号啕大哭，哭得我好奇怪。总理以前的保健大夫周大夫来看我，只告诉我总理情况不好，我们已经泪如雨下。其实我女儿早已知道总理逝世的消息了。她到北京医院时，周大夫和她商量，叫她慢慢地告诉我，怕我一下子知道，心脏受不了。因此，她见到我时，只说："总理情况最近恶化。"我看她神色不对，但因为我住的是单人病房，她对我封锁消息是很容易的。直到 10 日下午，我女儿向总理遗体告别归来，和周大夫商量好了，才推开我病房的门。我一看他们臂缠黑纱，就号啕大哭起来："你们不必讲了，我知道了。"我的外科主治医生刘大夫见状立刻推一辆轮椅来，把我抱上轮椅。我女儿和孙女儿推着我去向总理遗体告

---

① 盛永华主编：《宋庆龄年谱》下册，第 1630 页。
② 宋庆龄：《致爱泼斯坦》，载《宋庆龄书信集》下册，第 647 页。
③ 盛永华主编：《宋庆龄年谱》下册，第 1612 页。

**20 世纪 60 年代，宋庆龄出访归来，周恩来总理等到机场迎接，左一为廖梦醒**

别。排队的人很多，都顾不上打招呼，只顾饮泣。进入灵堂，看见关怀了我家三代人的总理躺在灵床上。……我不由得大哭起来。①

周恩来的逝世，加上面对恶劣的政治环境，政治形势的变化使她很失望，宋庆龄决心要辞职，远离政治、离开北京。宋庆龄把心里的想法、情绪甚至愤懑，都向廖梦醒倾诉。她在 1 月 24 日给廖梦醒的信中这样说："我写信是想要秘密地告诉你，我有可能回家去改变一下环境。可怕的打击以及我的皮炎和关节炎越来越严重，吃安眠药也没用。我的眼睛似乎总是睁着。"27 日，她飞回上海，并私下表示不再回北京。3 月 9 日，她在给廖梦醒的信中谈到邓颖超大姐时说："每个人都在分担

---

① 廖梦醒：《恩情》，《人民文学》1980 年第 1 期。

她的损失，除了'可怕的四人帮'以外。只要时机一到，他们必将得到应有的惩罚。"① 这个时候离打倒"四人帮"还有 7 个月之久，说明宋庆龄已经看透这四个人的面目，并判断他们时机一到必受惩罚。但这样的话，只能对廖梦醒这样的朋友讲。

7 月 18 日，参加完朱德追悼会后，宋庆龄对廖梦醒感慨她难以承受的打击："他是我所认识的人中最不爱抛头露面的。朱德同志为中国做了这么多工作。却如此低调。他得到每一个人的爱戴。在我们最敬爱的总理同志逝世不久，我们又受到一次沉重的打击，实在令人难以承受。"

正如廖梦醒的女儿李湄所说：她们虽然不常见面，但一直保持着密切的书信联系，想到什么就写什么，有时候一天就写两封信，邮递员三天两头就送来一封牛皮纸信封写着"林缄"或没有落款的信，那就是宋庆龄。分享东西、用品、食物的事情，更是多不胜数。比如"我送你一盒广东月饼，这是朋友托人带来的。我不能吃，还是你来享用吧"的事真的不少。从 20 世纪 50 年代到宋庆龄去世的 80 年代初，廖梦醒的外孙儿女陈平和陈晓燕，从幼儿园的孩子直到长大成人，看到那"无处不在的牛皮纸信封，以及源源不断的五香豆、熏鱼、点心、芒果，就是宋庆龄"。以致廖承志对姐姐说："Aunty 打下喷嚏都要告诉你。"② 在宋庆龄逝世的追悼活动新闻报道中，提到的参加活动的宋庆龄生前友好排在第一位的也是廖梦醒。宋庆龄基金会的发起人除了亲属以外，还有一些她的生前友好，廖梦醒就是发起人之一，并担任基金会的理事，继续为宋庆龄生前关心的事业服务。

从这种关系中，我们既可看到宋庆龄的纯真的情怀和高贵的品格，也可以感受到廖梦醒的真诚，更可以体会到廖梦醒与宋庆龄之间那种浓浓的深情。正如斯诺所说，宋庆龄"并不是那种自命不凡的人，同真诚的人交往，她显得平易近人，但是，对于伪君子，她却是针锋相对"。廖梦醒对于宋庆龄来说，是非常贴心的。她总会出人意料地给宋庆龄送去问候、安慰。她们不是一般的世交长辈与后辈的关系，不是一般的同事或朋友，更不像国家领导人与普通人的关系，而是内心相连、互相取

---

① 《致廖梦醒》，载《宋庆龄书信集》（续编），第 520、522 页。
② 李湄：《梦醒——回忆我的母亲廖梦醒》，第 297—298 页。

**20世纪50年代，宋庆龄与廖梦醒在宋庆龄家中合影**

暖的关系。用今天的话来说，她们就是无话不谈的"闺蜜"！

每当孙中山的诞辰或逝世纪念日，廖梦醒总是作为全国政协的代表向孙中山铜像献花篮，而且同时总是记着宋庆龄，给她送花、写信安慰她，从不遗漏，这让宋庆龄很温暖，宋庆龄对她说："你太客气了，十二日那天还送来了康乃馨。……你的一封信就足以帮助我度过那一天。我知道每当那个周年纪念日，你的思绪总是与我互通的，而这正是我莫大的欣慰。时间永远不会淡化我的记忆。"① 常常又很心疼她："请别为了'礼貌'花费精力并用钱为我买花！我只希望你身体好，能来和我一起过五一节。"②

宋庆龄凡有重要的个人事项，总是会让她信任的朋友廖梦醒去办。如"文化大革命"时期父母亲的坟墓被砸事件。1967年1—2月，那是"文化大革命"中，当宋庆龄知道自己父母在上海的万国公墓被红卫兵砸得稀巴烂的时候，她非常震惊和难过，立即派人把廖梦醒叫到她家，给她看红卫兵砸烂坟墓的照片，并请她把照片转送给周恩来总理。廖梦醒很快把照片转交给周总理。周总理促成上海方面以最快的速度修复了。1967年3月13日，廖梦醒收到了邓颖超的来信，说明宋副主席父母坟墓被毁的情况、关于处理此事经过和坟墓已修复好后所拍的照片等，廖梦醒立即将邓颖超的信和所拍照片送给宋庆龄看，宋庆龄阅后甚

---

① 《致廖梦醒》，载《宋庆龄书信集》（续编），第494页。
② 同上书，第607页。

为感激，放下了心中大石。①

又如请廖梦醒查询关于孙中山与宋庆龄婚姻誓约书之事。1965年，许多朋友到中国历史博物馆参观，因为看不到宋庆龄和孙中山的婚书，就提出来问为什么？甚至有人因此质疑他们是否真的有结婚证书。本来从20年代开始关于宋庆龄的婚姻就有很多谣言，宋庆龄也深为烦恼，总是利用一切机会去解释与澄清。所以宋庆龄知道后很着急，马上叫廖梦醒到中国历史博物馆去查询此事，廖梦醒立即去找博物馆的馆长，得到了中国历史博物馆确实有婚书的准确答复。宋庆龄再一一给朋友们作答，明确答复确实有证书，而且确认"证书上的所有一切都是规范的，年代为一九一五年，日期为十月二十五日"，是为原件。但为了保护原件，证书并没有在博物馆的展览中长期展出。了解清楚后，她按馆长和廖梦醒的建议告诉朋友们，如想看原件，只要向博物馆提出书面申请就可以了。②

曾长期在孙中山身边工作、担任过孙中山机要秘书的李仙根，生前珍藏着大量孙中山革命活动的文献资料，1963年他的夫人孙少卿准备将文物捐献给中国革命博物馆时，就让廖梦醒亲自到她家中帮助挑选文物。③ 1972年7月，宋庆龄想更详尽地了解日本方面的情况，她叫廖梦醒帮助翻译关于尼克松总统报道的日文剪报。④

廖梦醒每每都乐意为之，能为宋庆龄做点事情她感到非常高兴，而每次宋庆龄总是会很诚挚地表示感谢。有一次宋庆龄诚挚地对廖梦醒说："你寄来的贝壳刚收到，它们是那么可爱。我向你表示最诚挚的谢意，感谢你总是在想着我。你真像一个魔术师，经常能变出一些我所需要的东西，而别人就不可能办到！今天我一整天都在写东西，我的手指几乎都麻木了。但是我仍然要刻不容缓地向你表示感谢。"⑤ 宋庆龄的喜悦之情、迫不及待的情状跃然纸上。

宋庆龄也常常想到给廖梦醒一些惊喜，送去安慰，一次在天气不好

---

① 李湄：《梦醒——回忆我的母亲廖梦醒》，第290—291页。
② 盛永华主编：《宋庆龄年谱》下册，第1694—1695页。
③ 余齐昭：《孙中山文史图片考释》，第281页。
④ 《致廖梦醒》，载《宋庆龄书信集》（续编），第431页。
⑤ 同上书，第410页。

的时候，她出其不意地给廖梦醒寄去一张印有可爱小狗图片的卡片，希望"我亲爱的辛西娅在这鬼天气能笑一笑"。

**宋庆龄寄给廖梦醒让她开心一下的卡片**

宋庆龄晚年更总是牵挂着上了年纪的廖梦醒的身体，"听说你又出事受伤了，使我大吃一惊！……请告诉我你需要什么东西，只要我能办到的，我一定尽力。我们之间不是普通意义上的朋友，我能为你办点事而感到莫大的快慰"①。她反复叮嘱廖梦醒："请不要给我写信，囡囡会给我打电话的。你要好好睡觉和休息，养精蓄锐，以便尽快康复。""你必须十分小心，如果再摔第五次，那可能会是致命的！看到你的短信我是那么难过，以致我也摔了一跤。"② 宋庆龄凡是听到廖梦醒身体出了什么问题，就感到心痛，她说："如果我自己不是那么东倒西歪，我应该去看看你。"又对她们经常共同遭遇病痛的折磨而一起抱怨："我真的对命运感到愤慨，它总是使你和我一次又一次地受罪，尤其是带给我们如此多的痛苦。我们的膝盖骨软化了，这就是我们常常摔跤的原因。"③ 并时时表达"深深地爱你，希望我们两人都恢复得更健康些时再见面"④ 这样的期待。

---

① 《致廖梦醒》，载《宋庆龄书信集》（续编），第 508 页。
② 同上书，第 513 页。
③ 同上书，第 571 页。
④ 同上书，第 499 页。

宋庆龄在家里请客也叫廖梦醒作陪，特别到了晚年，改革开放后，很多朋友来访，有些是保卫中国同盟共事过，有不少是海外朋友和孙中山、宋庆龄的亲属、后人，宋庆龄与他们欢聚的许多瞬间，都可以找到廖梦醒和廖承志的身影。宋庆龄在信中说："听说林达光夫妇又回来了。我想选一天请他们来吃饭，希望你能来作陪。"有时还会"抱怨"说："你住得离我太远了，要不然你可以参加我这里举行的所有的宴会。"①

即使刚刚见过面、聚过会，因为人多不允许单独细谈，宋庆龄就又迫不及待地写信给廖梦醒："很遗憾，那天晚上我们没有机会聊聊。"所以也常常希望单独邀请廖梦醒："只有其他人不在场时我才邀请你过来，毕竟这样更好些，我们可以自由地交谈。"② 有时候刚请过廖梦醒和女儿李湄或外孙女陈晓燕她们吃过饭，第二天又写信表达这样的心情："能见到你真是高兴。"③

1974年7月11日在宋庆龄家中聚会合影。中排左起：容玉枝、黄炜贤、马海德、宋庆龄、陈乙明、廖承志、廖梦醒、埃尔西（爱泼斯坦夫人）；后排左起：路易·艾黎、经普椿、苏菲；前排坐地者左起：邓勤、邓广殷、陈乙明儿媳

---

① 《致廖梦醒》，载《宋庆龄书信集》（续编），第415页。
② 同上书，第564页。
③ 同上书，第506页。

# 余论：她们的爱情和她们的信仰

宋庆龄、何香凝、廖梦醒三位女性，另一半都是为了革命事业、为了自己的信仰献出了生命，在她们的爱情燃烧得最为炽烈时，戛然而止。这种因为思念而哭泣的深厚情感，让人动容。又因为爱而不得，爱情被镌刻在最好的时刻，任岁月如何变迁，都无法磨灭，不会变化，永远地留在了她们心间。又因为奋力坚守，把捍卫和发展爱人的思想和事业作为她们对爱人的纪念，使她们的爱情与信仰融为一体，通过她们的立言、立德、立功而永留人间。

爱情与信仰相辅相成，在她们身上体现得淋漓尽致。居于共同理想基础上的炽热爱情，增添了坚守信仰、追求理想的勇气、动力和活力；坚守信仰、为实现共同理想而奋力前行，则升华了她们的爱情，使之具有超越生死界限的独特特征。

真正的爱情其实也是一种信仰！对于宋庆龄而言，与孙中山结婚，跟她的理想信仰密不可分，实际体现了她追求爱情与追求信仰的一致性。

一开始，宋庆龄出于对孙中山的敬仰，愿意为他领导的革命事业奉献自己，她走向中国革命的中心、走向正在领导中国革命的领袖，她说过："起初，我并不是爱上他，而是出于对英雄的敬仰。我偷跑出去协助他工作，是出于少女的罗曼蒂克的念头——但这是一个好念头。我想为拯救中国出力。而孙博士是一位能够拯救中国的人，所以我想帮助他。"[①] 因为"从美学成后，我面临各种机遇，但我选择了做中山先生的学生，至今我不后悔。一个人要实现自身的价值，要有追求，追求是

---

① 何大章：《宋庆龄往事》，人民文学出版社2011年版，第29页。

人类最神圣的事业和美德,甚至高于爱情,这是一般常人难以理解的。我这样做了,实际也是中山先生对我的考验,至于我和中山先生的结合,那是日后我们志同道合的缘故,是顺理成章的事。"

宋庆龄从结婚时起,两个人就并肩站在一起,眼光朝着同一方向,奔向同一个目标,在孙中山直接引导下携手并进,她在这种爱情中感受到一起奔向理想目标的喜悦。宋庆龄婚后一个多月给友人的信中热情洋溢地述说他们的婚姻生活:"……告诉你我很担心、很幸福也很高兴,我勇敢地克服了我的惧怕和疑虑而决定结婚了。当然我感到安定下来,感受到家的气氛。我帮助我的丈夫工作,我非常忙。我要为他答复书信,负责所有的电报并将它们译成中文。我希望有一天我所有的劳动和牺牲将得到报答,那就是看到中国从暴君和君主制度下解放出来,作为一个真正名副其实的共和国而站立起来。""当你在蒙特里特(北卡罗来纳)见到我时,你不会想到有一天我会变成一个热情的小革命者。你想到了吗?我的丈夫在各方面都很渊博,当他的脑子暂时从工作中摆脱出来的时候,我从他那里学到很多学问。我们更像教师和学生。我对他的感情就像一个忠实的学生。"① 婚后一年多,她再次对自己能与崇拜的爱人携手朝着目标前进的幸福溢于言表:"虽然我们已经结婚将近一年半,但我对他的崇敬之心依旧。像以往一样,我是他忠实的崇拜者。"强调这种幸福让她感到很满足,因为"特别是当幸福包含在使所有在你周围的人都能愉快地生活的共同愿望中,这就足够了"。②

宋庆龄对孙中山革命事业的促进作用也是不可低估的,宋庆龄嫁给他时,孙中山正处于事业的低谷时期,她却对妹妹说:"美龄……我一生最大的快乐,是在和孙先生一起为中国的奋斗中获得的!……我情愿为他做一切需要我去做的事情,付出一切代价和牺牲!"③ 婚后不久,孙中山结束流亡日本的生活回国,短短的九年时间里三次在广州建立政权,晚年更是实现思想变法并付诸实施,改组国民党、制定联俄、联共、扶助农工的新政策、北伐东征巩固广东革命政权……登上了他革命人生的新高峰。"在革命的低潮中,在孙中山处于逆境的时候,宋庆龄

---

① 《致阿莉》,载《宋庆龄书信集》上册,第 11 页。
② 同上书,第 19—20 页。
③ 何大章:《宋庆龄往事》,第 25 页。

带着蓬勃的朝气、爱国主义的情怀与民主主义信念，满怀温柔和深情来到孙中山的身边，给孙中山以支持和安慰，无疑成为激励他在挫折中再起的动因之一。"① 所以，孙中山为他的爱妻题写了"精诚无间同忧乐，笃爱有缘共死生"这样真诚情感的诗句，把他亲自拟定的《国民政府建国大纲》这样的重要文件，题赠"贤妻庆龄"，为能与这样的知心朋友与助手生活在一起而感到"多么幸福"！"对孙中山来说，他们的结合给了他以安慰，使他更加振作；对宋庆龄来说，则给了她能够为他们的共同事业工作的机会，使她能够更好地帮助这位领导并充分体现这一事业的伟人。"②

孙中山与宋庆龄的婚姻存续时间九年半，在情感燃烧得最炽热时，因孙中山的离世戛然而止，阴阳两隔，"爱而不得"，留给了宋庆龄永远的爱恋与伤痛。宋庆龄在结婚60多年、孙中山已经作古50多年后，仍然强调："我是10月25日结婚的，我总记得这一天。""10月25日，在我的生活中，这一天比我的生日更重要的日子。"③

正如此，当只剩下一个人时，宋庆龄在漫长一生中始终坚守着孙中山的思想和事业，继续努力实现孙中山的未竟之志，这也正是这对志同道合的伴侣间可贵的共同事业。靠着这种信仰，为着他们共同的目标而奋斗，既是宋庆龄对爱情的忠贞，也是她的爱情的表现和实现。宋庆龄以她对孙中山思想、政治理想的充分理解，由于她的努力和坚定的态度，"继承他的事业，保护他的旗帜，战斗不歇"④，在新民主主义革命和社会主义革命时代更好地彰显了孙中山的思想、事业和声誉。她以慈母的情怀、崇高人格和大爱精神，关注、发展妇女儿童教育事业，关注人民的解放与幸福，关注世界的和平与发展，为人民做出了巨大的贡献。

也就是说，死亡并没能把他们分开，宋庆龄以她对信仰的坚守而使他们的爱情得以保持生命活力并延续下去。正如海伦·福斯特·斯诺所

---

① 盛永华：《宋庆龄研究丛稿》，第197页。
② 伊斯雷尔·爱泼斯坦：《中国现代化的先驱》，载《宋庆龄与爱泼斯坦往来书信选》，中国福利会出版社2012年版，第161页。
③ 何大章：《宋庆龄往事》，第29—30页。
④ 张珏：《作家丁玲献给宋庆龄的颂诗》，载《往事不是一片云》，第31页。

说的:"在最复杂最困难的时期,你始终坚持走正确的道路","从孙逸仙时期过渡到现在……这是非常了不起的!""在历史的回旋加速器中,经历了三十年的撞击之后,你仍然是不可分裂的和不能击破的"。① 她始终高举着孙中山三民主义的旗帜,持续地努力为丈夫的未竟之志而奔走,她庄严地宣誓:"我将踏着革命者的足迹继续前进,这是缅怀我们领袖的惟一道路,我在这条道路上决不回头。"② 在一次接受斯诺的访问时,当问她最珍视的成就是什么时,宋庆龄的回答是:"是我对孙博士的忠诚,自从与他相遇之日起直到他逝世,至今我仍然忠贞不渝。"几十年之后,她仍然深情地赞颂丈夫:"直到最后一息,他依然是一个伟大的革命战士。他能够表达的最后思想还是革命,是怎样保卫革命和把革命进行到底。"③ 直到 1980 年 12 月的一天,宋庆龄与朋友们谈到孙先生,回忆那些陪伴他共同革命的难忘日子,她的眼神依然"闪着光"。④ 这是她作为一个深爱着丈夫、志同道合的女人对于丈夫的缅怀和思念,因而使他们的爱情获得了新的生命,超越了死亡。

也正因为这样的深情,让宋庆龄更感孤独寂寞,让她伤感,时时刺痛着她,唯有独自品味着甜蜜的苦涩和苦涩中的甜蜜。1944 年 11 月,与宋庆龄见过面的中缅印特派记者伊罗生,在给妻子的信中这样描述他眼中的宋庆龄:"她回忆了很多往事,从她的婚姻中看到爱情,不免是一种感伤的浪漫主义,这是相当辛涩的苦笑。她更像一个女儿,一位助手,一个顺从的秘书。"⑤

所以,当宋庆龄站在天安门城楼上,在雄壮的国歌声中,第一面五星红旗冉冉升起时,她激动得热泪盈眶,感慨万端,为的是孙中山一生奔走革命的理想与奋斗终于变为现实!每每庆祝胜利,她总是欣喜于孙中山理想的实现和为之奋斗的事业的蓬勃发展!人民团结,民族解放,中华民族独立、一路向前的振奋,甚至使她克服了孙中山在北京逝世的心理阴影,她说:

---

① 盛永华主编:《宋庆龄年谱》上册,第 869 页。
② 《致蒋介石》,《宋庆龄书信集》上册,第 57 页。
③ 《孙中山和他同中国共产党的合作》,载《宋庆龄选集》,第 384—397 页。
④ 张珏:《宋庆龄和艾黎的永恒友谊》,载《往事不是一片云》,第 69 页。
⑤ 盛永华主编:《宋庆龄年谱》上册,第 790 页。

和我在一九二五年时所经历到的,真有天壤之别。那时候,这历史的古城是各国帝国主义的基地,也是孙中山不幸逝世的地方。现在,这个城变成了人民的讲坛,我们听到了人民声震云霄的洪大的呼声。它是新中国的诞生地。①

廖梦醒和宋庆龄一样,当自己选定的婚姻对象受到母亲的极力反对,千般阻挠时,她毫不退缩。母亲何香凝知道她与共产党员李振(李少石)恋爱后,为了斩断他们的情丝,1928年秋设法把女儿送到法国留学,并且对她的生活费和学费严格控制,按月付给,避免她一次性拿到大笔的钱会买船票跑回国。1929年年底何香凝到了巴黎后,廖梦醒当面向母亲申请旅费,可何香凝说,如果是回去跟李振结婚,就不给,她十分无奈。可是,最后廖梦醒还是像宋庆龄一样,宋当初在上海接到孙中山的书信后马上从窗口跳出去奔向孙中山,1930年春,身在巴黎的廖梦醒在接到李振只有"速回"两个字电文的电报时,立即向朋友陈英德借路费回国,因为母亲正外出旅行,她甚至没来得及向母亲话别就急不可耐地登上了回国的轮船。②那时李少石刚接受任务,到香港建立联系苏区中央与上海中央的交通站,廖梦醒回国后与李少石结婚,婚后加入了中国共产党,一起在香港交通站工作。直到1934年香港交通站遭到破坏,他们才带着女儿转移到了上海。

她们都是这样毫不犹豫地奔向自己的爱人,实际也是奔向自己的理想和信仰。因为何香凝反对女儿的婚事,就是担心女儿重蹈覆辙,怕共产党员李少石从事革命活动随时会牺牲,不想女儿像她那样中年丧夫,痛苦不堪。结果不幸被何香凝言中,廖梦醒与李少石结婚只15年,而且聚少离多,1945年10月8日,时任中共驻重庆办事处秘书的李少石,在重庆街头遭枪杀不治牺牲!

当廖梦醒突然间失去丈夫时,宋庆龄第一时间前往慰问,刚一离开就又去信安慰,她感同身受地说:"如果我能为你做一点什么事情,不论是大事还是小事,请告诉我,不要客气。如果你愿意来这里与我同

---

① 宋庆龄:《华北之行的印象》,载《宋庆龄选集》上卷,第476页。
② 李湄:《梦醒——回忆我的母亲廖梦醒》,第108—113页。

住,不想回自己的家,我会十分高兴的,同朋友们在一起,比独自沉浸在哀思中要好得多。"宋庆龄完全能够体会到廖梦醒的悲痛与绝望,她鼓励道:"你要勇敢坚强,因为你有许许多多朋友,你不是独自一人在承受悲痛",表示"明天我见几位客人后设法去看你"。① 她到医院吊唁李少石,安慰她和女儿李湄,陪同廖梦醒参加葬仪。宋庆龄与周恩来等一起为李少石执绋。

她们就这样相互安慰着、温暖着、追忆着她们的甜蜜爱情……直至她们的暮年,宋庆龄仍然对廖梦醒这样说:

> 谢谢你送来如此艳丽的康乃馨,有粉红的和朱红的,它们温暖了我的心!我想,你是这样的一个朋友。你懂得,一旦我们所爱的人与我们诀别而去,那么相互爱得越深,我们所承受的悲痛也就更深沉。只要我活着,我内心空荡荡的感觉和悲伤将永远不会消失。人生在世,总不免一死。这残酷的现实谁都不得不面对,这是不可逆转的。但正像你所说,我们终有甜蜜和爱恋的记忆留在心间。②

为了信仰,有时要牺牲爱情;要坚守爱情,也需要信仰。

廖承志对爱情一负再负,不仅因为战乱,而且因为信仰,他在给自己心仪的姑娘留下"等我两年"的约定后,就远走高飞、奔赴苏区了。实际时间却变成了近五年,而且遥不可及的是,此间信息不通、生死不明,能坚守下来也是靠信仰,既有对革命事业的信仰,也有对爱情的信仰。所以,四年后终于打听到她的消息,重新通过母亲和姐姐的书信了解情况时,廖承志没有想到"普妹等我四年",十分惦念、非常高兴,廖承志用了"我没有负她""我身心一如昔日"转告这样的"阿普",再次表明自己的心迹。多么朴素的告白!可是,他对"普小姐"的要求,却是要在思想上取得进步、"在政治上好好学习",以便将来能"在共同目标下一同努力"。他在给母亲的信中这样说道:

---

① 盛永华主编:《宋庆龄年谱》上册,第806页。
② 《致廖梦醒》,载《宋庆龄书信集》(续编),第498页。

> 普妹等我四年，希你喜欢她，她的小姐脾气谅已除去了吧？……抗战发动，我们相见之期自在不远。①
>
> 普事，已详致醒姐信中，请告诉她在政治上好好学习，要研究进步的思想，我们终有相会之日的。她能等待我这么多时日，我是想不到的，因此前函中也没有问。请先告诉她我身心一如昔日，她可以放心，我没有负她。只希望您和醒姐多多从思想上帮助她进步，将她往日的小姐气洗掉，将来我们可以在共同目标下一同努力。②

廖承志时时牵挂母亲，也有儿女情长，信仰、理智与情感，不断地冲突着……他为了理想告别母亲时说："我觉得，与其偷生来慰安爱护我的少数的人们，不如失掉爱护我的人们的安慰——因为大多数人的幸福是在前途等着，这是历史的命运给予人类的重担；这重担也许是很重，是我也只能这样做了。如果世间真有上帝其物的话，我只求能减少我母亲的苦痛。""也许将来，中国的孩子们不必这样地离开他们的母亲吧，能这样，很多人的死便不是徒然的了。"他对母亲的这种"绝情"，却是对广大人民的"极致深情"。

不要说别离的时候，就算住在一起，也是以"姑妈"与"侄儿"相称，以致后来成为廖承志夫人的经普椿，1933 年即使住在何香凝的隔壁，也以为何香凝有个"侄子"。

无独有偶，重庆时期廖梦醒与丈夫李少石虽同在重庆，但他们不能生活在一个屋檐下，他们的女儿李湄，也只能称呼自己的父亲为"伯爷"。那是为了革命事业的保密和宋庆龄的安全，因为廖梦醒在宋庆龄身边工作，李少石是中共重庆办事处的共产党人，如果让外界知道他是廖梦醒的丈夫，就会"染红"宋庆龄，影响到宋庆龄的安全和开展工作。

但是，作为父亲，对女儿的深情是保密不了的，李少石这样吟道：

---

① 《廖承志文集》下卷，第 712 页。
② 同上书，第 710 页。

小小姑娘李亚湄，未语忧患但相嬉。
呼朋踢毽常开口，强彼离林便后眉。
剧本读来多不厌，文章涂出半堪嗤。
伯爷爱汝童心在，际此人皆浊碎时。

阿湄侄女十二岁生日纪念<br>伯爷题①

**1944年，李少石写给女儿李湄的诗手稿**

---

① 李湄：《梦醒——回忆我的母亲廖梦醒》，第195页。

# 参考文献

## 一 报纸、期刊

### 1. 1949 年以前
《广州民国日报》
上海《民国日报》
汉口《民国日报》
北平《民国日报》
《中央周报》
《国际新闻画报》
《申报》
《中华周报》
重庆《新华日报》
《救亡日报》
《江苏》
《人民周刊》
《革命周刊》
《检阅》
《公教周刊》
《妇人画报》
《妇女生活》
《集纳》
《救亡情报》

### 2. 1949 年以来
《人民日报》
《解放日报》

《中国青年报》

《广州日报》

《团结报》

《文汇报》

《中国财贸报》

《民国档案》

《党的文献》

《人民文学》

## 二　研究论著

姜义华：《国民党左派的旗帜——廖仲恺》，上海人民出版社1985年版。

尚明轩、唐宝林：《宋庆龄传》，北京出版社1991年版。

伊斯雷尔·爱泼斯坦：《宋庆龄——二十世纪的伟大女性》，沈苏儒译，人民出版社1992年版。

盛永华：《宋庆龄论》，广东人民出版社1993年版。

盛永华、彬子：《何香凝的故事》，河北少年儿童出版社1995年版。

余齐昭：《孙中山文史图片考释》，广东地图出版社1999年版。

吴琴：《邓颖超与何香凝》，华文出版社1999年版。

林家有：《孙中山与近代中国的觉醒》（增订本），中山大学出版社2000年版。

周兴樑：《孙中山与近代中国民主革命》，中山大学出版社2001年版。

中共中央党史研究室：《中国共产党历史》，中共党史出版社2002年版。

陈廷一：《宋庆龄画传》，作家出版社2006年版。

蒙光励：《廖家两代人：廖仲恺、何香凝和廖梦醒、廖承志》（修订版），暨南大学出版社2007年版。

铁竹伟：《廖承志传》，人民出版社2008年版。

何大章：《宋庆龄往事》，人民文学出版社2011年版。

张磊：《孙中山与辛亥革命——张磊自选集》，中国社会科学出版社

2011年版。

尚明轩:《廖仲恺》,团结出版社2011年版。

尚明轩:《何香凝传》,人民文学出版社2012年版。

盛永华:《宋庆龄研究丛稿》,广东人民出版社2013年版。

林家有、张磊主编:《孙中山评传》,广东人民出版社2014年版。

林家有:《孙中山社会建设思想研究》,中山大学出版社2014年版。

蔡瑞燕:《何香凝思想研究》,团结出版社2014年版。

王杰:《论三大政策的时代性》,《学术研究》1986年第5期。

夏洪跃:《三大政策概念的提出有一个过程》,《学术研究》1987年第3期。

《浦江女杰,民族之魂——"八一三"抗战中的宋庆龄》,《孙中山宋庆龄研究信息资料》2000年第4期。

薛宗耀:《"共同抗日三条件宣言"简称为"一一七宣言"不妥》,《党史文苑》2011年第10期。

民革上海市委会理论研究工作委员会:《宋庆龄、何香凝等向国民党五届三中全会提议讨论恢复三大政策案始末》,《何香凝生平事迹研讨会论文集》(2012年7月,广州)。

刘斌:《女权与国权并进——何香凝妇女解放思想探析》,《仲恺农业工程学院报》2013年6月25日。

刘斌:《北伐前广东农民运动中国民党的身份冲突与调谐》,《贵州文史丛刊》2014年第1期。

刘斌:《中华革命党时期廖仲恺在日活动的若干史实考辨》,仲恺农业工程学院、中山市社会科学界联合会、惠州市社会科学界联合会编:《孙中山、廖仲恺与近代中国》,香港出版社2015年版。

尚小明:《疑心生暗鬼——赵秉钧如何被"误"为宋案主谋》,《近代史研究》2016年第2期。

### 三 年谱、回忆录、资料集

宋庆龄:《为新中国奋斗》,人民出版社1952年版。

《吴玉章回忆录》,中国青年出版社1978年版。

中国人民政治协商会议广东省广州市委员会文史资料研究委员会

编：《广州文史资料》第 17 辑，广东人民出版社 1979 年版。

《宋庆龄纪念集》，人民出版社 1982 年版。

廖仲恺、何香凝：《双清诗画集》，人民美术出版社 1982 年版。

《回忆与怀念——纪念革命老人何香凝逝世十周年》，北京出版社 1982 年版。

《毛泽东书信选集》，人民出版社 1983 年版。

廖梦醒：《我的母亲何香凝》，人民出版社 1984 年版。

中国新闻社编：《廖公在人间》，三联书店 1984 年版。

尚明轩、余炎光编：《双清文集》，人民出版社 1985 年版。

中国人民政治协商会议山东省委员会文史资料研究委员会编：《山东文史资料选辑》第 27 辑，山东人民出版社 1985 年版。

政协上海市委员会文史资料工作委员会编：《上海文史资料选辑》，上海人民出版社 1985 年版。

《廖承志文集》，人民出版社 1990 年版。

朱学范：《我与民革四十年》，团结出版社 1990 年版。

俞辛焞、王振锁等译校：《孙中山在日活动密录（1913.8—1916.4）：日本外务省档案》，南开大学出版社 1990 年版。

中共上海市委党史资料征集委员会、上海宋庆龄故居管理处编：《宋庆龄在上海》，学林出版社 1990 年版。

陈锡祺主编：《孙中山年谱长编》，中华书局 1991 年版。

陈福霖、余炎光编：《廖仲恺年谱》，湖南出版社 1991 年版。

宋庆龄基金会编：《宋庆龄选集》，人民出版社 1992 年版。

上海宋庆龄故居纪念馆编译：《宋庆龄来往书信选集》，上海人民出版社 1995 年版。

《胡兰畦回忆录》，四川人民出版社 1996 年版。

《宋庆龄书信集》，人民出版社 1999 年版。

《宋庆龄书信集》（续编），人民出版社 2004 年版。

广东省政协学习和文史资料委员会编：《广东文史资料存稿选编》，广东人民出版社 2005 年版。

盛永华主编：《宋庆龄年谱》，广东人民出版社 2006 年版。

周天度、孙彩霞编：《救国会史料集》，中央编译出版社 2006 年版。

李湄：《梦醒——回忆我的母亲廖梦醒》，中国工人出版社 2006 年二版。

尚明轩主编：《宋庆龄年谱长编》，社会科学文献出版社 2009 年版。

顾琳敏主编：《宋庆龄与爱泼斯坦往来书信选》，中国福利会出版社 2012 年版。

中国福利会编：《往事回眸 中国福利会史料荟萃》，中国福利会出版社 2012 年版。

张珏：《往事不是一片云》，中国福利会出版社 2012 年版。

邓广殷口述，郑培燕撰文：《永不飘逝的记忆——我家与宋庆龄事业的情缘》，东方出版中心 2013 年版。

上海市孙中山宋庆龄文物管理委员会、上海市宋庆龄研究会编：《宋耀如生平档案文献汇编》，东方出版中心 2013 年版。

上海市孙中山宋庆龄文物管理委员会、上海市宋庆龄研究会编：《回忆宋庆龄》，中国出版集团、东方出版中心 2013 年版。

尚明轩主编：《孙中山全集》，人民出版社 2015 年版。

全国政协文史和学习委员会编：《回忆孙中山三次在广东建立政权》，中国文史出版社 2015 年版。

# 后　记

　　本书从酝酿到成书，前后四年时间，中间经过了几个重要节点，在许多同行、领导，同事们和朋友们的帮助下一步步走过来，借此对他们表示衷心的感谢！

　　2012年10月27—28日，我到上海师范大学参加一个学术研讨会，会后于29日上午慕名到位于淮海中路1843号的宋庆龄故居纪念馆参观。因为没有事先联系，到售票窗口，说明身份来历，递上名片，目的就是想得到照顾，免票事小，主要是希望有专业人员的导览，要运气好的话能见到馆领导进行交流，就更好了。显然，廖仲恺、何香凝先生的名号在该馆很有影响力，很快就有办公室主任蒋慈华女士出来迎接，并陪同参观，仔细地介绍了宋庆龄故居的复原展、馆藏文物展和专题展，收获很大。时近中午，馆领导陆柳莺书记、金晓春馆长设午宴款待，在座的还有年轻的专业人员郑培燕。因孙中山、宋庆龄与廖仲恺、何香凝两家的深厚情谊，我们的内心也受到了投射，五个人一见如故，俨然成了相识许久的故交，不仅度过了愉快的时光，而且把一个多小时开成了午餐会，可能因为全是女士，话题始终围绕着宋庆龄与何香凝两位伟大女性的生平、情怀、境界、抱负与情谊展开，分享她们的故事，一个个精彩细节，充满感慨，意犹未尽，当时就谈到两馆联手可以做一些文章。因为赶飞机，我把问题放在脑子里，带回了广州。

　　因为时已年底，加上学校正在准备中层干部换届工作，我个人何去何从由不得自己，因此并没有进一步思考。可是不久，我就接到了蒋慈华主任打来的询问电话：合作做展的事情怎么样？因为2013年是宋庆龄诞辰120周年，上海宋庆龄故居纪念馆要尽快确定全年的工作要点，重点是策划系列纪念活动，希望能把具体项目确定下来。这让我马上从渺茫与无所事事中解脱出来,觉得应该先把这件事情做好。因为,和尚不在庙还在,而且无论走到哪里,我的脑子还是我的,这跟位置没有关系,更何况馆内还有专业人员吴彬、刘斌同志。所以马上跟蒋主任表态,一定做,就算我当不成馆长,也会协助纪念馆把展览做出来。第二天我把想到的展览主题即围绕宋、廖两家的情谊展开,并拟了100多字的设想发过去,结果得到了上海同人们的首肯,实际上这就是我们那天见面聊天的成果。

确定下来后,我馆开始紧锣密鼓地收集资料、起草大纲,在这个过程中,我馆由吴彬负责收集图片资料,郑培燕则代表上海方面提供大量的帮助。在收集、核对资料的过程中,还得到了北京宋庆龄故居纪念馆、广州孙中山大元帅府纪念馆的领导和专业人员的帮助。

3月10日,终于把包含200多张图片资料、1万多字,重点反映宋、廖两家交往细节,题为"同志·朋友·亲人——宋庆龄与廖仲恺、何香凝一家"的展览大纲初稿完成,陆书记、金馆长、董卫副馆长和郑培燕均大力支持,提出了他们对大纲初稿的修改意见,并整理出馆藏相关文物,对内容进行调整、完善,决定做成文物图片展。这样,4月23日,我馆的"同志·朋友·亲人——宋庆龄与廖仲恺、何香凝一家"图片展在廖仲恺先生诞辰纪念日展出。4月底,就在我们对上海展排版定稿前,陆柳莺书记再提出一条修改意见,即在题目上加"情谊"两字,变成了"同志·朋友·亲人——宋庆龄与廖仲恺、何香凝一家的情谊"文物图片展,使展览的主题更为突出,内容更为集中。展览于5月29日在上海宋庆龄故居纪念馆顺利开幕,与邓广殷口述史《永不飘逝的记忆——我家与宋庆龄事业的情缘》、连环画《宋庆龄与上海》两书的首发式一起,作为纪念宋庆龄诞辰120周年的系列活动,举行了隆重而简朴的开幕式,廖仲恺、何香凝外孙女李湄全家、邓广殷夫妇等亲属,上海孙中山宋庆龄文物管理委员会领导、仲恺农业工程学院党委书记高志青等领导,两馆业务人员及其他同行,一起出席了开幕式并参观了展览。李湄女士等廖家亲属对展览的主题定位和丰富内容都给予了充分肯定,当然也指出了个别错误之处。高志青书记在开幕式上发表了热情的讲话,并同意把讲话作为本书的代序言发表,以示对作者的鼓励。

做完这个展览,我越发觉得这个主题的内容丰富,还有许多资料有

2013 年 5 月 29 日，李湄、邓广殷等廖、何家的后人在上海宋庆龄故居纪念馆合影。左起：陈洋子、陈晓燕、孙君莲、邓广殷、李湄、陈思、陈平（吴彬摄）

待挖掘和梳理，大家都知道孙宋、廖何两个革命家庭历史贡献大、地位高，而他们之间互动的细节却鲜为人知，实际更为感人，因此萌生了写成一本书的想法。

转眼到了 2014 年 9 月，实施写作的念头再次浮现。

在收集资料、正式筹备写作的时候，我馆又接到了一个新任务。2015 年是孙中山、廖仲恺两位伟人辞世 90 周年，中山市孙中山研究会、中山市社科联有意与惠州市社科联、仲恺农业工程学院三方联合举办系列活动。杨海会长、胡波主席于 2 月 5 日下午带队来到仲恺农业工程学院，与宣传部长唐明勇、党政办主任兼统战部长何军峰等洽谈，我也参加了会议。会上开放性地探讨联合举办纪念活动，提出既可以有理论研讨、学习缅怀，也可达成高校与地方合作等构想。会后参观廖仲恺何香凝纪念馆展览，中山市领导为丰富的展览内容所吸引，杨海会长向我提出做一个专题展览的想法，得到了在场者的赞同，但我有点畏难，时间很紧。13 日，三地领导聚在惠州仲恺高新区的会议室里正式讨论活动项目的具体落实，再次提出了策划专题展览的要求，我只好硬着头皮表态，一定准备好，并会根据场地等不同要求，以三个版本同时与三地的观众见面。

我回来就把策展的任务通知刘斌，请这位年轻的业务骨干和博士生先提出思路，要求：第一，务必拿出来，因为没法推辞了；第二，要围绕重大主题，考虑三点：纪念两位伟人，百年中华民族复兴的中国梦，纪念世界反法西斯战争暨中国人民抗日战争胜利七十周年。结果，几天后他发来一个题目和几百字的设想，"赓续的征程——孙中山、宋庆龄与廖仲恺、何香凝一家"，我一看就觉得好，因为我没有更好的主意。放弃春节休假，经过努力，刘斌起草了大纲初稿，3月底我们拿出了展览大纲，在孙中山故居纪念馆展出的版本中，经过黄健敏副馆长和张道有主任等该馆专业人员的修改补充，做成了文物图片展；仲恺农业工程学院与惠州仲恺高新区展出的则为图片展。

如果说，2013年展览的主题集中讲宋庆龄与廖家的情谊，以细节为主的话，2015年的展览则比较全面地反映出在自近代以来一代又一代仁人志士为中华民族伟大复兴中国梦的奋斗过程的大背景下，孙宋与廖何两家的突出贡献和历史地位，同时展现了宋庆龄与何香凝及其子女廖梦醒、廖承志等在抗日战争时期的历史贡献这个重点。

策划制作了两个展览，资料得到了进一步充实，写书的思路也越来越清晰了。我对全书的框架有了清晰的设想，真正进入写作，有了采用主线、副线、辅线立体地呈现出两个革命家庭之间关系的思路，并把内容集中在宋庆龄与廖何一家上，有关孙中山的部分暂不作主要叙述。

全书由我和刘斌分工合作撰写，刘斌撰写第一、第二、第三章，我负责前言、第四、第五、第六、第七章和余论。

本书在研究和出版过程中得到了仲恺农业工程学院领导、广州市海珠区委宣传部的重视和经费支持。

全书图片资料除了特别注明外，均为廖仲恺何香凝纪念馆收藏。

廖仲恺和何香凝先生的外孙女李湄大姐、著名的孙中山研究者、中山大学的林家有教授和广东省社会科学院原院长张磊先生，听说我们写了这个小册子，都非常支持，多加鼓励。李湄大姐提出了宝贵的修改意见并补充了一些资料。林家有教授对初稿做了认真、仔细的审改，并热情地为本书作序。当拜读林老师的修改稿翻到最后一页时，看到他在右下角写了"余语（论）写得很好"几个字，我很感动，一下子想起了看到中学语文老师在作文本上的评语时的欣喜心情,同时也很惭愧,在先生密密麻麻的批改中,确实不乏中学生才会犯的幼稚错误,他改几句话,加几句话,甚至只是改几个字,已使我们的文章大为增色,体现出林家有教授深厚的学养和帮助后学的良苦用心,让我们非常敬佩。

总之,上述老师、同事、领导和朋友们的激发与催促、帮助与鼓励、动力与压力,使我们终于能完成本书,向他们致以我最诚挚的谢忱。还要特别感谢中国社会科学出版社的领导和编辑为本书的顺利出版所付出的辛勤劳动和种种努力!

由于我们的学力与水平有限,错漏之处在所难免,敬请专家、读者批评指正。

蔡瑞燕<br>2016 年 9 月 26 日